Prof. Dr. Richard Michaelis

Die ersten fünf Jahre

im Leben eines Kindes

Prof. Dr. Richard Michaelis

Die ersten fünf Jahre

im Leben eines Kindes

Wie sich Ihr Kind entwickelt – vom Baby bis zum Vorschulkind

Wie Sie das individuelle Entwicklungstempo erkennen

www.knaur-ratgeber.de

Impressum

Bibliografische Information:
Die Deutsche Bibliothek
Die Deutsche Bibliothek verzeichnet diese Publikation in der Deutschen Nationalbibliografie; detaillierte bibliografische Daten sind im Internet über http://dnb.ddb.de abrufbar.

Wichtiger Hinweis
Die im Buch veröffentlichten Ratschläge wurden mit größter Sorgfalt von Verfasser und Verlag erarbeitet und geprüft. Eine Garantie kann jedoch nicht übernommen werden. Ebenso ist eine Haftung des Verfassers bzw. des Verlages und seiner Beauftragten für Personen-, Sach- oder Vermögensschäden ausgeschlossen.

Der Abdruck des Textauszugs aus Thomas Manns Buddenbrooks auf Seite 178 erfolgt mit freundlicher Genehmigung des S. Fischer Verlags.
© S. Fischer Verlag, Berlin 1901. Alle Rechte vorbehalten S. Fischer Verlag GmbH, Frankfurt am Main.

Ein herzliches Dankeschön geht an alle, die mit Fotos aus dem privaten Familienalbum zum Gelingen dieses Buches beigetragen haben.

© 2006 Knaur Ratgeber Verlag.
Ein Unternehmen der Droemerschen Verlagsanstalt
Th. Knaur Nachf. GmbH & Co. KG, München.
Alle Rechte vorbehalten.

Projektleitung: Caroline Colsman
Redaktion: Redaktionsbüro Drajabs, Berlin
Bildredaktion: Tanja Lex, Gabriele Schnitzlein

Bildnachweis
Umschlagfoto: Picturepress/Marina Raith
Umschlagklappen: Johanna Rupprecht
Fotos: Eckehard Apfel S. 6, S. 8, S. 9, S. 14, S. 17, S. 30, S. 43, S. 66, S. 104, S. 118, S. 210; The Bridgeman Art Library S. 58; Corbis/Laura Dwight S. 138; Michael Friedel S. 35; gettyimages/The Image Bank/ Mahaux Photography S. 37/The Image Bank S. 180/ Taxi S. 159; Großes Wilhelm-Busch-Album – Sonderausgabe –, Friedr. Bassermann'sche Verlagsbuchhandlung im Falken-Verlag GmbH, 1986 S. 95, S. 185. S. 190; Mark Hausmaninger S. 13, S. 84, S. 196; IFA-Bilderteam/DIAF/SDP S. 100; Imago/ imagebroker/ Bahnmüller S. 187/Peter Widmann S. 71; Karin Jesse S. 195, S. 203; Björn und Tanja Lex S. 12, S. 163, S. 172, S. 182;Tina Merz S. 22; Mauritius images/ imagebroker.net S. 154/Gerard Lacz S. 52/ Photononstop S. 161/Marina Raith S. 87, S. 112, S. 115, S. 149/ Angela Reik S. 124/The Copyright Group S. 88; Prof. Richard Michaelis S. 20, S. 46, S. 49, S. 54, S. 63, S. 68, S. 73, S. 77, S. 78, S. 79, S. 83, S. 93, S. 110, S. 120, S. 127, S. 129, S. 152, S. 168, S. 170, S. 176, S. 178, S. 192, S. 198, S. 201, S. 204, S. 207; Carmen Niklaus S. 5, S. 22, S. 40; PEANUTS © United Feature Syndicate, Inc. S. 130; Picturepress/ELTERN/Antje Anders S. 28; Johanna Rupprecht S. 11, S. 18, S. 102, S. 103, S. 117, S. 164; Gabriele Schnitzlein S. 7, S. 10, S. 64, S. 92, S. 134, S. 141, S. 144, S. 195; Peter Scior S. 136; Superbild/BURGER/ PHANIE S. 50/INCOLOR S. 147
Illustrationen: Norbert Pautner, S. 42, S. 44
Umschlag- und Layoutkonzeption:
Dorothee Griesbeck, Die Buchmacher, München
Herstellung: Dagmar Guhl
Satz und DTP: Gaby Herbrecht, Mindelheim
Reproduktion: Repro Ludwig, Zell am See
Druck und Bindung: Firmengruppe APPL, aprinta druck, Wemding
Printed in Germany

ISBN: 978-3-426-64260-3

5   4   3   2

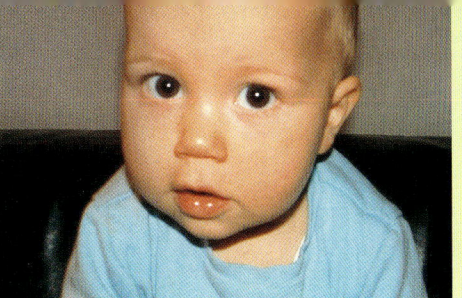

Inhalt

Inhalt

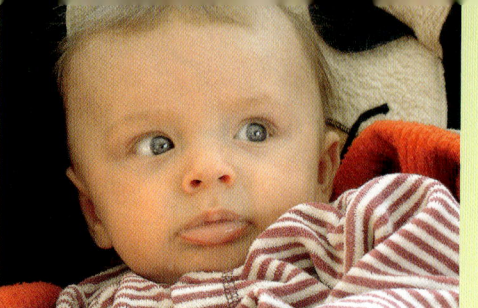

Inhalt

Inhalt

Inhalt

Einleitung

Dieses Buch, das Ihr Interesse gewinnen möchte, ist mit der Absicht geschrieben worden, die frühe Entwicklung von Kindern unter anderen Perspektiven darzustellen, als es sonst üblicherweise geschieht.

Wie dieses Buch entstand

Diese Darstellung aus anderer Perspektive nehme ich nicht deshalb vor, weil immer wieder einmal mehr oder weniger Neues oder anderes über die Entwicklung von Kindern zu sagen ist oder weil ich besonders wirkungsvolle Rezepte zur Erziehung oder zur Entwicklungsförderung anzubieten hätte. Das Buch ist vor allem geschrieben worden, weil sich in den letzten Jahren ein grundsätzlicher Wandel im Verständnis der kindlichen Entwicklung angebahnt hat. Die bereits entstandenen und entstehenden Einsichten bieten ein anderes und zutreffenderes Verstehen der frühen Kinderwelten.

Wir wissen heute mehr

Die frühe Entwicklung von Kindern verläuft, wie wir inzwischen wissen, sehr viel komplexer und mit einer ihr eigenen, versteckten Logik, anders jedenfalls, als sie die immer noch weithin gültige und vergleichsweise einfach gestrickte Reifetheorie vertritt. Die Entwicklungsgesetze der frühen Kindheit sind für Erwachsene kaum oder nur noch mit erworbenem Wissen zugänglich oder mit einer intuitiven, einfühlsamen Begabung für die Lebenskräfte, die Kinder in ihrer Entwicklung formen und aktivieren. Das bessere Verstehen der Entwicklung Ihres Kindes macht sich jedoch direkt bezahlt durch eine kindgerechte und spürbare Sicherheit in Ihrer erzieherischen Kompetenz, die Sie gewinnen werden.

Woher stammt mein »anderes« Wissen über die frühe Entwicklung von Kindern? Aus meiner langjährigen und direkten Berufserfahrung mit Kindern der frühen Altersgruppen, als Leiter einer Abteilung für Entwicklungsneurologie an der Universitäts-Kinderklinik in Tübingen und aus der Zusammenarbeit mit kinderärztlichen Praxen. Einiges von diesen Erfahrungen wurde in wissenschaftlichen, aber auch in entwicklungsrelevanten Beiträgen veröffentlicht. Weitergegeben wurde das Wissen aber auch in vielen Vorträgen, Seminaren, Workshops und bei mehreren *Studium-generale*-Veranstaltungen, zusammen mit einem Kollegen des Fachbereichs Pädagogik, Prof. Dr. Ludwig Liegle, über die kindliche Entwicklung.

Das »andere« Wissen stammt aber auch von der beruflichen Notwendigkeit, mir immer wieder Neues über die Entwicklung von Kindern anzueignen: Aus der Neurobiologie, aus der Entwicklungspsychologie, aus der Pädagogik, den Sprachwissenschaften, aus der Evolutionstheorie und aus der Entwicklungsforschung der Kinderheilkunde.

Schließlich, und nicht zuletzt, stammt mein Wissen aus der direkten, ganz bewussten Beobachtung möglichst vieler Kinder bei allen nur möglichen, kindrelevanten Anlässen und Gelegenheiten, auch meiner eigenen Kinder, der Enkel und vieler unbekannter und bekannter Kinder, wo immer ich ihnen begegnet bin. Deren Eltern habe ich, auch wenn ich sie nicht kannte, zu ihren eigenen Meinungen und Erfahrungen befragt. Sie haben mir viele Details aus der Entwicklung ihrer Kinder bereitwillig erzählt und zur Verfügung gestellt. Ihnen allen sei an dieser Stelle besonders gedankt. Ihre Beiträge sind in den Text des Buches mit hineinverwoben, besonders in die kleinen Beispielgeschichten.

Ein besonderer Dank gebührt jedoch meiner Lektorin, Frau Dr. Marianne Jabs, Berlin, die nicht nachgelassen hat, mich immer wieder nach einem populären Entwicklungsbuch für Eltern zu fragen. Ihrer professionellen Hilfe habe ich es zu verdanken, dass das Manuskript zur vorgegebenen Zeit zum Druck fertig gestellt war. Auch Frau Caroline Colsman vom Knaur Verlag habe ich zu danken. Sie gab den Anstoß, andere Projekte hintanzustellen und nur noch an dem Buch zu arbeiten. Das Entstehen des Buches hat sie mit Interesse und bestätigend verfolgt.

Kinder halten sich nicht an Programme

Alle diese beruflichen und persönlichen Erfahrungen haben bei mir schließlich den Verdacht aufkommen lassen, dass sich Kinder vielleicht ganz anders entwickeln, auf alle Fälle anders, als ihre Entwicklung wissenschaftlich und in den vielen Ratgebern zur Entwicklung beschrieben wird.

Kinder, und nicht Bücher, haben mich gelehrt, dass sie sich in ihrer Entwicklung kaum an die Regeln halten, die ihnen von Entwicklungsexperten aller Fachrichtungen vorgegeben werden. Diese stützen sich seit Langem auf eine scheinbar bewährte und verlässliche Reifungstheorie der kindlichen Entwicklung. Diese Theorie unterstellt, dass Entwicklungsprozesse von allen Kindern dieser Welt in voraussagbaren, streng zeitlich und altersgebundenen,

festlegbaren Schritten durchlaufen werden müssen: Ein genetisch festgelegtes »Schritt-für-Schritt-Programm«, das die kindliche Entwicklung steuert. Nur ein solcher Ablauf könne eine ungestörte und normale Entwicklung garantieren.

Was aber nun, wenn sich Kinder nicht an ein solches, scheinbar von der Natur exakt festgelegtes Programm der kindlichen Entwicklung halten? Auf welche Fakten stützen sich Fachleute für Entwicklung denn, wenn sie beurteilen, ob sich ein Kind »richtig« oder »auffällig« entwickelt?

Kinder erreichen bestimmte Ziele ihrer Entwicklung oft und zum Erstaunen und Unverständnis ihrer Eltern zu ganz anderen als zu den erwarteten oder von Ratgebern und Entwicklungstabellen geforderten Zeiten. Kinder durchlaufen vielmehr einen ganz individuellen, einen nur ihnen eigenen Entwicklungsverlauf. Kinder wundern sich aber auch vom ersten Tag ihres Lebens an über jede neue Erfahrung und über alle neuen Ereignisse in ihrem Tagesablauf. Sie vergleichen sie mit anderen, bereits gemachten Erfahrungen, und sie versuchen eine »Theorie« aus ihnen zu gewinnen, damit neue Ereignisse im Rahmen ihres bereits erworbenen, altersgebundenen Wissens für sie verständlich werden. Denn sie können erst dann, wenn sie »Sinn gemacht« haben, in ihre Gedächtnisregister an richtiger Stelle eingeordnet werden.

Warum tun sie das schon so früh, da sie doch, nach einem gängigen Verständnis, in den ersten Tagen und Wochen ihres Lebens völlig von ihren Pflegepersonen abhängig sind und sich scheinbar um nichts Weiteres zu kümmern haben?

Sie tun es, weil sie damit schon sehr früh fähig werden, sich an die Bedingungen anzupassen, in die sie hineingeboren wurden. Die jedoch können sich von den gewohnten Bedingungen unserer Lebenswelt drastisch unterscheiden. Denn es ist nicht gleichgültig, ob ich mein Leben unter den Bedingungen einer arktischen Welt, in der Sahara oder in Mitteleuropa beginne. Wir begegnen hier schon zwei wichtigen Schlüsselbegriffen, *Individualität* und *Anpassung* (Adaptation), die für das Verstehen von Entwicklungsprozessen im Verlauf des Buchs von zentraler Bedeutung sind.

Jedes Kind entwickelt sich anders

Das vorliegende Buch möchte über die Entwicklung von Kindern in ihren ersten fünf Lebensjahren informieren, und zwar so, wie sie nach neuestem Verständnis tatsächlich verläuft: höchst individuell, höchst unterschiedlich und höchstmöglich anpassend (adaptiv) an die dem einzelnen Kind vorgegebenen Lebens- und Umweltbedingungen.

Vor allem aber hat sich das Buch zum Ziel gesetzt, Kinder in ihrem Verhalten, in ihren Absichten und in ihrem Tun verstehen zu können. Erst das Verständnis führt zu nachvollziehbaren Alternativen und Vorschlägen, wie Kinder in ihren jeweiligen Entwicklungsphasen gerecht in ihrem Verhalten beurteilt werden können, ohne sie unbeabsichtigt zu kränken oder zu verletzen, weil die Absicht, das Handeln des Kindes über-

Jedes Kind schaut anders in die Welt und will sie doch richtig verstehen.

haupt nicht verstanden wurden. Mit einem verstehenden Wissen lässt sich dann, falls notwendig, sehr viel rationaler ein kindliches Verhalten steuern, das dem Kind meist selbst zu schaffen macht, wie z. B. bei einem ausufernden Trotzverhalten.

In dem Buch werden zunächst die Grundbedingungen besprochen, die, nach heutigem Verständnis, als Voraussetzungen für eine normale Entwicklung anzusehen sind. Einige kompliziertere Entwicklungsaufgaben, die über längere Zeiträume, ja oft lebenslang wirksam sind, werden anschließend diskutiert.

Emotionale Akzeptanz ebnet die Wege zur Teilhabe, zur Nachahmung, zu neuen Erfahrungen.

Grenzsteine der Entwicklung

Am Schluss des Buchs finden Sie eine Zusammenstellung der Entwicklungsziele für die jeweiligen Altersgruppen, geordnet nach Alter und nach dem Prinzip der so genannten »Grenzsteine« der Entwicklung.

Sie können den Tabellen entnehmen, ob Ihr Kind die wichtigsten Entwicklungsziele bis spätestens zu einem bestimmten Alter erreicht hat oder nicht, z. B. das freie, sichere Sitzen bis spätestens zum Ende des 9. Lebensmonats oder das freie, sichere Gehen bis zum Ende des 18. Lebensmonats.

Das Buch sollte die Aufgabe erfüllen, Ihnen zu helfen, sich der unauffälligen Entwicklung Ihres Kindes zu versichern und sich über seine Fortschritte zu freuen.

Vielleicht gelingt es dem Buch auch, Sie darüber hinaus zum Staunen und Nachdenken zu verleiten, darüber, wie Ihrem Kind die scheinbar so komplizierten Entwicklungsaufgaben insgesamt auf eher wundersame Weise gelingen, mit Leichtigkeit, ganz selbstverständlich, unaufhaltsam, aber auch mit vielen unermüdlichen und unverdrossenen Wiederholungen.

Und noch wichtiger: Sie sollten erkennen können, dass kein einziges Kind in allen Entwicklungsbereichen gleich gut sein kann. Es kann individuelle Schwächen und Stärken auf den verschiedensten Entwicklungspfaden haben. Manchmal werden Sie sogar überrascht sein, weil Sie herausfinden können, von wem Ihr Kind seine Schwächen und Stärken mitbekommen hat.

Verstehbuch statt Förderbuch

Allerdings werden Sie in diesem Buch keine Ratschläge dazu finden, wie Sie Ihr Kind am besten, am intensivsten, am sichersten und effektivsten fördern und auf Leistung trimmen können. Das Buch ist kein »Förderbuch«, in dem auf jeder Seite nachzulesen ist, was von Ihnen getan werden muss, sondern ein »Verstehbuch«. Das Buch wird Ihnen nicht zu Diagnosen verhelfen, wenn auch hin und wieder Diagnosen von Auffälligkeiten und Krankheiten erwähnt werden.

Auf mögliche Gefährdungen der Entwicklung durch bestimmte Ereignisse und Auffälligkeiten wird an den entsprechenden Stellen jedoch immer hingewiesen werden. Haben Sie Bedenken, sind Sie verunsichert, gehen Sie zu Ihrer Kinderärztin, Ihrem Kinderarzt oder suchen Sie in Ihrer Buchhandlung gezielt einen Ratgeber, der Ihnen hilfreich erscheint und Ihnen eine Förderung in einem Entwicklungsbereich anbietet, von dem Sie meinen, dass Ihrem Kind hier eine gezielte Förderung guttun würde.

Einen höheren Stand der Entwicklung eines Kindes, die über seine angeborenen und erworbenen Potenziale hinausführen, ihm zu einem »besseren Gehirn« verhelfen würde, kann bisher keine Therapie und keine neue neurobiologische Erkenntnis anbieten, außer dem, was Sie (nach Bruer, s. S. 227) ohnehin schon immer gewusst haben und was seit alters her weitergegeben wird. (Zur Erinnerung: Wir reden von sich unauffällig entwickelnden Kindern und nicht von Kindern mit Entwicklungsdefiziten!)

Sprechen Sie viel mit Ihrem Baby! Singen Sie mit Ihrem Baby! Streicheln Sie Ihr Baby! Lesen Sie Ihrem Kind vor! Lassen Sie es nicht zu viel fernsehen! Gehen Sie einfühlsam und sorgsam mit Ihrem Baby, mit Ihrem Kind um. Wenn es notwendig ist, suchen Sie eine Stunden- oder Tagesbetreuung, in der sich Ihr Kind wohl fühlt (aber das sollte es dann auch!), in der, je jünger Ihr Kind ist, die betreuenden Personen eine Bindungsfunktion übernehmen können.

Was ich diesen simplen Empfehlungen schon hier in der Einleitung hinzufügen möchte, ist: Achten und würdigen Sie die individuelle Persönlichkeit Ihres Kindes, die ihm angeborene Bereitschaft zur Teilhabe und zur Imitation, und versuchen Sie, Ihr Kind so zu behandeln, wie Sie selbst behandelt werden möchten, d.h., verletzen Sie nicht dauerhaft seine Integrität, denn erst dann beginnen die wirklichen Probleme.

Die altersgebundene Entwicklung

In sieben Kapiteln werden die Entwicklungspfade in ihrem *altersgebundenen* Ablauf bis zum Ende des fünften Lebensjahres beschrieben und erläutert. *Zeitlich gebundene* Entwicklungsereignisse, die nur in einem bestimmten Alter die kindliche Entwicklung für eine gewisse Zeit bestimmen und beeinflussen, sind bei der Altersstufe eingeordnet, in der sie am bedeutsamsten sind.

Zu den altersgebundenen Entwicklungsverläufen gehören:

Auf einen Blick:

Das »andere« Verständnis der kindlichen Entwicklung

Worin unterscheidet sich das »andere« von dem gängigen Entwicklungsverständnis?

- ◆ Reifungs- und Entwicklungsprozesse sind nicht austauschbar. Für die frühe kindliche Entwicklung sind sie von grundsätzlich unterschiedlicher Bedeutung.
- ◆ Vom ersten Tag ihres Lebens an sind Kinder unverwechselbare Persönlichkeiten und höchst perfekt mit allem versehen, was der jeweilige Entwicklungsstand von ihnen fordert.
- ◆ Kinder entwickeln sich individuell und daher auch unterschiedlich, also variabel, zu allen anderen Kindern.
- ◆ Kinder sind Anpassungskünstler. Sie orientieren sich in ihrer Entwicklung perfekt an der Umwelt und an den kulturellen und sozialen Bedingungen, in die sie hineingeboren wurden.
- ◆ Kinder sind von Geburt an hoch begabte Kommunikatoren. Sie versuchen, mit allen Mitteln, die ihnen zur Verfügung stehen, mit anderen Menschen in einen »Dialog«, in ein »Gespräch« zu kommen, auch wenn ihnen dazu noch die Worte, die Sprache fehlen.
- ◆ Kinder streben nach »Teilhabe« und »Teilnahme«, und das mit Power. Der Drang nach »Teilhabe« und »Teilnahme« am menschlichen Leben, am Leben der Erwachsenen, ist ein Erbe der Evolution zum Menschen, damit aber angeboren und kaum, und nur um den Preis von Frustrationen und Verweigerung, zu unterbinden.
- ◆ Kinder lernen vor allem durch Nachahmung. Sie ist der stärkste, angeborene Lernfaktor überhaupt. Mit der Nachahmung von Vorbildern gelingt es Kindern am besten und schnellsten, teilzuhaben und teilzunehmen. Die dazu benötigten Hirnbereiche sind daher schon ab Geburt voll funktionsfähig.
- ◆ Kinder scheuen keine Konflikte. Der Drang zur Nachahmung, zur Imitation ist so stark, dass er, besonders in den ersten Lebensjahren, in Konflikt mit dem Denken und Handeln der Erwachsenen gerät.
- ◆ Kinder wollen verstehen. Damit beginnen sie sofort nach der Geburt. Sie versuchen, Geschehnisse und Erfahrungen zu begreifen und einzuordnen, die ihren täglichen Tagesablauf bestimmen. Sie bilden dazu »Theorien«, mit denen sie neue Erfahrungen in ihrem Gedächtnis sinnvoll einspeichern können. Dabei ist der Begriff »sinnvoll« entwicklungsabhängig. Er entspricht keineswegs immer den »sinnvollen« Vorstellungen Erwachsener. Die Suche nach Sinn stiftenden »Theorien« ist genetisch angelegt, also angeboren.
- ◆ Erzieherische Konflikte sind damit vorprogrammiert. Sie ergeben sich meist aus den angeborenen Eigenschaften der »Teilnahme« und der »Nachahmung« (Imitation), deren starke Triebfedern von Erwachsenen kaum wahrgenommen, geschweige denn verstanden werden.
- ◆ Weil Kinder »teilhaben« wollen – denn dazu sind sie geboren und von Natur und Evolution ausgerüstet –, gebührt ihnen Zuwendung, Verständnis und Respekt, wie anderen Mitmenschen auch. Dass sie auf ihrem Weg in das teilhabende Leben auf unsere Hilfe in besonderem Maße angewiesen sind, mindert nicht im Geringsten ihre Forderung nach Akzeptanz ihrer Persönlichkeit und ihren Willen zur Teilnahme, von ihrem ersten Lebenstag an.

- die Bewegungsentwicklung des Körpers und der Hände und Finger,
- die Sprach- und Sprechentwicklung,
- die kognitive Entwicklung,
- die soziale und die emotionale Entwicklung.
- Die Selbstständigkeitsentwicklung kann in dem Kapitel *Grenzsteine der Entwicklung* auf S. 210–223 überprüft werden.
- Die Entwicklung des Selbst wird ausführlich behandelt (s. S. 85–90).
- Das Schlafverhalten, altersbedingte Ängste, frühe Lernstörungen, Verhaltensauffälligkeiten und Gefährdungen durch Unfälle werden bei den jeweiligen Altersgruppen gesondert angesprochen.

Auf die ausführliche Beschreibung der körperlichen Entwicklung Ihres Kindes glaubte ich verzichten zu können, da sie im Vorsorgeheft Ihres Kindes, auch für Sie nachvollziehbar, dokumentiert ist. Die zeitlichen Entwicklungsverläufe sind so dargestellt, wie sie bei etwa 50 bis 75 Prozent aller sich normal entwickelnden Kinder erfolgen. Es gibt also keinen Grund zur Panik, wenn ein Kind sich anders verhält. Erst die Grenzsteine (s. S. 210) weisen darauf hin, bis zu welchem Alter *spätestens* ein bestimmter Entwicklungsschritt erreicht sein muss.

Von Beginn an will jedes Kind dabei sein und sich einbringen.

Mit der *sozialen Entwicklung* werden in der von mir hier gewählten Definition die Fähigkeiten eines Kindes beschrieben, zunehmend komplexere soziale Beziehungen zu *anderen* Kindern und Erwachsenen aufbauen und gestalten zu können. Mit der *emotionalen Entwicklung* werden die zunehmend komplexeren Fähigkeiten eines Kindes beschrieben, sein *eigenes* emotionales Erleben wahrzunehmen und zu reflektieren und eine eigene Kontrolle und Kompetenz über seine Emotionen zu erwerben.

Wie entwickeln sich Kinder?

Im täglichen Sprachgebrauch werden die Wörter Reifung und Entwicklung als etwa gleichwertige Begriffe verwendet. Richtiger ist jedoch nachzufragen, was denn reifen und was sich entwickeln soll. Wie wir sehen werden, ist die Beantwortung dieser Frage für das Verstehen, wie Kinder sich entwickeln, von besonderer Bedeutung.

Reifung oder Entwicklung?

Reifungsprozesse verlaufen gradlinig und wenig von außen beeinflussbar. Ihr Ablauf ist in einem genetischen Programm festgelegt. Entwicklungsprozesse reagieren dagegen gut auf sich verändernde Umweltbedingungen. Sie ermöglichen damit ein adaptives (anpassendes) Verhalten.

Reifung

Dieses Wort beschreibt das Wachstum und die Ausbildung von Organen und ihren Funktionen, z.B. der Leber oder des Herzens oder der Seh- oder Hörorgane. Auch das Gehirn reift in seinen Zellstrukturen. Aber zur Ausbildung seiner Funktionen und Fähigkeiten sind Lernprozesse unerlässlich, worauf wir noch mit dem Begriff der Entwicklung zurückkommen werden. Organe entstehen nach einem genauen, genetisch (erblich) festgelegten Bauplan und damit auch in sehr genau vorgegebenen, zeitlichen Abläufen. Haben Organe wie Herz, Leber, Nieren die für ihre Funktionen notwendige Ausreifung erreicht, arbeiten sie lebenslang oder mit zeitlicher Begrenzung unverdrossen weiter.
Als Beispiel für einen Reifungsprozess soll hier das Gehör stehen: In der 28. Schwangerschaftswoche ist das Gehör eines ungeborenen Kindes voll ausgereift und funktionsfähig, was nicht zufällig ist, wie wir bei der Sprachentwicklung erfahren werden. Ab dem 30. Lebensjahr beginnt, jedenfalls in unserer Kultur, bereits eine Abnahme der Hörfähigkeit. Eine sehr viel frühere Schädigung der Hörfähigkeit droht heute oft schon Jugendlichen durch die extreme Lautbeschallung in Diskos. Es charakterisiert Reifungsprozesse, dass sie sich nur in geringem Maß an veränderte Umweltbedingungen anzupassen vermögen oder, wie es in der Fachsprache ausgedrückt wird: Sie haben keine (oder nur geringe) *adaptiven* Fähigkeiten.

Entwicklung

Entwicklungsprozesse werden durch neue Erfahrungen und Lernen angestoßen, nicht durch genetisch festgelegte Programme. Sie lösen nachhaltige Änderungen im Verhalten und in den Reaktionen von Menschen auf ökologische (umweltbedingte) und soziale Störungen und Veränderungen aus, z.B. im menschlichen Miteinander, in der Familie, in Freundschaften, in sozialen Gruppierungen, Vereinen und staatlichen Organisationen. Entwicklungsprozesse verlaufen individuell. Jeder Mensch, jedes Kind löst daher Probleme auf seine Art und im Hinblick auf seine eigenen Ziele und Bedürfnisse.
Nachhaltige Veränderungen des Verhaltens sind im Verlauf des menschlichen Lebens häufig notwendig: Aufnahme in Kindergarten und Schule, Ausbildung, Beruf, Familie, Geschwister, Einzelkind, Krankheiten, Verlust eines Partners, einer Partnerin, der Tod Nahestehender oder die Konfrontation mit dem eigenen Tod, um nur einige zu nennen. Entwicklungsprozesse nehmen daher keinen geregelten, vorhersagbaren Verlauf. Sie geschehen lebenslang immer wieder neu, als gelungene, teilweise gelungene oder nicht gelungene Anpassung. Sie sind daher von *adaptiver* Art.

Entwicklung ist nicht Reifung

Entwicklung wird immer noch in den meisten Entwicklungsbüchern als ein Reifungsprozess dargestellt und beschrieben. Schematisch und mit einer gewissen Vereinfachung lässt sich ein solches »Schritt-für-Schritt-Modell« für die Entwicklung z. B. der Körperbeweglichkeit (Körpermotorik) folgendermaßen darstellen, so wie es auch heute noch in vielen Entwicklungstabellen zu finden ist:

INFORMATION

→ Arnold Gesell (1880–1961), ein Kinderarzt und Kinderpsychologe an der Yale-Universität in den USA, hat in den 20er- und 30er-Jahren des letzten Jahrhunderts als Erster Entwicklungstests für Kleinkinder entwickelt und veröffentlicht. Sie sind bis heute die Grundlage nahezu aller Entwickungstests und Entwicklungsbeurteilungen für Kleinkinder geblieben. Gesell war der Überzeugung, dass Entwicklungsprozesse von biologischen Faktoren, also vorwiegend von den Genen bestimmt (determiniert) und in ihrem Ablauf gesteuert würden. Gesell und seine Mitarbeiterinnen haben sehr populäre Entwicklungsbücher veröffentlicht. Sie sind vielfach übersetzt worden, auch ins Deutsche. Gesells Grundlagen und Kriterien für Entwicklungsbeurteilungen sind bis heute eine Art Kulturgut der westlichen Welt für Eltern und Entwicklungsfachleute.

Rückenlage → Bauchlage → Sitzen → aus dem Liegen direkt zum Sitzen kommen → Kriechen → Krabbeln → Hochziehen zum Stehen → Stehen mit Festhalten → Gehen mit Festhalten → Freies Gehen.

Ein reifebezogenes Verständnis von Entwicklungsprozessen nach Gesell (s. Kasten) muss jedoch notwendigerweise zu weiteren Konsequenzen führen:

◆ Die Gehirnentwicklung muss zuerst einmal die altersbedingten Reifestufen erreicht haben, bevor das Gehirn überhaupt zum Lernen befähigt ist.

◆ Entwicklung verläuft in voraussagbaren Schrittabfolgen, von einfachen zu schwierigeren Fähigkeiten. Kein vorangehender Entwicklungsschritt darf, ohne eine Störung des Gesamtablaufes zu riskieren, ausgelassen werden.

◆ Eine normale Entwicklung kann an der normalen zeitlichen Abfolge der einzelnen Entwicklungsschritte abgelesen werden. Diese sind strikt linear (aufeinander folgend) organisiert.

◆ Alle Kinder dieser Welt entwickeln sich auf die gleiche Art und Weise.

◆ Und, von besonderer Wichtigkeit: Eine Störung der normalen, (genetisch) festgelegten Schrittfolgen in einem oder in mehreren Entwicklungspfaden weist auf eine nicht normale, eine auffällige oder sogar krankhafte Entwicklung hin.

Gesells Auffassungen liegen immer noch den meisten Entwicklungsbeurteilungen von Kindern zugrunde. Wir werden jedoch gleich sehen, dass das Konzept der Reifung nicht mehr genügt, um alle Phänomene und Besonderheiten der kindlichen Entwicklung zu verstehen und zu erklären.

Entwicklung als anpassendes (adaptives) Geschehen

Wer Kinder in ihrer Entwicklung über längere Zeit mit gezielter Aufmerksamkeit begleitet, also Eltern, Erzieherinnen, Kinderärzte, Forscherinnen und Forscher, wird mit einer gewissen Verblüffung feststellen, dass sich jedes Kind seinen eigenen, individuellen Entwicklungsverlauf sucht und ihn auch findet. Untersuchungen darüber, wie ansonsten ganz unauffällige Kinder sich individuell, also jedes für sich, entwickeln, wurden vor einigen Jahren an der Universitäts-Kinderklinik Tübingen durchgeführt. Dort war uns über die Jahre aufgefallen, dass viele Kinder sich anders entwickeln, als mit einer Reifungstheorie zu erwarten gewesen wäre. Und doch waren die meisten Kinder bis zu Beginn des Schulalters ganz unauffällig. Normalerweise erfolgt die Beurteilung von bestimmten Entwicklungsschritten nach statistischen Werten. Sie werden an so genannten Normalpopulationen, also aus Entwicklungsbefunden von Kindern gewonnen, die sich normal entwickelten. Die individuelle Entwicklung eines einzelnen Kindes interessierte dabei nicht. Warum nicht? Durch die statistische Bearbeitung der Einzelbefunde zu Mittel- oder Perzentilenwerten gehen die individuellen Werte des einzelnen Kindes verloren, sie sind schlicht bedeutungslos.

Nehmen Sie sich die Zeit und schauen Sie sich die Tabelle genauer an. Welche Informationen können Sie ihr entnehmen? Die Zahlen in der Tabelle sagen Ihnen, dass z. B. 10 Prozent der Kinder einer Untersuchung, die an 100 sich unauffällig entwickelnden Kindern durchgeführt wurde, im Alter von sechseinhalb Monaten fähig waren, sich selbst zum Stehen hochzuziehen. 50 Prozent der Kinder konnten das mit achteinhalb Monaten, 100 Prozent, also alle, mit dreizehn Monaten. *Gehen mit Festhalten* konnten 10 Prozent der Kinder mit sieben Monaten, mit 13 Monaten alle Kinder. Ebensolche Informationen lassen sich für die Entwicklung bestimmter sprachlicher Fähigkeiten ablesen.

Zeitliche Bandbreite für den Erwerb bestimmter Fähigkeiten

	10 %	50 %	100 %
Hochziehen zum Stehen	6,5.	8,5.	13. Monat
Gehen mit Festhalten	7.	10.	13. Monat
Freies Gehen	10,5.	12,5.	19. Monat
Silbenverdoppelung	6.	8.	12. Monat
Zwei-Wort-Sprache	15.	20.	24. Monat

Die Tabelle zeigt, zu welchem Monat 10 Prozent, 50 Prozent, und 100 Prozent der Kinder einer Untersuchungsgruppe, die sich unauffällig entwickelte, ein bestimmtes Entwicklungsziel erreicht hatten. Siehe auch S. 20.

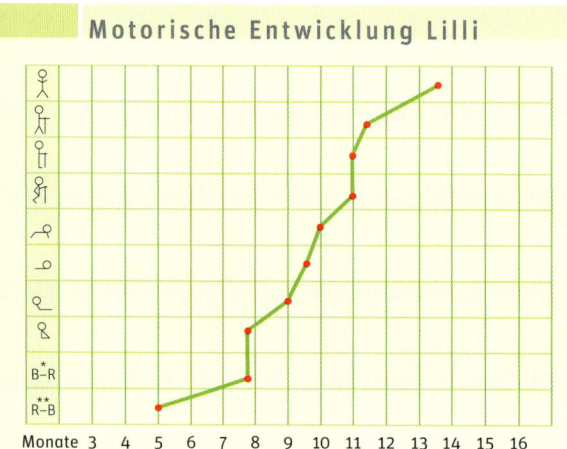

Motorische Entwicklung Lilli

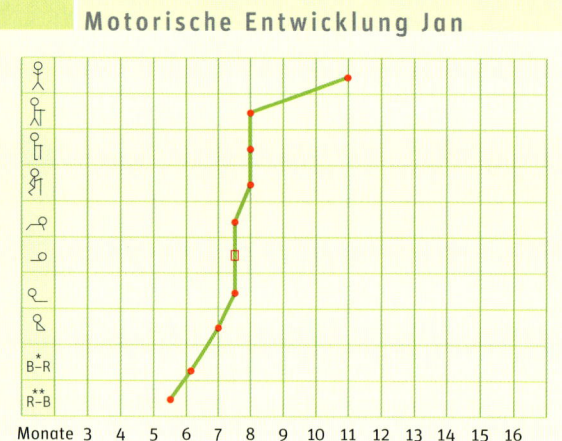

Motorische Entwicklung Jan

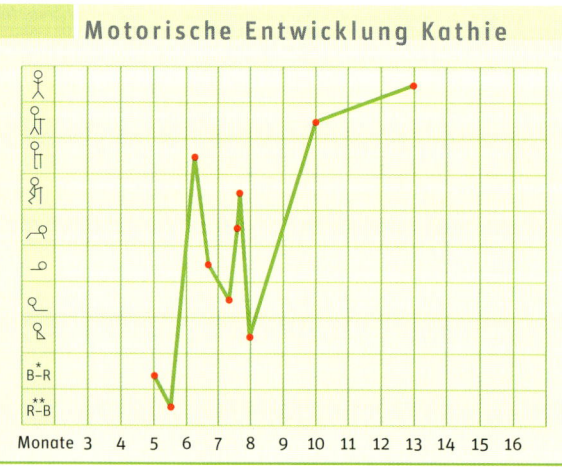

Motorische Entwicklung Kathie

* = Umdrehen von Bauch- in Rückenlage; ** = Umdrehen von Rücken- in Bauchlage

Wie sich ein individuelles Kind entwickelt hat, gibt die Tabelle nicht preis, obwohl die Werte der individuellen Entwicklungen aller Kinder den Zahlen der Tabelle zugrunde liegen. Was jedoch aus der Tabelle entnommen werden kann, ist: Die Zwei-Wort-Sprache erscheint in einer Gruppe sich normal entwickelnder Kinder frühestens mit sechs Monaten, und alle Kinder haben diese Fähigkeit bis zum 12. Lebensmonat gelernt.

Für die Festlegung so genannter Grenzsteine der Entwicklung sind solche Angaben von besonderem Wert, denn damit lässt sich festlegen, ob ein Kind deutlich längere Zeit für die Entwicklung einer Fähigkeit benötigt als Kinder, die sich in einem festgelegten Zeitfenster normal entwickelt haben. Das war nun aber bereits ein Vorgriff auf die Grenzsteine der Entwicklung (s. S. 210ff.).

Entwicklungsbeispiele gesunder Kinder

Betrachten Sie sich nun genauer die Beispiele individueller Entwicklung bei drei Kindern aus der Tübinger Studie, in der 100 Kinder von Geburt an in zwei Kinderarztpraxen in ihrer Entwicklung begleitet wurden. Die Eltern hatten die Entwicklung ihrer Kinder nach einem vorgegebenen Schema protokolliert. Der Entwicklungsstand und die Protokolle wurden in den Praxen noch einmal mit den Eltern besprochen und nachgeprüft. Die drei Abbildungen links basieren auf dem oben beschriebenen Schema der Entwicklung der Körpermotorik (Körperbewegungen), das auf dem linken Rand des Bildes in Symbolen dargestellt ist. Am unteren Rand ist, von links nach rechts, in Monaten das Alter angegeben, in dem ein Kind ein motorisches Entwicklungsziel erreicht hat.

Beispiel: Lilli

In der Abbildung auf S. 26 oben verläuft die Entwicklung von Lilli, wie es nach dem Reifekonzept zu erwarten ist. Schritt für Schritt hat Lilli das freie Gehen erlernt. Kein Schritt wurde ausgelassen, einer erfolgte immer nach dem anderen, allerdings wurden von Lilli das Hochziehen zum Stehen und das Stehen mit Festhalten zur selben Zeit, am Ende des 11. Lebensmonats, erlernt.

Beispiel: Jan

Jan dagegen (Abb. auf S. 26 Mitte), hat zwischen dem 9. und 10. Lebensmonat sozusagen nebeneinander her sechs Entwicklungsziele erreicht: Freies Sitzen, Hochkommen zum Sitzen, Kriechen, Krabbeln, Hochziehen zum Stehen, Stehen mit Festhalten.

Beispiel: Kathie

Einen ganz anderen Verlauf ihrer Entwicklung zeigt Kathie in Abb. S. 26 unten. Wie Sie nun schon selbst sehen können, verläuft ihre Entwicklung im motorischen Bereich fast »chaotisch«, wenn die Regeln eines Reifekonzeptes zugrunde gelegt werden. Von einem »Schritt-für-Schritt-Ablauf« der Entwicklung kann keine Rede mehr sein.

Die weitere Entwicklung dieser Kinder

Alle Kinder, und das wurde nachgeprüft, waren in ihrer weiteren Entwicklung bis zum Schulalter ganz unauffällig in ihrer Entwicklung geblieben. Von den 100 Kindern der Studie hatten 25 Prozent einen Entwicklungsverlauf, wie er hier von Lilli beschrieben wurde. Die anderen 75 Prozent zeigten Verläufe ähnlich denen von Jan und Kathie, also Verläufe, die mit einem Reifeprozess nicht mehr zu erklären sind.

15 Prozent der Kinder haben während ihrer motorischen Entwicklung die Schrittfolge des Kriechens und/oder des Krabbelns nicht durchlaufen, was auch in anderen Studien gefunden wurde. Die Entwicklungsschritte des Kriechens und Krabbelns wurden von diesen Kindern einfach übersprungen, ohne dass sie Schaden an ihrer motorischen Entwicklung genommen hätten. Später, nachdem sie frei gehen gelernt hatten, konnten sie auch sicher und flink krabbeln, sobald sie auf dem Boden spielten und sich dort schnell fortbewegen wollten, ohne erst wieder eine senkrechte Stellung zum Gehen einzunehmen. Jedoch als entscheidende Schritte für ein korrektes Bewegungslernen waren offenbar die Entwicklungsschritte Kriechen und Krabbeln nicht fundamental notwendig.

Fortschritte und scheinbare Rückschritte

Die ersten freien Schritte, als wichtigstes Etappenziel der motorischen Entwicklung, sind für jedes Kind ein überwältigendes Ereignis, wie das Foto auf S. 28 deutlich zeigt.

Die Freude und der Stolz über die neue, mühsam und mit unermüdlichem Wiederholen erworbene Leistung spiegeln sich deutlich in der Mimik des Kindes auf diesem Bild wider. Wer gelernt hat, solche Gemütsäußerungen im Gesicht

Die ersten Schritte: Stolz auf gewonnene Fähigkeiten gibt Mut zu neuen Wegen.

die erklärt werden müssen. Warum ist z. B. ein Kind schon einmal einige Schrittchen frei gegangen, oder es hat bereits, zur Begeisterung der Eltern, Mama oder Papa gesagt? Dann aber war die neu erworbene Fähigkeit, zur Enttäuschung der Eltern, plötzlich wieder verschwunden. Trotz aller Ermunterungen und Aufforderungen ist sie plötzlich, nach Tagen oder Wochen, wieder da und wird nun auch endgültig beibehalten.

Solche Aufschübe werden *Inkonsistenzen* genannt. Sie sind charakteristisch für eine adaptive, unauffällige Entwicklung. Neue Fähigkeiten, die sich anbahnen, stehen nicht von heute auf morgen stabil zur Verfügung. Wer Kinder beobachtet, dem fällt immer wieder auf, wie hartnäckig, unverdrossen und unermüdlich Kinder eine neu zu erwerbende Fähigkeit ausprobieren, bis sie tatsächlich perfekt gelingt und vollständig automatisiert wird. Entwicklungsfortschritte pendeln sich offenbar erst durch Nutzung und Üben auf einem höheren Niveau ein. Das ist einleuchtend, denn es sind die neuronalen Netzwerke im Gehirn, die erst (synaptisch) verknüpft werden müssen, bevor sie neue Leistungen optimal steuern können.

Dass mit der Beschreibung eines individuellen Entwicklungsverlaufes der Körpermotorik ein allgemein gültiges Entwicklungsprinzip gefunden wurde, lässt sich in allen Entwicklungspfaden, wie in der Sprachentwicklung, der geistigen Entwicklung, der emotionalen und sozialen Entwicklung, nachweisen. Darauf näher einzugehen würde allerdings den hier vorgegebenen Rahmen sprengen.

eines Kindes zu suchen und darauf zu achten, wird berührt und beeindruckt sein durch die Freude des Kindes an seiner gewonnenen Selbstständigkeit, denn es hat nun den gleichen Status wie andere, ältere Kinder und wie seine Eltern: Es kann aufrecht und sicher gehen! Es kann jetzt teilhaben und teilnehmen an den Aktivitäten aller Menschen, die es bisher kennen gelernt hat. Es gehört von nun an unübersehbar dazu.

Untersuchungen der individuellen Entwicklung von Kindern zeigen im Einzelverlauf jedoch scheinbare »Auffälligkeiten« der kindlichen Entwicklung,

Auf einen Blick:

Grundzüge des individuellen Entwicklungsverlaufs

◆ Kinder entwickeln sich in allen ihren Entwicklungspfaden immer individuell.

◆ Innerhalb eines bestimmten Entwicklungspfades (z. B. der Sprachentwicklung oder der Entwicklung der Fingerfertigkeiten) können Wegstrecken rasch oder langsam oder parallel laufend bewältigt werden. Es kann aber auch geschehen, dass ein Kind scheinbar in seiner Entwicklung wieder zurückfällt oder den einen oder anderen Entwicklungsschritt überspringt oder ihn für seine Entwicklung offenbar gar nicht benötigt. Diese Varianten in einem individuellen Entwicklungsablauf werden *Inkonsistenzen* genannt. Sie sind Unregelmäßigkeiten in einem Entwicklungsverlauf, die es nach der Reifetheorie gar nicht geben darf. Sie wären als Auffälligkeit oder gar als Entwicklungsstörung zu bewerten, weil die Schritt-für-Schritt-Abfolge gestört ist. Wird Entwicklung jedoch als ein Anpassungsgeschehen verstanden, sind Inkonsistenzen geradezu zu erwarten.

◆ Kinder zeigen daher auch innerhalb ihrer Entwicklungsverläufe eine große Unterschiedlichkeit, eine große individuelle *Variabilität*.

◆ Diese überraschende und oft große Variabilität kann ein einzelnes Kind in einem Teilgebiet seiner Entwicklung aufweisen, z. B. wie gezeigt bei der Körpermotorik. Die motorische Entwicklung kann aber auch rasch, die Sprachentwicklung dagegen eher langsam verlaufen oder gerade umgekehrt. Die Variabilität innerhalb einer Einzelentwicklung wird *intraindividuelle Variabilität* genannt.

◆ Kinder entwickeln sich aber auch gegenüber anderen Kindern immer und stets unterschiedlich. Das gilt ebenso für Geschwister. Die von Kind zu Kind unterschiedliche Entwicklung wird *interindividuelle Variabilität* genannt.

◆ Die unterschiedlichen individuellen Variabilitäten in der kindlichen Entwicklung legen nahe, dass sie im Laufe der Evolution des Menschen entstanden sind. Sie haben die Anpassungsfähigkeit des Menschen an seine Umwelt so drastisch verbessert, dass Menschen dazu fähig wurden, in den heißesten, kältesten und unwirtlichsten Zonen der Erde bis heute zu überleben.

◆ Daraus lässt sich ableiten, dass die Entwicklungsverläufe bei Kindern anderer Kulturen auch unterschiedlich sein müssen. Die Variabilität in der Entwicklung von Kindern unterschiedlicher Kulturen wird daher *transkulturelle Variabilität* genannt.

Die frühkindliche Entwicklung verläuft demnach immer: individuell, variabel und adaptiv.

Reifekonzept und Entwicklungskonzept: Konsequenzen

Als wichtigste Konsequenz eines Reifekonzeptes hatten wir bereits herausgestellt: Eine Störung der normalen, (genetisch) festgelegten Schrittfolgen in einem Entwicklungspfad (oder in mehreren) verweist auf eine auffällige oder sogar krankhafte Entwicklung eines Kindes. Als wichtigste Konsequenz eines adaptiven Entwicklungskonzept gilt jedoch:

Jedes Kind passt sich der Umwelt an, die es vorfindet.

Variabilität und Inkonsistenzen in der Entwicklung, in den Entwicklungspfaden dokumentieren eine normale Entwicklung. Starre, schematisch nicht variabel verlaufende Entwicklungsprozesse sind typisch für eine nicht normale, eine auffällige oder sogar krankhafte Entwicklung eines Kindes.
Diese Schlussfolgerungen aus zwei verschiedenen Entwicklungskonzepten stehen in einem nicht zu übersehenden, eklatanten Widerspruch. Sie widersprechen sich vor allem darin, wie Kinder in ihrer Entwicklung richtig zu beurteilen sind. Im letzten Abschnitt über die Grenzsteine lässt sich nachlesen, wie Sie Ihr Kind mithilfe eines adaptiven Entwicklungskonzeptes in seiner Entwicklung beurteilen können.

Die Vorteile eines adaptiven Entwicklungskonzeptes

Wenn hier Individualität, Variabilität und Adaptivität als die entscheidenden Faktoren in der frühen kindlichen Entwicklung bewertet werden, steckt dahinter nicht nur pures theoretisches Interesse. Wie wir noch sehen werden, führen diese Erkenntnisse zu ganz praktischen Konsequenzen für die Entwicklungsbeurteilung selbst. Ohne sie ist aber auch das wirkliche Verstehen von Kinderwelten, die Erwachsenen sonst nur mit besonderen Kenntnissen, Erfahrungen oder mit einem angeborenen Einfühlungsvermögen zugänglich sind, nicht möglich. Es ist daher alles andere als gleichgültig, ob Erzieherinnen, Pädagoginnen und Pädagogen, Testpsychologinnen und Psychologen, Kinderärztinnen und Kinderärzte und Personen mit therapeutischen Berufen Kinder auf dem Hintergrund eines Reifungskonzeptes in ihrer Entwicklung beurteilen oder ob sie das tun mit dem Wissen, wie variabel, individuell und adaptiv die kindliche Entwicklung tatsächlich verläuft.

Ein Kind, das sich in seiner Entwicklung nicht an die Schrittfolgen der Reifungsprozesse hält, läuft Gefahr, als »auffällig« oder sogar als in seiner Entwicklung »bedroht« beurteilt zu werden. Diese Fehlbeurteilung geschieht auch heute noch, und viel zu oft. Die Empfehlungen, wie einer Fehlentwicklung zu begegnen ist, laufen dann darauf hinaus, unbedingt die genaue Schrittfolge der Entwicklung bei einem Kind therapeutisch nachzuholen, da sonst die gesamte Entwicklung des Kindes bedroht sei – bis hin zu einer späteren Lese-Rechtschreib-Schwäche oder einer anderen gravierenden Lernstörung.

Beispiel: Krabbeln und/oder Stehen?

Ich habe nicht so selten erlebt, dass Eltern mit ihrem Kind nach einer physio- oder ergotherapeutischen (Krankengymnastik, Beschäftigungs-)Therapie in die Sprechstunde kamen. Ihr Kind konnte schon mit Festhalten stehen, saß jedoch noch nicht frei, konnte nicht krabbeln und war auch noch nicht in der Lage, mit eigener Technik aus dem Stand wieder auf den Boden zurückzugelangen. Das Kind freute sich jedoch königlich und für die Eltern unübersehbar über den neu gewonnenen Überblick über seine Lebenswelt aus höherer Warte: Seine Teilnahmekompetenz hatte sich dramatisch verbessert. Den Eltern war jedoch von therapeutischer Seite,

ganz im Sinne eines Reifungskonzeptes, dringend empfohlen worden, ihr Kind unter allen Umständen am viel zu frühen Stehen zu hindern. Erst müssten die anderen vorausgehenden Entwicklungsschritte vom Kind erlernt worden sein, besonders das Krabbeln, bevor eine Aufrichtung überhaupt erst wieder zugelassen werden dürfe. Ihr Kind, hatte man den Eltern erklärt, habe zu seinem eigenen Wohle die nun einmal notwendigen Entwicklungsschritte zu durchlaufen, auch wenn es dazu mehr oder weniger gezwungen werden müsse. Davor sollten die Eltern nicht zurückschrecken. Und der Hinweis fehlte nie, dass nur die Einhaltung der festgelegten Sequenz des Entwicklungsverlaufes eine normale Entwicklung ihres Kindes garantieren könne.

Es wird Ihnen sicher nicht schwerfallen, sich nun vorzustellen, was in Kind (Drang zur Teilnahme) und Eltern vorgeht, wenn sie sich gezwungen sehen, solchen Dr.-Eisenbart-Empfehlungen nachzukommen, obwohl sie ihr Kind selbst ganz in Ordnung finden, und der Kinderarzt auch.

Inzwischen ist eine gewisse Lockerung in der Beurteilung des Verlaufes der kindlichen Entwicklung erfolgt. Akzeptiert wird nun, dass die Dauer und das Auftreten eines bestimmten Entwicklungsschrittes durchaus individuell seien, jedoch: Die Abfolge der einzelnen Entwicklungsschritte werde und müsse doch immer gleich bleiben. Diese Meinung wird sehr allgemein vertreten, auch von führenden Entwicklungspsychologinnen und Entwicklungspsychologen.

Die Abb. auf S. 32 zeigt, was gemeint ist. Dahinter steht, allerdings versteckt, doch wieder nur das alte Reifungskonzept der kindlichen Entwicklung.

Denn wie wir inzwischen gelernt haben, ist es auch die Abfolge der einzelnen Entwicklungsschritte, die sich variabel verändert. Ein Kind bestimmt selbst und adaptiv, entgegen jeder anderen, auch von Fachleuten geäußerten Meinung, die »richtige« Abfolge seiner Entwicklungsschritte.

Lebensalter = Entwicklungsalter?

Die eben formulierten Vorstellungen zur individuellen und variablen Entwicklung von Kindern sollen an zwei Beispielen noch einmal gezeigt werden. Remo Largo, Leiter der Abteilung *Wachstum und Entwicklung* an der Universitäts-Kinderklinik in Zürich, hat Schulkinder in einem bestimmten Alter nach ihren

unterschiedlichen Begabungen untersucht und sie nach ihrem Altersstand bewertet.

In den Abb. auf Seite 33 werden die Ergebnisse von zwei Kindern dargestellt. Oben: Ein elf Jahre und vier Monate alter Junge entspricht im Sprachverständnis und in seiner Auffassungsgabe einem fast Sechzehnjährigen, in seiner Sprachfähigkeit einem Dreizehnjährigen; im Lesen und Schreiben liegt er etwas über seinem Alter. Seine sozialen Fähigkeiten sind altersentsprechend, sein logisches Denken und seine Rechenleistungen gleichen dem eines Vierzehneinhalbjährigen, sein räumliches Vorstellungsvermögen liegt knapp unter seinem Altersdurchschnitt, aber seine motorische Bewegungsfähigkeit ist nicht viel besser als die eines knapp achtjährigen Jungen.

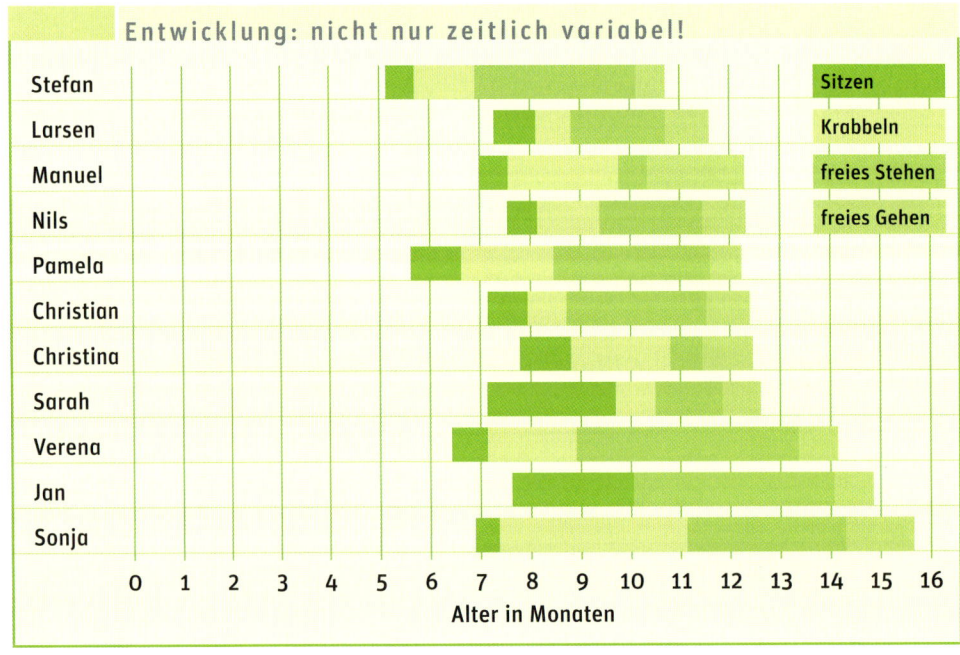

Kompetenz

Alter (Jahre)	Sprache rezeptiv	Sprache expressiv	Lesen Schreiben	Sozial-verhalten	Logisches Denken	Zahlen-verständnis Rechnen	Räumlich-figurale Vorstellung	Motorik/ Kinästhetik
15	●							
14					●	●		
13		●						
12								
11			●					
10				●			●	
9								
8								
7								●

Fall 1: 11 Jahre, 4 Monate

Kompetenz

Alter (Jahre)	Sprache rezeptiv	Sprache expressiv	Lesen Schreiben	Sozial-verhalten	Logisches Denken	Zahlen-verständnis Rechnen	Räumlich-figurale Vorstellung	Motorik/ Kinästhetik
14							●	
13								
12								
11	●			●				
10					●			
9		●						●
8								
7								
6			●			●		

Fall 2: 9 Jahre, 3 Monate

Die untere Abbildung demonstriert die Begabungsstruktur eines neunjährigen Jungen mit einer Lese-Rechtschreib-Störung bei einer insgesamt normalen Intelligenz: Seine sprachliche Auffassungsgabe und sein Sprachvermögen liegen etwas über der Norm neunjähriger Jungen. Die Leistungen im Lesen und Schreiben entsprechen einem Sechsjährigen. Das Sozialverhalten ist das eines Zehneinhalbjährigen. Die Fähigkeit zu logischem Denken liegt knapp über der Altersnorm; seine Rechenleistungen sind die eines Sechsjährigen, während sein räumliches Vorstellungsvermögen fast dem eines vierzehnjährigen Jungen entspricht. Seine motorischen Fähigkeiten liegen in der Altersnorm.

Fähigkeiten bei Schulbeginn

In einer anderen Studie hat Remo Largo gezeigt, dass schon Einschulungskinder mit einer großen zeitlichen Bandbreite von unterschiedlich entwickelten Fähigkeiten ihre Schulzeit beginnen. Zwanzig Kinder in einer Klasse von Schulanfängern sind in vielen Aspekten ihrer Entwicklung hintan oder voraus, bei etwa gleichem Alter. Geprüft wurden Körpergröße, IQ, Lesen, Rechnen, Zeichnen, Musizieren. Die Streubreite der geprüften, eben genannten Alterswerte der normalen Entwicklung gleichaltriger, siebenjähriger Kinder liegt zwischen fünfeinhalb und achteinhalb Jahren!

Bei Übernahme eines Klassenjahrgangs geht eine Lehrerin, ein Lehrer, ganz im Sinne eines Reifungskonzeptes, davon aus, dass bei siebenjährigen Kindern die Entwicklung, mit kleineren Abweichungen, doch insgesamt gleichwertig sei. Lehrerinnen und Lehrer werden ihre eigenen beruflichen Qualitäten daran messen, ob es ihnen gelingt, alle ihre Schülerinnen und Schüler am Ende des Schuljahres in die nächste Klasse weiterzugeben. Gelingt dies bei dem einen oder anderen Kind nicht, kann das eigentlich nur an einer Schwäche der kindlichen Intelligenzleistungen liegen, nicht an ihnen, nicht am Lehrplan und nicht an ihren altersbezogenen Lehrmethoden.

Ein Kommentar zu diesem Beispiel erübrigt sich. Es wird Ihnen nicht schwerfallen, in diesen zwei Beispielen die Vielfalt der Möglichkeiten und Varianten auch bei den individuellen Begabungen wieder zu finden, die Ihnen nun bereits vertraut sind.

Warum Anpassung und Variabilität?

Anpassungsprozesse sind Lernprozesse, die im Gehirn gespeichert, festgeschrieben werden, damit sie immer wieder und bei Bedarf abgerufen und genutzt werden können.

Kinder müssen sich an vieles anpassen: an die familiäre Situation, in die sie hineingeboren wurden, an die Geborgenheit, Zuwendung oder deren Mängel, die sie erfahren; aber auch an die Erziehungs- und Wertevorstellungen, die ihre Eltern für richtig und angemessen halten und die sie versuchen, bewusst oder unbewusst auf ihr Kind zu übertragen. Großeltern, Babysitter, Tanten, Onkel, Freunde und Freundinnen der Familie bieten einem Kind vielfältigste Gelegenheiten, sich anzupassen – vergnüglich, herzlich, neutral oder gar abweisend. Wie wir noch sehen werden, verfügen Kleinkinder jedoch über außerordentlich effektive Gaben, im Aussehen und im Verhalten, mit denen sie Zuwendung nahezu erzwingen können: Schutzmechanismen, die ihr Überleben in gefährdeten Situationen sichern (s. *Mutter Natur* von Sara Bluffer Hrdy).

Ein Garten wird andere Erfahrungen bieten als das Leben in einer Millionenstadt mit Hochhäusern. Ein Kind wird, unter den üblichen Bedingungen, seine Umwelt, in der es lebt, zunächst nicht als gut oder schlecht, angenehm oder lebensfeindlich bewerten. Es wird sie hinnehmen, wie sie ist, und versuchen, sich in die Vorgaben zu schicken, also sich anzupassen, solange Mutter, Vater oder andere verlässliche Bindungspersonen ihm die Sicherheit bieten, stets versorgt, geborgen, angenommen und geliebt zu sein.

Umwelt formt Entwicklung

Auch die geografische und kulturelle Umwelt, in der ein Kind aufwächst, zwingt zu adaptiven Lernprozessen. Inuitkinder können ihre Entwicklung unter extrem anderen Bedingungen ebenso durchlaufen wie Kinder, die im tropischen Dschungel aufwachsen. Dass sich unter solch unterschiedlichsten Lebensbedingungen auch die einzelnen Entwicklungspfade in ihrem Ablauf verändern müssen, ist fast schon eine Selbstverständlichkeit. Kinder entwickeln sich, als Adaptationsantwort auf ihre besonderen Lebens- und Umweltbedingungen, in bestimmten Phasen sogar schneller oder langsamer, oder sie erwerben sehr spezielle und hoch komplizierte Fähigkeiten, die ihnen ihre Umwelt und das Leben in ihr abverlangen.

Die Abbildung auf dieser Seite zeigt junge Indios, die an einem Fluss leben und daher früh, schon ab drei Jahren, gelernt haben, zu mehreren in einem kippligen Boot stehend, mit Pfeil und Bogen Fische zu erlegen – eine notwendige Adaptation an die Bedingungen, unter denen sie leben. Während europäische Kinder zu solch einer atemberaubenden Ausbalancierung ihres Gleichgewichts nicht fähig wären, sind für die Indiokinder solche Fähigkeiten pure Selbstverständlichkeiten, die zu ihrem gewohnten Lernprogramm gehören.

Leicht einzusehen ist, dass z. B. der Entwicklungsschritt des Krabbelns, wenn er denn eine genetisch absolut notwendige Stufe der motorischen Entwicklung wäre, solche Anpassungsleistungen eher verhindern als fördern würde.

Kultur formt Entwicklung

Das Gleiche gilt für das Einleben in die sehr unterschiedlichen kulturellen Eigenheiten anderer Gesellschaften.

Kleine Indios entwickeln andere Fähigkeiten als Großstadtkinder.

Die Vorstellungen, wie Kinder sich verhalten sollten, können schon in europäischen Staaten sehr unterschiedlich sein: In Frankreich sind Eltern eher der Meinung, Kinder seien durch ihre Geburt zunächst nur kleine »Wilde«, die von früh an, ab dem zarten Alter von eineinhalb Jahren, einer strengen Erziehung zu den Manieren bedürfen, die in Frankreich bei älteren Kindern und Erwachsenen erwartet, ja vorausgesetzt werden. Deutsche Eltern und Großeltern neigen dagegen zunächst dazu, ihre Kinder und Enkel als einzigartige Wesen zu erleben, denen alle Wege offenstehen werden. Die Kindheit wird daher als eine Zeit gesehen, in denen es Kindern gut gehen sollte; eine frühe, strenge Erziehung ist nicht unbedingt Voraussetzung für ein erwünschtes Verhalten im späteren Erwachsenenleben. Eine deutsche, permissive Erziehung steht der französischen, direktiven, konträr gegenüber.

Die insgesamt recht freie westliche Erziehung ist keineswegs selbstverständlich für Kulturen, in denen auch heute noch der Gehorsam des Kindes Eltern und Erwachsenen gegenüber ein entscheidender Erziehungsfaktor ist, wie u.a. in Japan, in indianischen und in islamischen Kulturen.

Kinder müssen sich also von Geburt an sehr unterschiedlichen Lebensbedingungen anpassen, wenn sie in ihnen bestehen

Auf einen Blick:

Vorteile einer adaptiv orientierten Entwicklung

Die Vorteile, die eine adaptiv orientierte Entwicklung auszeichnen, kurz zusammengefasst:

- Ein Kind ist zu jedem Zeitpunkt seiner Entwicklung fähig und vorbereitet, auf nahezu alle Umwelteinflüsse und Lebensanforderungen reagieren zu können. Von Geburt an kann es saugen und trinken, ohne dass es Gefahr liefe, die Milch in die Lungen zu befördern, was Ersticken oder eine tödliche Lungenentzündung zur Folge haben kann.

- Ein Schritt für Schritt organisierter Entwicklungsverlauf wäre biologisch lebensgefährdend. Werden Entwicklungsprozesse als eine Art Zahnradsystem verstanden, wie es die Reifetheorie tut, bei dem jedes Zahnrad exakt in ein anderes Zahnrad zu greifen hat, erlitte das ganze Räderwerk schnell einen Totalausfall, sobald nur das kleinste Rädchen beschädigt wäre oder ausfiele. Die Verteilung der Gesamtentwicklung eines Kindes auf verschiedene Entwicklungspfade bedeutet dagegen eine erhöhte Chance, über andere Pfade wesentliche Entwicklungsziele doch erreichen zu können, die oft noch mit einem aktiven und selbstbestimmten Leben vereinbar sind, auch bei krankheits- oder unfallbedingten Einschränkungen.

- Durch Lernen und Erfahrungen gelingt es Kindern und Erwachsenen bis heute, sich an Bedingungen in ihrem Leben anzupassen, die sich verändern oder die geändert werden müssen. Der seit Jahrmillionen wirksame Faktor *Fähigkeit zur Anpassung* ist also auch heute noch effektiv, in jedem einzelnen menschlichen Leben und bei jedem Kind in seiner individuellen Entwicklung jedes Mal auch neu.

und, in einem direkten, aber auch im weitesten Sinne, überleben wollen. Die Fähigkeit, sich anzupassen, zu lernen, beginnt, wie wir heute wissen, bereits im intrauterinen Leben und endet wohl erst mit dem Tod. Sie begleitet Menschen als Hilfe in den täglichen Herausforderungen, Bedrängnissen, aber auch Freuden lebenslang. Die beim Menschen besonders hoch entwickelte Anpassungsfähigkeit kann auch als eine Mitgift der Evolution verstanden werden. Kinder sind Anpassungskünstler und Anpassungsexperten. Wirkungsvollere Entwicklungshilfen als die adaptiven Kräfte der Evolution und durch die wichtigsten Bindungspersonen kann es für ein Kind eigentlich nicht geben.

Ein fünfjähriges Kind hat in manchen Kulturen schon sehr viel von dem gelernt, was zum Leben gehört.

Warum Individualität und wie?

Individualität muss ein besonderer Überlebensvorteil für die Menschheit gewesen sein, sie hätte sonst nicht bis heute überlebt.
Aber warum hat sich während der Evolution herausgestellt, dass Individualität sich für höhere Lebewesen bezahlt macht? Um es auf einen kurzen und einfachen Nenner zu bringen: Individualität bietet die Chance zur Entstehung einer Vielfalt nützlicher (aber auch schädigender) Eigenschaften eines Lebewesens, weil sie eventuell eine größere und bessere Chance bietet, sich an die Änderungen in seiner Umwelt anzupassen.
Zwei Arten von Individualität sind zu unterscheiden: eine angeborene und eine erworbene.

Angeborene Individualität

Dass es eine angeborene Individualität gibt, wurde erst verstanden, nachdem zu Beginn des letzten Jahrhunderts die Chromosomen und Gene und deren Kombinationen entdeckt wurden. Die Hälfte der Chromosomen stammt von der Mutter. Sie sind eine zufällige Auswahl der Vorfahreneigenschaften, die die Mutter in ihrem eigenen Chromosomensatz trägt und weitergibt. Das Gleiche gilt für die väterlichen Chromosomen. Dabei ist es wiederum dem Zufall überlassen, welche Chromosomen von der mütterlichen Seite und welche von der väterlichen Seite sich zu einem neuen Lebewesen zusammenschließen.
Damit wird verständlich, dass keine Person der anderen gleichen kann. Die Zufälligkeit dieses »Verfahrens« garantiert eine einzigartige Individualität.

Erworbene Individualität

Sie entsteht durch individuell erlebte Erfahrungen und durch individuelles Lernen. Gene bestimmen nicht alleine und auch nicht endgültig unser Handeln und Verhalten, wir sind ihnen nicht ausgeliefert. Erfahrungen und Lernen, also Adaptationsprozesse, spielen eine ebenso bestimmende Rolle in der Entwicklung und im Leben von Menschen. Die Gesamtheit der Gene eines Menschen, der so genannte individuelle Genpool, legt nicht alleine das individuelle Verhalten fest. Der individuelle Genpool eines Kindes mit der Vielfältigkeit seiner Anlagen bestimmt nur die Basis, nur die Disposition, zu einem nicht weiter aufschlüsselbaren Mix aus Genetik und Lernen. Oder, anders gesagt: Erst der Mix aus genetischen Vorgaben in Verbindung mit

---

Auf einen Blick:

Individualität und Lernerfolg

◆ Eine Reifung des Gehirns alleine kann keine adaptiven und variablen Entwicklungsprozesse garantieren. Nur individuell programmierte, neuronale Netzwerke sind dazu in der Lage.

◆ Kinder lernen nur gut und mit Erfolg, wenn sie mit ihrem eigenen Tun, Fühlen und Empfinden am Aufbau ihrer neuronalen Netzwerke beteiligt sind. Niemand und nichts kann den Aufbau der eigenen, individuellen, neuronalen Netzwerke zur Speicherung von Erfahrung und Gelerntem ersetzen.

Lernen und Erfahrung ermöglicht ein individuelles Verhalten, das alleine einem Kind, einem Menschen eigen ist und ein Leben mit individuellen Fähigkeiten überhaupt erst ermöglicht.

Das Gehirn programmiert sich selbst

Wie aber entsteht Individualität im Gehirn? Alles, was wir bisher über die kindliche Entwicklung gelernt haben, schließt sich in dieser einen Frage zusammen. Tun und Verhalten können nur, wie ich versucht habe zu erklären, individueller Art sein. Das setzt voraus, dass auch das Gehirn in seinem Aufbau und in seinen Leistungen individuell organisiert sein muss und sich individuell entwickelt. Gefühltes und Wahrgenommenes werden in einem vorgegebenen Verbundsystem von Nervenzellen, in den so genannten »neuronalen Netzwerken«, gespeichert und zu anderen, zielorientierten Zentren im Gehirn weitergeleitet. Dort stehen sie auf Abruf zur Verfügung, wenn sie gebraucht werden. Dazu müssen die neuronalen Netzwerke jedoch erst mit einer Art »Software« eingerichtet werden. Die »Software« kann jedoch nur aus dem individuellen Strom der einlaufenden Sinneswahrnehmungen programmiert werden: Individuelle neuronale Netzwerke können nur über eine individualisierte Wahrnehmung arbeitsfähig werden. Oder, anders ausgedrückt: Ein Kind mit seinem eigenen, individuellen und kontinuierlichen Wechselspiel von Aktivitäten und Sinneswahrnehmungen bestimmt damit selbst die neuronale Organisation seines Gehirns (Gerald Edelman).

→ In Kürze

Die Entwicklung – ein Mix aus Genetik und Anpassung

Lesen Sie hier eine knappe Zusammenfassung des Kapitelinhalts.

Die Themenschwerpunkte werden hier noch einmal zusammengefasst:

→ Entwicklung

- Mit einem adaptiven Entwicklungskonzept lassen sich die Besonderheiten der frühen kindlichen Entwicklung schlüssiger erklären als mit einem Reifekonzept. Mit ihm wird verständlich, warum Entwicklungsverläufe eine ausgesprochen hohe individuelle Variabilität zeigen, und warum Inkonsistenzen (Unregelmäßigkeiten) für kindliche Entwicklungsverläufe charakteristisch sind.

- Bei Beurteilungen, ob eine kindliche Entwicklung normal oder auffällig verläuft, muss der individuelle und variable Entwicklungsverlauf eines Kindes mit berücksichtigt werden. Ohne diese Berücksichtigung werden viele Kinder oft fälschlich als auffällig beurteilt, ohne es zu sein.

- Adaptive Fähigkeiten geben einem Kind die Chance, sich schon sehr früh in seine vorgegebenen sozialen, kulturellen, sprachlichen und ökologischen Lebensräume einzupassen.

→ Individualität

- Die Entwicklung von Individualität im Verlauf der Evolution des Menschen ist ebenfalls eine Variante der Anpassung an die Umwelt. Menschen mit einer besonderen, individuellen Begabung können sehr speziellen und unterschiedlichen Notwendigkeiten und Bedürfnissen gerecht werden und Leistungen bringen, zu denen andere nicht oder nur bedingt befähigt sind, die jedoch allen zugute kommen.

- Unterschieden wird zwischen einer angeborenen Individualität, die durch die ererbte individuelle Gen- und Chromosomenausstattung vorgegeben ist, und einer durch lebenslange Erfahrung und Lernen erworbenen Individualität.

- Das Gehirn programmiert seine veränderbaren neuronalen Netzwerke und Strukturen ausschließlich nach dem Zustrom von individueller Erfahrung und individuellem Lernen. Daher ist es für Kinder nicht gleichgültig, was und wie sie lernen und welchen Erfahrungen sie ausgesetzt waren und sind.

Basisprozesse der Entwicklung

Einige neurobiologische Systeme des Gehirns sind für die Entwicklung von grundsätzlicher Bedeutung. Es sind:
* *das limbische System, zuständig für Emotionen und*
* *die Gedächtnisse als Speicher- und Vergleichssysteme fürs Lernen und Erfahren.*
Auch nach der Entwicklung bleiben beide lebensnotwendig und aktiv.

Die Dominanz der Gefühle: das limbische System

Im Gehirn liegt, im Übergangsbereich von Rückenmark und Hirn, eine Hirnregion mit komplizierter Form verborgen. Sie sehen sie auf Seite 42 als schematische Abbildung. Weil sie am unteren Rand *(Limbus)* zum Großhirn liegt, trägt sie den Namen *das limbische System* oder auch »Gefühlssystem«. Im Verlauf der menschlichen Evolution, über etwa sieben Millionen Jahre hin, verschwand das limbische System sozusagen in der Tiefe, denn es wölbte sich das immer größer werdende menschliche Großhirn wie eine Kuppel darüber.

Alle Sinneseindrücke – gleichgültig, ob sie aus den Sinnesorganen der Haut, der Muskeln und Gelenke über das Rückenmark in das Gehirn gelangen oder ob auf direktem Weg, wie die Sinnesempfindungen der Augen, Ohren, des Gleichgewichtsorgans, des Geschmacks und Geruchs, oder ob sie schließlich aus dem eigenen Inneren stammen, aus dem Verdauungsapparat, der Atmung, aus dem Herz-Kreislauf-System oder aus den Hormondrüsen –, alle diese empfindbaren und nicht empfindbaren Sinnesreize werden zuerst über das limbische System geleitet, bevor sie ihren eigentlichen Ort der bewussten Wahrnehmung erreichen. Im limbischen System werden sie mit einer Art emotional negativer oder positiver »Duftmarke« versehen.

Das limbische System besteht aus drei anatomisch und funktionell unterschiedlichen Anteilen (s. Abb. auf S. 42).

Die Mandelkerne

Der rechte und linke *Mandelkern* (im Aussehen Mandeln ähnlich) bewerten Sinneserfahrungen negativ und wirken damit als ein »Vermeidungssystem«. Für unser Thema der frühen Entwicklung ist bedeutsam, dass Mandelkerne emotionale negative Erfahrung signalisieren, die erlebt wurde: Nichtbeachtung, ungerechte, unerwartete Zurechtweisungen, Kränkungen, Persönlichkeitsverletzungen, die Kinder schon in sehr frühem Alter emotional empfinden und die ihnen »im Gemüt« nahegehen.

Die Mandelkerne versuchen also, die Wiederholung einer negativ empfundenen Situation zu verhindern: Bitte nicht noch einmal! Ein demotivierendes, vermeidendes Verhalten ist die Konsequenz. »Mandelkern-Lernen« ist damit wenig effektiv, kontraproduktiv, angstbesetzt, fehlerbehaftet, unökonomisch und überaus demotivierend. Das gilt für Kinder ab dem ersten Tag ihres Lebens, wahrscheinlich sogar schon für die Zeit davor (s. S. 46–49: *Wiedererkennungsgedächtnis*).

Das Dopamin produzierende neuronale Netzwerk

Es ist ein nur mit dem Mikroskop sichtbares, aber breit ausgelegtes neuronales Netzwerk, ein Verbund tausender, miteinander kommunizierender Nervenzellen, die den Neurotransmitter (Botenstoff im Nervensystem) *Dopamin* produzieren. Sie bewerten Sinneserfahrungen positiv und bilden damit ein »Belohnungssystem«. Eine äußere oder innere Sinneserfahrung wird von ihnen als angenehm bewertet, als belohnend, bestätigend, als motivierend: Bitte noch weitere solcher Erfahrungen!

Dopamin hat eine ähnliche chemische Struktur und einen ähnlich emotionalen Effekt wie die körpereigenen, morphiumähnlichen Substanzen, die *Endomorphine*. Sie belohnen das Gehirn für gute Erfahrungen und Erfolge, u. a. bei und nach sportlichen oder musikalischen Anstrengungen, nach effektivem Lernen, nach freudigen, erfolgsbetonten Ereignissen, aber auch bei der Befriedigung emotionaler Bedürfnisse.

Der *dopaminerge* (so die fachsprachliche Bezeichnung) Anteil des limbischen Systems ist also ein »Belohnungssystem«. Ein »dopaminerges Lernen« ist besonders effektiv, Vergnügen auslösend, belohnend, Fehler reduzierend, hochökonomisch und somit Energie sparend, und es motiviert zu weiterem Lernen. Die positiven Folgen für eine Person sind beträchtlich: Stärkung der Persönlichkeit, Selbstbestätigung, Stabilisierung des Selbstwertgefühls, zunehmendes Zutrauen in die eigenen Leistungen, Neugier auf neue Erfahrungen und neue Herausforderungen – und das alles auch bei Kindern ab dem ersten Lebenstag.

Der Hippocampus

Der Hippocampus (lat. Seepferdchen, weil er die Form eines liegenden, mit dem Kopf nach vorne weisenden Seepferdchens hat) speichert emotionelle Erfahrungen im Langzeitgedächtnis, wenn sie sich für eine individuelle Person als bedeutsam erwiesen haben. Sie werden dann dort dauerhaft verankert. Das Gedächtnis übernimmt keine Informationen in reiner Form. Sie haften sehr viel besser, wenn sie mit einer emotionalen Bewertung, ob positiv oder negativ, versehen sind und im Zusammenhang mit den gerade akut bedeutsamen, individuellen und sozialen Lebenssituationen stehen. Der Hippocampus entscheidet daher letztendlich, welche emotionalisierten Sinneseindrücke, Erfahrungen und Gelerntes, in das Langzeitgedächtnis übernommen werden sollen und welche nicht. Die Übertragung in das Langzeitgedächtnis erfolgt vor allem während des Schlafes, in den Tiefschlafphasen (s. S. 113).

Lernerfolge und limbisches System

Das limbische System erfüllt eine weitere Reihe von Voraussetzungen, die für das Lernen von grundsätzlicher Bedeutung sind, ja Lernen erst so richtig effektiv werden lassen: Empfindet der Körper, wenn er lernt, Behagen, lernt das Gehirn gut! Empfindet der Körper, wenn er lernt, Unbehagen, lernt das Gehirn schlecht!

Das limbische System

Mandelkern | Hippocampus
Dopaminerges neuronales Netzwerk

Emotionen werden bei den meisten Menschen in der rechten Hirnhälfte dauerhaft und lebenslang gespeichert. Die rechte Hirnhälfte bleibt daher über das Leben hin bestimmend (dominant) für belohnende oder vermeidende Gefühle und für die Strategien, mit denen sie bewältigt werden können.

Die rechte Hirnhälfte entwickelt vom ersten Lebenstag an die Fähigkeit, die emotionalen Signale anderer Menschen zu deuten: aus der Mimik, aus dem Gesichtsausdruck, aus der Sprache und Stimmlage, aus dem emotionalen Inhalt des Gesagten, aus der Gestik, aus Körperhaltung und Bewegung. Die rechte Hirnhälfte hat jedoch auch gelernt, wie emotionale Erfahrungen zu beantworten sind, oder keine emotionalen Regungen zu zeigen, falls dies die richtigere Verhaltensstrategie zu sein verspricht. Auch ein solch täuschendes Verhalten können Kinder schon in der Säuglingszeit lernen, besonders wenn sie unter einer emotionalen *Deprivation* (Vernachlässigung) leiden.

Die direkte Verbindung zwischen der Steuerung unbewusster körperlicher Reaktionen und dem limbischen System lässt verstehen, dass Erwachsene und Kinder auf emotionale Geschehnisse mit Stresssymptomen wie Herzrasen oder beschleunigter Atmung reagieren, mit einem roten Kopf, aschgrauer Gesichtsfarbe, Schweißausbruch oder Ohnmacht. Lernen sei sexy, ist gelegentlich zu lesen. Etwas begriffen zu haben löst im Gehirn einen Dopaminschub aus oder eine Endomorphinausschüttung: eine direkte Belohnung mit einer Art Gehirnschokolade aus eigener Produktion. Kinder bringen, wie wir noch sehen werden,

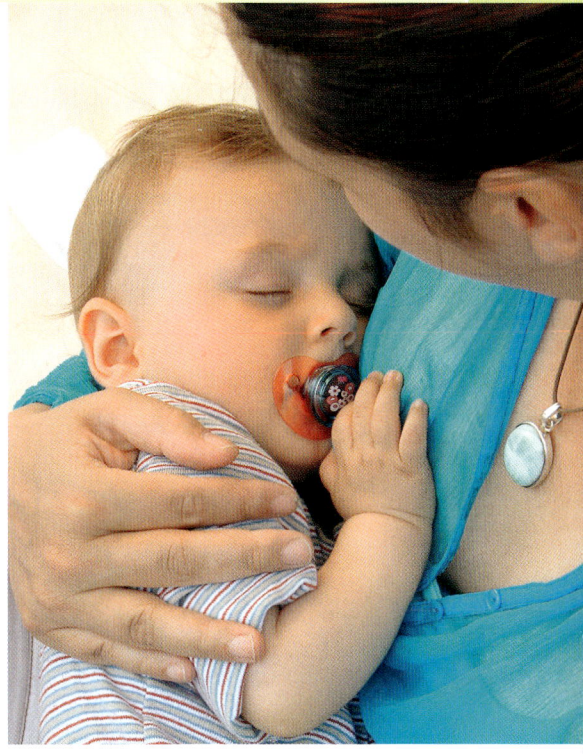

Emotionaler Stress: Verständnis und Nähe machen ihn erträglich.

eine angeborene Motivation mit auf die Welt, so viel wie möglich zu lernen und sich ihre Belohnung selbst mit ihren Gehirnen zu verdienen.

Trotzdem: Lernen ist auch unter Stress möglich

Die Frage mag auf der Zunge liegen, ob wir tatsächlich unserem limbischen System und seinen emotionalen Bewertungen so weitgehend ausgeliefert sind. Denn die Lebenserfahrung zeigt: Lernen ist auch unter unerfreulichen Bedingungen möglich.

In der Tat hat sich im Laufe der Evolution zum heutigen Menschen ein dem limbischen System übergeordnetes Zentrum im Gehirn entwickelt, das es uns erlaubt, unsere Gefühle und die daraus entstehende Handlungsbereitschaft zu überprüfen, falls die nicht vorher schon eine positive oder negative, spontane, emotionale Explosion ausgelöst haben. Das ist auch notwendig, weil im alltäglichen Leben nicht immer nach Entweder-oder entschieden werden kann.

Wir kennen alle aus unserer Lebenserfahrung die ambivalenten Gefühle, die wir manchmal über lange Zeit mit uns herumtragen, ohne zu einer Entweder-oder-Entscheidung fähig zu sein. Wir suchen nach einem Kompromiss, der oft gefunden werden kann; manchmal jedoch müssen wir uns kompromisslos entscheiden. Dazu hilft uns ein kleiner Großhirnanteil, dessen Lage und Funktion im Gehirn kurz beschrieben werden soll.

Ein kleiner Großhirnanteil für Emotionen

Über Emotionen wird auch im Stirnhirn des Großhirns entschieden.

Erwähnt wurde bereits, dass sich beim Menschen im Verlauf der Evolution vor allem die Hirnrinde, das Großhirn, mit seinen vielen äußerlich sichtbaren Windungen, stetig vergrößert hat: Eine besondere Vergrößerung erfuhr das *Stirnhirn* (s. Abb.). Es hat dem modernen Menschen zu seiner großen, steilen Stirn verholfen.

Auf die vielfältigen Aufgaben des Stirnhirns kann in dem hier vorgegebenen Zusammenhang nicht eingegangen werden. Im Stirnhirn existiert ein kleines Rindenareal, in direkter räumlicher Nähe und mit direkten Nervenverbindungen zum dahinterliegenden limbischen System. Dieses *emotionale Rindenareal* (der orbitale, präfrontale Kortex) ist zu einem mehr oder weniger bewussten Zensor emotionaler Zustände geworden.

Das Gewissen kommt später

Durch Erfahrung und Lernen geschult, prüft das emotionale Rindenareal als

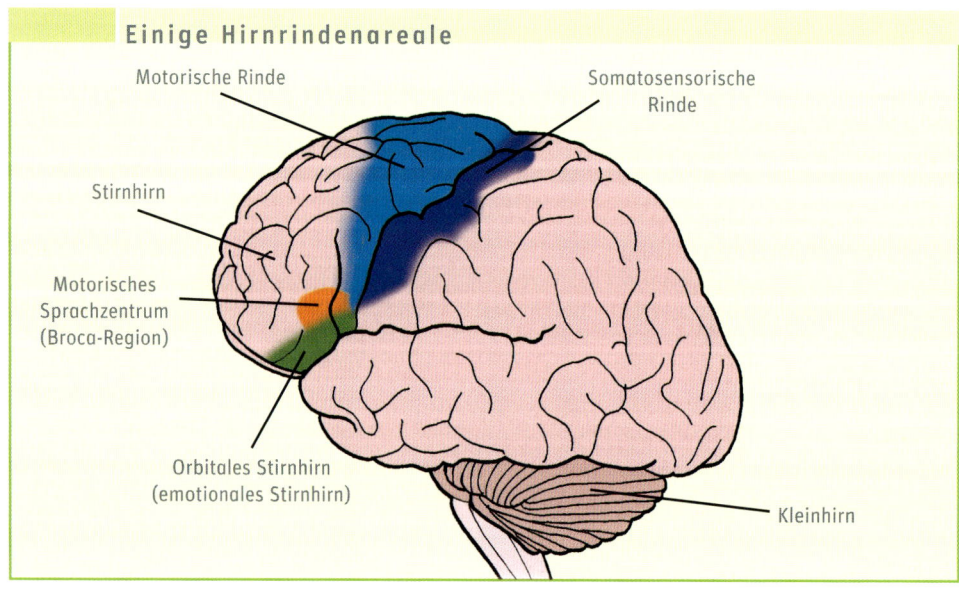

Einige Hirnrindenareale

Motorische Rinde

Somatosensorische Rinde

Stirnhirn

Motorisches Sprachzentrum (Broca-Region)

Orbitales Stirnhirn (emotionales Stirnhirn)

Kleinhirn

Auf einen Blick:

Das limbische System

- Das limbische System des Gehirns erfüllt zwei überlebenswichtige Funktionen: Was könnte Tieren und Menschen schaden, und was ist gut für sie und damit auch lebenserhaltend?
- Zwei so genannte *Mandelkerne* reagieren auf negative Signale, die aus der Umwelt kommen, oder auf negative Erfahrungen, die unangenehm »aufgestoßen« sind. Die Mandelkerne versuchen, das Verhalten so zu steuern, dass Wiederholungen unangenehmer oder lebensgefährlicher Erfahrung möglichst vermieden werden.
- Ein neuronales Netzwerk im limbischen System schüttet dagegen *Dopamin* aus, das ein bestätigendes, belohnendes Gefühl auslöst und den Wunsch nach Wiederholung weckt.
- Über den *Hippocampus* werden emotionale Erfahrungen in das Langzeitgedächtnis übertragen.
- Ein kleiner Anteil des Stirnhirns funktioniert ab etwa dem vierten Lebensjahr als emotionaler Zensor.

Zensor die Gemengelage der Gefühle und beurteilt, ob in der gerade bestehenden, aktiven Lebenssituation eine eben erlebte, emotionale Stimmung zugelassen oder ausgebremst werden soll. Der »Zensor« entscheidet nach der persönlichen Motivation und dem Temperament seines »Klienten«, ob an einem Plan festgehalten werden kann oder ob er besser eine Weile aufgeschoben oder gar ganz aufgegeben werden soll. Der Zensor entscheidet damit auch über Risiken, Folgen und Konsequenzen sozialer, ethischer, sittlicher und moralischer Regelverletzungen.

Kinder beginnen jedoch erst im Alter von etwa vier bis fünf Jahren, mit allerdings beträchtlicher individueller zeitlicher Variabilität, zu begreifen und zu verstehen, dass es überhaupt sittliche und moralische Regeln gibt, an die sie sich zu halten haben. In jüngerem Alter haben sie noch keinerlei Bedenken, ihre Mutter, ihren Vater zu heiraten. Sie leben in der

magischen Phase ihres Lebens, in der alles möglich ist und in der Regeln, Verbote oder Tabus kaum existieren. Wir werden dem Thema auf S. 205 noch einmal begegnen.

Die Gedächtnisse: Kraftwerke der Entwicklung

Ohne Gedächtnis kein Leben, kein Lernen und keine Chance zu überleben. Sie haben recht gelesen: Von Gedächtnis*sen* ist die Rede, nicht vom Gedächtnis, denn es gibt viele Gedächtnisse mit sehr unterschiedlichen Aufgaben. Gedächtnisse bilden keine sichtbaren anatomischen Strukturen im Gehirn. Sie entstehen und bestehen aus vergleichsweise riesigen neuronalen Netzwerken, die immer wieder neue Umstrukturierungen erfahren.

Neue Erfahrungen, neu Gelerntes wird an Strukturen der Netzwerke ange-dockt, die bereits ähnliche Gedächtnis-muster gespeichert haben.

Ist noch kein neuronales Netzwerk vor-handen, muss ein neues in Betrieb ge-nommen werden, also u. a. dann, wenn ein neuer Lebens- und Lernabschnitt beginnt: ein Umzug in eine neue Woh-nung, in ein fremdes Land, der Beginn der Kindergartenzeit, eine neue Fremdsprache, ein neues Lehrfach in der Schule. Daher ist, auch für Kinder, aller Anfang schwer. Dass Kinder trotzdem unverdrossen dabei sind zu lernen, liegt an ihrer angeborenen Neu-gier, an ihrer Motivation und an ihrem unstillbaren Drang, »dabei zu sein« und »teilzunehmen« am Leben der Erwachsenen.

In diesem Buch soll nur auf die Gedächt-nisse eingegangen werden, die für die frühe Entwicklung von Kindern von Be-deutung sind. Die verschiedenen darge-stellten Gedächtnisse arbeiten eng zu-sammen. Sie sind, um optimal zu funk-tionieren, aufeinander angewiesen. Um der Verständlichkeit willen werden sie getrennt dargestellt.

Die unbewussten Gedächtnisse

Gedächtnisse arbeiten unbewusst oder bewusst. Die frühesten Gedächtnisse werden unbewusst angelegt und aufge-baut. Ganz zutreffend heißen sie auch *Erfahrungsgedächtnisse*. Es sind die Ges-ten, Mimik, Gesichter, Körperhaltun-gen und das Verhalten anderer in be-sonderen emotionalen Situationen, die unbewusst in die Erfahrungsgedächt-nisse übernommen werden. Alle unbewussten Gedächtnisse sind *Lang-zeitgedächtnisse*.

Wiedererkennungsgedächtnis

In der Fachliteratur wird dieses Ge-dächtnis auch *Grundgedächtnis* oder *Pri-ming-Gedächtnis* genannt.

Schon ab der 28. Schwangerschaftswoche hört ein Kind sehr gut. Was es hört, wird auch in seinem Gedächtnis gespeichert. Wiederholt Gehörtes wird nach der Ge-burt wiedererkannt. Voll funktionsfähig sind auch sein Geschmacks- und Ge-ruchssinn. Gehört und erkannt werden die Stimme der Mutter und die Stimmen anderer Personen, die mit der Mutter sprechen, wobei die Zuordnung der fremden Stimmen für das Kind zunächst offen bleibt.

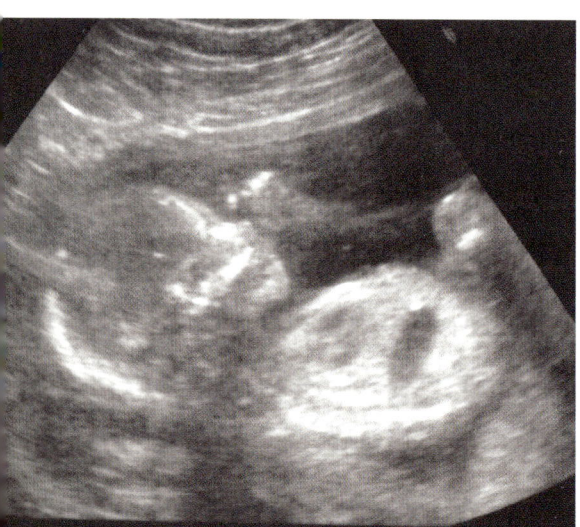

Daumenlutschen wird im Mutterleib gelernt und als tröstende Aktion gespeichert.

Spielt die Mutter regelmäßig ein Instrument, übt sie z. B. ein Klarinettenkonzert, weil sie Berufsmusikerin ist, wird dieses Konzert von ihrem Kind auch nach der Geburt wiedererkannt. Es gibt Berichte, nach denen Kinder, die später als Musiker die Kompositionen übten, die sie bereits aus ihrem Vorleben kannten, diese Musikstücke leichter und müheloser lernten als andere. Texte, die Mutter und Vater sprechen, weil sie Schauspielerin, Schauspieler sind, werden nach der Geburt von dem Kind ebenfalls wiedererkannt, weil schon gespeichert.

Das Gleiche geschieht mit wiederkehrenden rhythmischen Elementen in Musik und Sprache. Die Geräusche des Herzschlags, das Rauschen des Blutflusses in den großen Arterien und die des Darmes, da dem Kind bestens bekannt, können gut von der mütterlichen Stimme unterschieden werden. Alle schon vorgeburtlichen Hörerfahrungen haben auf das Neugeborene und auf den jungen Säugling einen beruhigenden Effekt. Wiederkehrende Geräusche der unmittelbaren Umwelt der Mutter signalisieren ein emotional stabilisierendes »Zuhause-alles-in-Ordnung-Gefühl«. Ein Kind hat aber auch vor der Geburt bereits gelernt, dass emotionale Situationen zu unterschiedlichen Stimmlagen und Stimmveränderungen führen. Missstimmung und Stress verändern die Stimme: Sie wird hart, beleidigt, wütend, verletzt. Der Ausdrucksgehalt der Stimme, ihre Sprachmelodie, ihr Sprachrhythmus *(Prosodie)* geben die emotionale Situation unverwechselbar wieder. Die Stressreaktionen der Mutter gehen damit über das limbische System

(s. S. 41/42) auf das Kind über. Beruhigung, Entspannung und Wohlgefühl, aber auch die Symptome von Dauerstress werden somit bereits in der vorgeburtlichen Zeit vom ungeborenen Kind erlebt und in das Wiedererkennungsgedächtnis übernommen.

Früheste Lebenserfahrungen

Wenige Tage nach der Geburt kommen rasch weitere Erfahrungen hinzu, die gespeichert, dann auch wiedererkannt werden: Zunächst sind es u.a. die nicht beweglichen, farbig gestalteten und deutlich gemusterten Decken, Bezüge und »Angucker«, die ein Kind in sein Blickfeld bekommt, wenn es wach ist und versucht, seine jetzt plötzlich helle Umwelt in den Blick zu bekommen.

Hautkontakte (taktile Reize), wie Berühren, Streicheln, Kitzeln, aber auch Wiegen, Tragen und Lageveränderungen werden intensiv wahrgenommen und positiv durch die dopaminergen Netzwerke des limbischen Systems verstärkt. Die Stimulation der beiden Gleichgewichtsorgane in seinen Innenohren beim Wiegen und Tragen sind dem Kind bereits aus seiner vorgeburtlichen Zeit als zugehörig zu seinem bisherigen Leben gut bekannt und positiv bewertet. Die Milch, die es von seiner Mutter bekommt und für die es bereits beim Stillen hart arbeiten muss, besitzt einen individuellen Geruch. Die Brust bietet dem Baby eine über viele Berührungs-, Wärme- und Konsistenzempfindungen spürbare plastische, individuelle Form, ebenso wie die Brustwarze in ihrer individuellen Konsistenz.

Die Brust seiner Mutter wird als lebenssichernd und als Ort des Angenommen-

und Aufgehobenseins erlebt. Auch der Geruch der Haut der Mutter ist individuell und unverwechselbar, wie die mütterliche, seit Langem bekannte Stimme. Bei jedem weiteren Stillen bestätigt sich dem Kind und damit seinem Gehirn, dass seine Versorgung in dieser für es ganz neuen Umwelt durch eine an vielen individuellen Charakteristika wiederzuerkennende Person verlässlich gesichert ist. Und nicht nur für die Nahrung ist gesorgt. Alle vom Kind direkt erlebbaren Verrichtungen und Zuwendungen schaffen ein tröstliches und bestätigendes Kontinuum des Wiedererkennens und Angenommenseins, letztendlich garantiert durch die Wiedererkennungsleistungen des kindlichen Gehirns.

Im Verlauf der ersten sechs Monate werden dann andere Personen, die Nutzbarkeit von allerlei Spielzeug und bewegliche Objekte (z. B. Mobiles) für ein Kind zunehmend interessanter, Sinneswahrnehmungen also, die außerhalb der engen *Dyade* (Zweisamkeit) von Kind und Mutter die Aufmerksamkeit des Kindes auf sich ziehen.

Lernen durch Vergleichen

Ein Kind in seinen ersten Lebensmonaten wird sehr wohl durch Vergleich mit seinem Wiedererkennungsgedächtnis erspüren, ob die Mutter es füttert, aus- und einwickelt, mit welchen Worten und mit welcher Sprachmelodie sie zu ihm spricht und wie solche Pflegesituationen mit einer anderen Person ablaufen. Am Bettchen aufgehängtes Spielzeug wird wiedererkannt, so lange, bis begriffen wird, dass mit ihm auch gespielt werden kann. Langsam baut ein Baby Vorstel-

lungen davon auf, wie sein Schlafraum eingerichtet und gestaltet ist. Durch Vergleichen beginnt es zu begreifen, dass es Tageszeiten gibt, die mit erfreulichen oder weniger erfreulichen Aktivitäten verbunden sind: Schlafen, Baden, Windelnwechseln, Spielen und sprachlichen oder nicht sprachlichen »Dialogen« mit der Mutter oder mit anderen Personen, die es bereits kennt.

Wiedererkennen, Vergleichen und das limbische System

Das Wiedererkennungsgedächtnis im ersten Lebensjahr wird vom limbischen System dominiert. Mit seinem limbischen System und mit seiner rechten Hirnhälfte, aber noch nicht mit seinem Stirnhirnbereich, entscheidet ein Baby unbewusst darüber, ob ihm etwas gut gefällt oder nicht gefällt, ob eine Erfahrung bei ihm negative oder positive Reaktionen auslöst.

Erwähnt werden soll an dieser Stelle nur, wie Babys reagieren können, wenn ihnen der erste Löffel einer neuen Nahrung gefüttert wird. Der unbekannte Geschmack der neuen Nahrung und seine ganz ungewohnte Konsistenz alarmieren augenblicklich die Mandelkerne des limbischen Systems. Dem Kind ist deren Antwort sofort und direkt anzusehen: Seine Mimik drückt unübersehbar Abscheu, Enttäuschung und Ekel aus. Ist die Reaktion heftig, wird der erste Versuch, eine neue Nahrung hinzuzufügen, mit einem kraftvollen Ausspucken beendet, dessen Wirkung auf die nähere Umgebung meist nicht zu übersehen ist. Eine erfahrene Mutter, die weiß, dass das Anbieten einer neuen Nahrung ein riskantes Experiment ist, wird es mit Vor-

Blitzschnell und unbewusst fällt die Entscheidung: angenehm oder nicht?

sicht tun. Erleichtert und beglückt wird sie jedoch reagieren, wenn die Mimik und die schmatzenden, eifrigen Zungen- und Lippenbewegungen ihres Kindes signalisieren, dass die neue Nahrung offenbar bereitwillig und gerne akzeptiert wird. Und wir können hinzufügen: Die Kontrolle der neuen Nahrung durch das limbische System hat für *dopaminerg* entschieden.
Wiedererkennen hat etwas mit Vergleichen zu tun. Vergleichen lässt sich eine neue Gestalt oder Form nur, wenn dazu eine ähnliche oder gleiche Form bereits im Gehirn gespeichert wurde oder, fachsprachlich ausgedrückt, davon bereits eine ähnliche oder gleiche *Repräsentation* im Gehirn existiert. Hierauf sind schon sehr junge Säuglinge geradezu spezialisiert. Sie erkennen im Alter von drei bis fünf Monaten Unterschiede im Aussehen von Spieltieren, die ihnen in Experimenten gezeigt wurden. Sie erkennen in diesem Alter noch viel mehr, worauf noch zurückzukommen sein wird (s. S. 111f.).

Gedächtnis für Handlungsabläufe

Die für Kleinkinder wichtigste Gedächtnisstruktur wird in der wissenschaftlichen Sprache *prozedurales Gedächtnis* genannt.
Das Gedächtnis für Handlungsabläufe speichert vor allem motorische Routinen, die lebenslang gebraucht werden. Dazu gehören u. a. Treppensteigen, Dreirad-, Roller- und Fahrradfahren, Schwimmen oder Tennisspielen, also alle Sportarten, aber auch die motorisch hochkomplizierten Programme, wie sie etwa beim Spielen eines Instrumentes, einer Geige, einer Klarinette, eines Klaviers notwendig sind.
Alltägliche Abläufe, Programme, wie die *Schemata* des täglichen Verhaltens, der Höflichkeit im Umgang mit anderen Menschen, des Einkaufens, des Verhaltens in einem Konzert, in einem Sportstadion oder bei einem Rockfestival werden ebenfalls – meistens unbewusst und nicht extra überlegt – aus dem Gedächtnis für Handlungsabläufe entnommen und von ihm gesteuert.

Frühes Körpergefühl
Obwohl die Bewegungsleistungen eines Babys im ersten Lebenshalbjahr noch vergleichsweise gering und die motorischen Zentren seines Gehirns noch wenig aktiv sind, kennen offenbar Neugeborene erstaunlicherweise doch schon sehr genau ihren Körper und seine momentane Stellung im Raum. Sie wissen, wo sich Arme und Beine im Raum gerade befinden, wie der Mund zu öffnen ist und wie die Arme zu bewegen sind. Die Nervenbahnen und Gehirnzentren, die

solch frühe Bewegungsimpulse bereitstellen, sind im Unterschied zu den eigentlichen Bewegungszentren des Gehirns schon vorgeburtlich gereift, wie das Hörsystem auch.

Das Gehirnareal, mit dem gefühlt wird, wie und wo sich der Körper bewegt, heißt *somatosensorisches Areal* und ist zum Zeitpunkt der Geburt hochaktiv. Die Gehirnzentren, die Bewegungen bewusst auslösen, werden dagegen erst einige Monate später ihre Funktion aufnehmen. Bei der Geburt arbeitsbereit ist auch das so genannte *Kleinhirn*, das die Qualität und Präzision von Bewegungen bewusst und unbewusst steuert (Markowitsch & Welzer).

Nahe liegt die Erklärung, dass bereits das vorgeburtliche Leben in der Gebärmutter einem Kind gespeicherte Erfahrungen über seine Haltung im Raum vermittelt: Das Anstoßen der Arme und Beine an die innere Gebärmutterwand signalisiert dem somatosensorischen Areal, wo Arme und Beine des Babys, bezogen auf seinen Körper, sich gerade befinden. Dass speziell diese Hirnteile bereits bei der Geburt aktiv sind, wird uns noch im Abschnitt über Nachahmung (Imitation) beschäftigen.

Das Gehirn liebt Regelmäßigkeit

Von Beginn seines Lebens an erlebt ein Kind, dass mit und an ihm immer wiederkehrende, gleiche oder ähnliche »Manipulationen« und Handlungen vorgenommen werden, die es in seinem programmatischen Ablauf vielfältigst zu spüren bekommt. Zu allermeist angenehm, jedoch nicht immer. Wir haben bereits gelernt, dass ein Kind solche Abläufe kennt, weil sie in seinem Wieder-

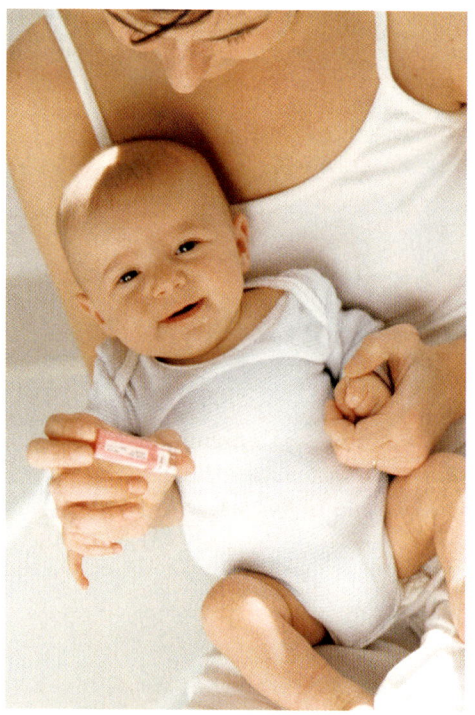

Im Sitzen, gestützt durch die Mutter, sieht die Welt schon ganz anders aus als im Liegen.

erkennungsgedächtnis gespeichert wurden. Gleichzeitig wird aber auch die zeitliche Abfolge der von ihm gespürten Handlungen, die an ihm geschehen, in dem Gedächtnis für Handlungsabläufe festgelegt.

Gespeichert werden zudem Bewegungsprogramme in ihrem Ablauf und in ihrem zeitlichen Nacheinander, die das Kind nun selbst und autonom in seiner eigenen motorischen Entwicklung zu übernehmen beginnt: Auf dem Bauch liegend, sich nach vorne mit den Händen abzustützen, um den Kopf anheben zu können, sich vom Rücken auf den Bauch zu drehen oder vom Bauch auf den Rücken, aus dem Liegen mit Abstützen der Arme über eine Körperdrehung selbst zum Sitzen zu gelangen.

Denn dass mit der Sitzposition ein weit besserer Überblick über seinen näheren Lebensbereich möglich ist und dass die »Teilnahme am Leben« damit direkter gelingt, hat ein Baby schon viel früher begriffen, schon dann, wenn es nur, festgehalten, auf dem Schoß der Mutter sitzt, von wo sich ihm eine ganz neue Sicht der »Welt« offenlegt, die sich von der begrenzten Welt seines Bettchens sehr vorteilhaft unterscheidet.

Die meisten Lernprozesse in diesem Alter gehen auf das Konto des Bewegungslernens. Jedoch nicht nur. Handlungsabläufe strukturieren auch den Tag, später die Wochen oder auch die Vorstellungen in einer kinderärztlichen Praxis. Sie ordnen die Vorbereitungen, die den Essenszeiten, dem Schlaf und den zunehmend länger werdenden Wachphasen vorausgehen, die dafür typisch und notwendig sind.

Auf diese Weise entstehen differenzierte »Themenbereiche«, *Schemata*, die eine Ablaufhandlung für ein Kind charakterisieren und absehbar machen. Was vorausgesagt werden kann, wird kaum noch Angst auslösen.

Beharren auf Gewohntem

Abweichungen von einem solchen *Schema* werden von dem Kind dann als Enttäuschung, als irritierend empfunden und oft mit einer entsprechenden »Mandelkernreaktion« beantwortet. Solche Reaktionen sind vorprogrammiert, wenn fremde Personen mit »anderen Schemata« seine Versorgung übernehmen oder wenn die Mutter selbst, bewusst

oder unbewusst, ihr gewohntes Schema ändert. Wenn unbewusst, mag sie sich wundern, sich sogar über ihr Baby ärgern, das sich plötzlich brüllend weigert, dem von der Mutter geänderten Schema zu folgen.

Besser wäre allerdings, wenn die Mutter nach der Ursache fragen würde, die ihr Kind so urplötzlich aus seiner emotionalen Balance befördert. So gut wie immer haben auch schon Babys Gründe, wenn sie sich plötzlich anders als erwartet und gewohnt verhalten.

Mit diesem Vorwissen ist es nicht schwierig, sich vorzustellen, dass Babys und Kinder mithilfe ihres Gedächtnisses Handlungsabläufe *(Schemata)* zu einem *Ritual* umfunktionieren. Sie bestehen dann heftigst darauf, dass Rituale auch eingehalten werden: Einschlafrituale, Essensrituale, Rituale beim An- und Ausziehen, Begrüßungs- und Verabschiedungsrituale, Spaziergangsrituale mit Enten- oder Taubenfüttern, um nur einige zu nennen.

Werden Rituale nicht ernst genommen, übergangen oder bewusst missachtet, ist eine emotionale Explosion, vorprogrammiert durch die Aktivierung der Mandelkerne des limbischen Systems, nahezu unvermeidlich. Darauf werden wir beim *Konditionierungsgedächtnis* und beim *Trotzverhalten* noch zu sprechen kommen (s. S. 52f. und S. 154–162).

Schemata des sozialen Verhaltens

In das Gedächtnis für Handlungsabläufe werden nach der Säuglingszeit auch sehr viel kompliziertere Abfolgen und »Lebensschemata« integriert, wie soziale

Verhaltensmuster, emotional erlaubtes oder tabuisiertes Verhalten, moralisches Urteilen und Handeln, Nachahmen von und Orientieren an Vorbildern, z. B. älteren Geschwistern, und Orientierung an Identifikationstieren (in der magischen Phase, s. S. 173–179) und an Identifikationspersonen.

Auch die Imitation von »Respektspersonen« wie Eltern, Lehrern, Vorgesetzten und die Übernahme von Motivations-

und Lernmodellen (z. B. die Meinung, nur mit Musik lernen zu können) gehören in diese Kategorien der Schemata, die in das eigene Leben und Verhalten eingebaut werden.

Konditionierungsgedächtnis

Das Konditionierungsgedächtnis gehört eigentlich zwischen die Gedächtnisse des Wiedererkennens und der Handlungsabläufe, da es sich aus sehr direkten, zu allermeist negativen Wiedererkennungs-Erinnerungen und unbewussten Handlungsanweisungen zusammensetzt.

Eine Erfahrung wird im Gehirn mit einer körperlichen und psychischen, hochemotionalen Stressreaktion beantwortet: Die Verknüpfung erfolgt direkt über die Mandelkerne und damit über das limbische System. Sie ist irgendwann einmal gelernt *(konditioniert)* worden. Ein bekanntes Beispiel ist die panische Angst vor Spinnen, vor bösen Hunden, vor dunklen Kellern oder vor Tiefgaragen. Das Konditionierungsgedächtnis hat eigentlich die Funktion, vor einer plötzlichen Gefahr zu warnen und sofort eine Flucht- oder Abwehrreaktion des Körpers bereitzustellen. Es ist also ein Selbstschutzgedächtnis.

Missverstandener Widerstand

Im frühen Kindesalter begegnen wir dem Konditionierungsgedächtnis jedoch meist in einer anderen Form.

Das Konditionierungsgedächtnis schafft Kindern die Möglichkeit, sich Anforderungen zu entziehen, die sie aus den verschiedensten Gründen als unangenehm, unangemessen oder nicht akzeptabel empfinden. Immer ist damit ein be-

Wer schlechte Erfahrungen im Gedächtnis hat, meidet Wiederholungen.

stimmter Affekt verbunden, der prompt ein Abwehrverhalten auslöst: Trotz, Verweigerung, aktives Wehren mit Geschrei und totalem Ausflippen. Bei Kindern im ersten Lebensjahr mag ein solcher Auslöser eine bestimmte Nahrung sein oder die Vorbereitung zu einem Bad oder dem Schlafengehen oder das Wegnehmen eines Spielzeugs.

Bei etwas älteren Kindern kann oft erst nach beinahe schon kriminalistischer Suche die Verbindung zwischen dem Auslöser und der Reaktion dingfest gemacht werden.

Gelegentlich sind die Auslöser allerdings offensichtlich, z.B. wenn Kinder sich strikt weigern, bestimmte Strümpfe, Unterhosen, Kleider oder Pullover anzuziehen: Die Strümpfe oder die Unterhose mit den Emblemen der Mickymäuse sollten es unbedingt sein oder mit anderen, dem Kind wichtigen Symbolen oder Tieren, mit denen es sich gerade identifiziert. Die aber sind im Augenblick in der Wäsche. Oder: Das Kind ist unter keinen Umständen willens, sich unter eine Dusche zu begeben, obwohl es vom Kopf bis zu den Zehenspitzen vor Dreck starrt.

Wer geduldig und einfühlsam sucht und fragt, wird fast immer einen Grund finden, warum ein Kind sich so vehement gegen Vorschläge und »Zumutungen« zur Wehr setzt: Der Pullover kratzt oder ist gerade zu warm. Sarah meint, ein anderes Kleid als das von der Mutter bereitgelegte stehe ihr sehr viel besser. Irgendwann, wer weiß schon, wann und wer das war, wurde Sarah wegen ihres schönen Kleides ein besonderes Lob zuteil. Sie hofft, mit dem Kleid, auf dem sie besteht (sie weiß eigentlich selbst nicht

genau, warum), wieder einmal eine dopaminerge Zuwendung zu erleben.

Der Angst, dass Shampoos in die Augen geraten und dort brennen, wird am ehesten mit der Weigerung begegnet, sich gar nicht erst in die Duschkabine zu begeben. Auf gleiche Weise wird auch dem unkontrollierbaren Gebrause von Wasser beim Duschen vorgebeugt, dem Ausgeliefertsein an ein ungeliebtes, ja gefürchtetes Sauberkeitsritual. Etwas ganz anderes ist es dagegen, im warmen Wasser einer Badewanne zu sitzen: Da lässt sich Benny, sonst eher robust, auch mal mit aller Vorsicht die Haare waschen.

Nicht immer gelingt es, die Ursachen für »Mandelkernreaktionen« zu finden. Aber Sie können mit großer Sicherheit davon ausgehen, dass es immer eine Ursache, einen Auslöser gibt. Auf solche Auslösemechanismen, die in der frühen Kindheit nicht so selten sind, werden wir auf S. 158–161 noch einmal ausführlich zurückkommen.

Die bewussten Gedächtnisse

Bewusste Gedächtnisse können, wie der Name schon sagt, bewusst und willentlich von ihren Besitzern nach den Speicherschätzen befragt werden, die Besitzer und Besitzerinnen im Verlauf eines Lebens lernend oder durch Lebenserfahrung wie eine Bibliothek im Gehirn angelegt haben. Es sind vor allem zwei Gedächtnisse, auf die wir eingehen müssen, weil einige Besonderheiten der kindlichen Entwicklung damit besser verständlich werden.

Gedächtnis für Fakten, Ordnungen und Regeln

Dieses Gedächtnis wird wissenschaftlich *semantisches Gedächtnis* genannt, oder auch *Faktengedächtnis*. Wir nennen es hier »Gedächtnis für Fakten, Ordnungen und Regeln«, weil in diesem Gedächtnis gespeichert ist, was wir bewusst früh schon an Kinderreimen, Kinderliedern, Zahlen und Buchstaben von den Eltern, von Geschwistern, von den Großeltern gelernt haben, auch vielleicht schon die Uhrzeit, die Namen der Wochentage und der Monate.

Dabei wurden gleich auch Ordnungen, Kategorien und Regeln gelernt, mit denen die zunehmende Flut der Fakten geordnet werden kann. Die Namen der Tage gehören in eine Kategorie »Woche«, die Namen der Monate in die Kategorie des Jahresablaufs. Andere Kategorien, die schon relativ früh gelernt werden, sind z. B. Gemüse: Karotten, Spinat, Bohnen. Eine andere Kategorie wäre Obst: Kirschen, Bananen, Orangen, Äpfel und Birnen. Eine wieder andere sind Tiere: Katze, Hund, Kuh, Schaf oder Reittiere wie Pferd, Esel, Kamel, und nun, schon erklärungsbedürftiger: Elefant, Vogel Strauß oder Rinder bei einem Rodeo.

Danach folgt das Schulwissen, mit den Regeln der richtigen Schreibweisen von Wörtern und deren grammatikalischen Veränderungen, es folgen die Notenschrift der Musik, Erdkunde, Fremdsprachen, Biologie, Mathematik und Physik und deren Gesetze und vieles mehr, was hier nicht alles aufgezählt zu werden braucht.

Repräsentation

Das Gedächtnis für Fakten und Kategorien ist weitgehend durchstrukturiert, geordnet und von anderen Gedächtnissen ziemlich unabhängig. Seine emotionale Bewertung durch das limbische System ist sehr viel geringer. Mit dem Faktengedächtnis entsteht im Gehirn auf einer neurobiologischen Basis eine virtuelle Welt, oder, wie das in der wissenschaftlichen Sprache ausgedrückt wird: Die Welt und ihre Bestandteile werden im Gehirn *repräsentiert*. Trotzdem sind es nicht nur die allgemeinen Fakten, die alle Kinder über unsere Welt zu lernen haben, z. B.: dass Regen nass macht, dass sich Tag und Nacht abwechseln, dass große Steine schwer, kleine aber leichter sind, dass Holz wiederum leichter ist als Steine und dass Steine im Wasser nicht schwimmen, sondern untergehen, Holz jedoch nicht.

Spielend und sortierend eignet sich ein Kind neue Kenntnisse über die Tierwelt an.

Kategorie und Individualität

Die individuelle Begabung, Eigenart und Temperament eines Kindes bestimmen durchaus mit, welchen »Kategorien« sich dieses Kind zuwendet. Kinder erwerben sich mit solchen gezielten Interessen oft schon im Vorschulalter ein erstaunliches Wissen über weitere Details, die eine Kategorie charakterisieren.

So wird ein Kind, das sich besonders für Tiere interessiert, bald auch wissen wollen, wo, in welchen Kontinenten und unter welchen Bedingungen einzelne Tiere leben, ob sie Nutztiere sind oder Wildtiere und wovon sie sich ernähren. Ähnlich differenzierte Kenntnisse werden sich Kinder erwerben, die sich für Musik begeistern oder auch für praktische Handwerklichkeiten.

Das Gedächtnis für Fakten, Ordnungen und Regeln, dem oft eine gewisse emotionale und individuelle Neutralität für die Aneignung der Welt nachgesagt wird, erweist sich damit auch als ein Gedächtnis, das nach der angeborenen und erworbenen Individualität eines Kindes (s. S. 37f.) in dessen Gehirn ein Bild von der Welt speichert, dessen Grundzüge weitgehend von den eigenen Interessen eines Kindes bestimmt sind. Wir erinnern uns an dieser Stelle aber auch an die Theorie von Edelman (s. S. 38), dass nur individuelles Tun und Erleben ein Gehirn individuell formt und voll funktionsfähig macht.

Babys und das Gedächtnis für Fakten

Gemeinhin wird argumentiert, das Gedächtnis für Fakten, Ordnungen und Regeln werde erst mit dem Beginn der Sprachentwicklung aufgebaut und eingerichtet. Wir werden aber noch sehen, dass Mütter im zweiten Lebenshalbjahr ihres Kindes beginnen, ihre Kinder auf interessante Gegenstände in ihrer nächsten Umgebung hinzuweisen und deren Namen, Aussehen und Eigenschaften zu erklären (s. S. 125).

Schon dieses frühe Bemühen der Mütter um die Benennungen und Erklärungen einzelner Teile der kindlichen »Welt« kann als Einstieg in das Faktengedächtnis eines Kindes verstanden werden, obwohl die Sprachentwicklung noch in den Anfängen steckt. Allerdings beginnen Kinder um diese Zeit, eine *Symbolsprache* zu nutzen und Gegenstände, Personen, Tiere und Pflanzen mit einem festgelegten sprachlichen Ausdruck zu belegen: »Bume« für Blume, »Wauwau« für Tiere, Hunde, »Namnam« für Essen seien als Beispiele genannt (s. S. 123).

Das Gedächtnis für Fakten, Ordnungen und Regeln liegt bei den meisten Menschen in der linken Hirnrinde, in der vorwiegend logische, analytische Denkprozesse verarbeitet werden.

Lebensgedächtnis

Dieses Gedächtnis, das wir der Kürze wegen *Lebensgedächtnis* nennen wollen, speichert die besonderen, individuellen Lebensdaten eines jeden Menschen. Zunächst nur für ihn alleine, was jedoch beim Menschen als sozialem Wesen kaum ohne die soziale Einbindung möglich ist. Die Lebensdaten sind, wenn sie gespeichert wurden, bewusst abrufbar und werden somit erinnert. In der Wissenschaftssprache wird dieses Gedächtnis *episodisches* oder auch *autobiografisches* Gedächtnis genannt.

Die Bezeichnung »episodisch« irritiert, da doch die wichtigsten Lebensereignisse eines Menschen, nach der üblichen Bedeutung des Wortes, nicht als Episoden, sondern eher als das Gegenteil erlebt worden sind. Wenn dem so ist, muss, wie wir inzwischen gelernt haben, das limbische Bewertungssystem für den Aufbau des Lebensgedächtnisses eine besondere Bedeutung besitzen.

Der aktive Zugriff auf ein bewusstes Gedächtnis ist nur über die Existenz von Erinnerungsspeichern des *Stirnhirns* möglich, das sich beim Menschen im Verlauf seiner Evolution auffällig im Vergleich zu anderen Hirnregionen vergrößert hat (s. S. 44). Das Stirnhirn reift deutlich später als andere Hirngebiete. Im neunten Lebensmonat ist es allerdings schon so weit funktionsfähig, dass die dort gespeicherten, wenig präzisen Erinnerungen an einige Personen und Dinge mehr oder weniger bewusst abgerufen werden können.

So fragt der zweijährige Tim bewusst nach seinem Plüschlöwen, den er zum Einschlafen neben sich wissen möchte, und er besteht bewusst auf einen bestimmten unter vielen Bechern, dem nämlich, aus dem er seinen Kaba immer trinkt. Löwe und Becher hat er bereits abrufbar in seinem Fakten- und Lebensgedächtnis gespeichert.

Unbewusste Erinnerungen spielen in diesem Alter jedoch die sehr viel größere Rolle, also das Wiedererkennungsgedächtnis und das Gedächtnis für Handlungsabläufe (s. S. 46ff. und S. 49ff.).

Anfänge der Gedächtnisbildung

Ich denke, es ist davon auszugehen und es gibt genügend Hinweise dafür, dass Kinder sich schon vor dem dritten Lebensjahr als eine eigene Person fühlen. Sie bauen sich eine Art von positivem oder auch negativem Selbstkonzept in ihrem Lebensgedächtnis auf, bevor sie sagen können, wie sie ihr eigenes Leben »erleben« und wie sie sich dabei fühlen. Die emotionalen Bewertungen von exklusiven Lebenssituationen (Episoden!) sind dabei die entscheidenden Wegweiser durch die Erinnerungspfade unseres Lebens.

Erinnert wird aber auch schon bald, nachdem das Lebensgedächtnis seine Arbeit aufgenommen hat, wo und zu welcher ungefähren Zeit (»da war ich noch klein«, »da ging ich schon in den Kindergarten«) ein Ereignis stattgefunden und seinen Weg in das Lebensgedächtnis gefunden hat.

Stationen der Erinnerung

Bin ich gerne in den Kindergarten gegangen oder auch nicht? Hatte ich Freunde? Blieben sie Freunde? Welche Ereignisse in meiner Familie waren bestimmend für mein späteres Leben? Gab es ältere, gab es jüngere Geschwister? Wie bin ich mit ihnen zurechtgekommen? Habe ich mich oft gestritten? Was habe ich besonders gerne gespielt? Was habe ich gehasst? Was war meine Lieblingsspeise? Wie wurden meine Geburtstage gefeiert, wie Weihnachten? Habe ich einen Unfall erlebt, miterlebt, einen Krieg, habe ich einen mir wichtigen Menschen verloren? Kam ich zur Behandlung ins Krankenhaus? Habe ich ein behindertes Geschwisterkind? Habe ich ein behindertes Kind im Kindergarten, in der Schule, in der Nachbarschaft gekannt und erlebt?

Später sind es dann die »denkwürdigen« Erfahrungen und Ereignisse u. a. in der Schule, in der Berufsausbildung: Prüfungen, vielleicht Preise, Beruf, Festivals, Theaterereignisse, große Sportveranstaltungen, Ausstellungen, Ferienreisen, Freundschaften, erste Liebe, Liebschaften, eine oder zwei Ehen, das erste Kind, weitere Kinder, gesellschaftliche Veränderungen, Katastrophen, Krankheiten, Kränkungen, Karriere, Verlust des Arbeitsplatzes, Altern, die Konfrontation mit dem eigenen Leben und Tod, die den Lebensstationen ihre individuellen, emotionsbeladenen, ort- und zeitbezogenen Speicherorte im Lebensgedächtnis zuweisen.

Lebenslange Orientierung

Mit ihrem bewusst zugänglichen Lebensgedächtnis gewinnen Menschen ein Wissen über ihren Lebenslauf und über die Welt, in der sie leben.

Das war früher und ist in gewisser Weise noch heute ein Grund, warum alte Menschen, eben weil im Besitz des Wissens, wie die »Welt« funktioniert, eine große Wertschätzung und Achtung erfuhren.

Denn dieses Wissen erwies und erweist sich als ein Überlebensvorteil in der Anpassung des Menschen an seine Umwelt. Dafür war das Erinnerungspotenzial eines Lebensgedächtnisses immer wertvoll, gleichgültig, ob Menschen Jäger und Sammler, Ackerbauer und Viehzüchter oder Handwerker und Künstler waren, die ihre bewährten Traditionen weitergaben und damit zum Wohl der nachfolgenden Generationen erhielten.

Aus Erfahrungen kann gelernt werden – obwohl das nicht immer geschieht –, Handlungen lassen sich vorher und noch einmal im Nachhinein überdenken, sie lassen sich hinausschieben, bis eine Gelegenheit günstiger sein könnte. Erfahrungen ermöglichen genaues Planen, und sie helfen, Fehler und Irrtümer zu vermeiden, die schon einmal zu unliebsamen oder gefährlichen Situationen geführt haben.

Darüber hinaus begleite ich mit meinem Lebensgedächtnis, lange oder nur kurz, auch andere Menschen, die für mein Leben eine – gelegentlich auch schicksalhafte – Bedeutung gewonnen haben. Das persönliche Lebensgedächtnis erfährt damit eine beträchtliche Erweiterung in einem zusätzlichen Sozialgedächtnis.

INFORMATION

→ Das Limit für das Erinnern von Ereignissen und Personen ist für Erwachsene und ältere Kinder bestenfalls das dritte Lebensjahr. Das Lebensgedächtnis muss daher etwas mit dem Selbstverständnis als individuelle Person zu tun haben, denn dazu ist das eher spät reifende Stirnhirn notwendig, vielleicht auch, weil die sprachlichen Fähigkeiten in diesem frühen Alter als Einstiegshilfen in die Langzeitgedächtnisse noch nicht ausreichend ausgebildet sind. Jedoch auch Menschen, die stumm bleiben, entwickeln ein Lebensgedächtnis; Sprache wird bei ihnen durch Gestik und Mimik ersetzt, mit offenbar gleichem Effekt.

Integration neuer Erfahrungen durch »Skripts«

Um neue Lebenserfahrungen sinnvoll in ein Lebensgedächtnis zu integrieren, werden sie möglichst mit schon bestehenden Erfahrungen verbunden, die bei Erwachsenen und bei Kindern, wie bei Filmproduktionen, in so genannten »Drehbüchern« oder »Skripts« zusammengefasst und organisiert sind (Goswami).

Skripts legen Handlungsabläufe fest, die damit weitgehend voraussagbar werden: Skripts können u. a. sein: Kindergeburtstag, Baden und Körperpflege, Besuch bei Kinderärztin oder Kinderarzt, Haareschneiden, Essensvorbereitungen, Einkaufen, Besuch von bzw. bei Verwandten.

Skripts werden auch und vor allem in gemeinsamen Rollenspielen verwendet. Jedes Kind übernimmt eine festgelegte

Im »Als-ob-Spiel« übernimmt jedes Kind imitierend seine Aufgabe, s. S. 71.

Rolle mit dem dafür typischen Skript. Das eine Kind agiert wie die Kauffrau, der Kaufmann, das andere wie eine Mutter und ein Vater, die einkaufen möchten, was sie benötigen. Das eine Kind agiert wie eine Verkäuferin in einem Kleidergeschäft, die anderen Kinder wie Damen, die Kleider einkaufen wollen.

Um neue Lebenserfahrungen einordnen zu können, wird es oft nötig sein, ein neues Skript zu beginnen und im Lebensgedächtnis zu speichern. Die Verankerung des Lebensgedächtnisses ist weniger stabil als die der unbewussten Gedächtnisse, jedoch anpassungsfähiger und korrigierbarer durch Vergessen bzw. Aufnahme von Lebenserfahrungen. Das Lebensgedächtnis ist allerdings auch stärker gefährdet durch Krankheiten, bei denen die Gedächtnisse mit betroffen sind, und durch die natürlichen Alterungsveränderungen. Das Lebensgedächtnis wird, da das Leben vor allem emotional erlebt wird, bevorzugt in der rechten Hirnhälfte gespeichert. Die linke Hirnhälfte hilft mit Sachinformationen aus. Das Stirnhirn aber wird Lebenssituationen kritisch begleiten und qualitativ bewerten.

Arbeitsgedächtnis

Während die bisher besprochenen Gedächtnisse zu den *Langzeitgedächtnissen* gehören, ist das Arbeitsgedächtnis ein *Kurzzeitgedächtnis*. Seine Aufgabe ist es, kurze Informationen, Bilder von Objekten und Personen, für einige Sekunden bis Minuten festzuhalten, so lange, bis geklärt ist, was mit der Information geschehen soll: den Preis einer Ware zu erinnern, bis ich gezahlt habe, eine Nummer, bis ich beim Telefonieren gewählt habe.

Danach kann die Information im Allgemeinen vergessen werden, es sei denn, sie erweist sich als so wichtig, dass sie in das bewusst zugängliche Faktengedächtnis weitergereicht wird.

Das Arbeitsgedächtnis hält zudem Informationen vorübergehend fest, die Anlass geben, in einem der bewussten Gedächtnisse nachzusuchen: »Dieses Gesicht kenne ich doch!«, »Da war doch noch etwas anderes!«

Übersetzerinnen und Übersetzer benötigen ein gut funktionierendes Arbeitsgedächtnis: Sie müssen sich Satzteile merken, solange deren Deutung und Sinn für sie noch aussteht, um sie sofort übersetzen zu können. Auch wir warten gelegentlich und besonders in der deutschen Sprache beim Hören oder Lesen darauf, welches Tätigkeitswort (Verb) wohl am Ende eines langen Satzes erscheinen und diesem seinen Sinn geben wird.

Objektpermanenz und Repräsentation

Die Funktionsfähigkeit des Kurzzeitgedächtnisses ist ebenfalls an das Stirnhirn gebunden, das, wie wir wissen, erst um den neunten Lebensmonat seine Funktionen aufzunehmen beginnt (s. S. 44). Chiara wird erst um diese Zeit nach einem Spielzeug suchen, das vor ihren Augen mit einem Tuch bedeckt wurde, denn sie wird sich erinnern, dass das Spielzeug noch da sein muss, auch wenn sie es nicht mehr sieht. Sie wird das Tuch wegnehmen oder zu suchen beginnen. In den Monaten zuvor galt das Prinzip: Aus dem Auge, aus dem Sinn. Kinder

schauen auch ab dieser Zeit – manche allerdings wegen der individuellen Variabilität deutlich früher oder später – einem Spielzeug nach, einem Löffel, einem Stückchen Brot, an dem sie nagten und das sie, in einem Hochstühlchen sitzend, aus ihrer Hand auf den Boden fallen ließen. Sie wissen nun, dass trotzdem da sein muss, was nicht mehr zu sehen ist.

Wir werden bei der Darstellung der geistigen (kognitiven) Entwicklung allerdings sehen, dass Kinder schon sehr viel früher wissen, dass verschwundene Dinge doch noch da sein müssen, auch wenn sie nicht mehr zu sehen sind (s. S. 125). Heute wissen wir: Ein acht Monate altes Kind kann für zwei bis fünf Sekunden das Bild eines verschwundenen Spielzeugs in seinem Gedächtnis bewahren, ein zwölf Monate altes Kind schon über zehn Sekunden (Markowitsch & Welzer).

Um den ersten Geburtstag herum beginnt ein Kind zu begreifen, dass seine Mutter, auch wenn sie nicht mehr zu sehen, doch nicht für immer verschwun-

---

INFORMATION

→ Der Ausdruck *Objektpermanenz* stammt von Jean Piaget (1896–1980), einem Klassiker der Entwicklungsforschung. Der Begriff der *Objektpermanenz* hat sich weltweit nicht nur in der wissenschaftlichen Fachsprache, sondern auch bei Erzieherinnen und Erziehern sowie bei informierten Eltern durchgesetzt.

den ist. Es weiß: Sie ist in der Küche, in einem anderen Zimmer beschäftigt, kommt vielleicht gleich wieder mit der Flasche, dem Brei oder wird auch jederzeit, wenn nötig, zu Hilfe eilen, wenn ihr Kind sie braucht.

Im Gedächtnis von Chiara ist nun die Mutter, zwar nur virtuell, aber doch sicher, in einer *Repräsentation* aufgehoben. Sie kann für eine Weile vertieft in ihrem Spiel verweilen, ohne durch die Abwesenheit der Mutter beunruhigt oder irritiert zu sein. Chiara wird sie wohl auch herumgehen hören, das Klappern von Geschirr unbewusst wahrnehmen, was ihr zusätzliche Informationen über ihre Mutter bietet und ihr hilft, ihr Wohlbefinden stabil zu halten. Viele Mütter tun ein Übriges dazu: Sie rufen bei solchen Gelegenheiten immer auch mal den Namen ihres Kindes und teilen ihm in kurzer Form mit, was sie gerade tun.

Auf einen Blick:

Die Gedächtnisse

Die verschiedenen Gedächtnisse arbeiten eng zusammen. Sie werden hier um der Verständlichkeit willen einzeln dargestellt, sind aber, um optimal arbeiten zu können, aufeinander angewiesen.

Unbewusste Gedächtnisse

Das Wiedererkennungsgedächtnis …

… ist schon vorgeburtlich aktiv und an die Bewertung durch das limbische System gebunden. Es ermöglicht Kindern die Bestätigung oder eine Differenzierung gleich bleibender oder wechselnder Bedingungen in ihrer Umwelt im weitesten Sinne. Es ist ein tief verankertes, lebenslanges Gedächtnis, das vor allem in der rechten Hirnhälfte lokalisiert ist.

Das Gedächtnis für Handlungsabläufe …

… ist wahrscheinlich ebenfalls schon vorgeburtlich in einem engeren Bereich aktiv, da Handlungsabläufe der Mutter, die einen wiederkehrenden Rhythmus haben, dem ungeborenen Kind nicht entgehen und eine gewisse Handlungsbereitschaft bei ihm auslösen, sich an diese Aktivitäten der Mutter anzupassen. Das Gedächtnis für Handlungsabläufe wird daher auch gleich nach der Geburt und in den ersten Lebensmonaten »in Betrieb« genommen, vor allem durch die regelmäßig erfahrenen Routineabläufe der Nahrungsaufnahme, der Pflege und des emotionalen Kontakts mit den engsten Bindungspersonen. Es betrifft besonders den Bereich des Bewegungsempfindens und der Generierung (Auslösung, Neuerwerb) von Bewegungsprogrammen und Schemata vor allem motorischer Fertigkeiten, außerdem soziale und emotionale Verhaltenskompetenzen. Auch dieses Gedächtnis ist abhängig von der Bewertung durch das limbische System. Es ist ebenfalls ein gut verankertes, lebenslanges Gedächtnis für erlernte Abfolgen des täglichen Lebens, das auf die Zusammenarbeit beider Hirnhälften angewiesen ist.

Das Konditionierungsgedächtnis ...

... ist ebenfalls ein gleich nach der Geburt aktives Gedächtnis. Es speichert zunächst einfache, angeborene Schutzreflexe im Bereich des Gesichtes, der Augen, der Haut, der Zunge und des Mundes. Gelerntes Reflexverhalten folgt in den ersten Lebensmonaten und auch später auf unangenehme Seh-, Geruchs- und Höreindrücke, die ein Schreck-, Angst- und Abwehrverhalten auslösen. Das Gedächtnis ist lebenslang aktiv, tief verankert im und hoch abhängig vom *limbischen System* und seinen Reflexen (s. S. 41–44). Das Konditionierungsgedächtnis ist daher auch nicht an die Funktion der Hirnrinde gebunden.

Bewusste Gedächtnisse

Das Gedächtnis für Fakten, Ordnungen und Regeln ...

... ist nach den neueren Ergebnissen der Säuglingsforschung früher aktiv, als bisher angenommen. Der Beginn seiner Aktivität kann wohl schon auf die Zeitspanne zwischen dem zweiten und vierten Lebensmonat gelegt werden. Das Faktengedächtnis ist relativ unabhängig von der Beurteilung durch das limbische System. Es speichert Lerninhalte und Handlungsanweisungen wie z. B. Grammatikregeln und Fakten. Das Gedächtnis ist anfällig gegenüber Störungen, Krankheiten und Altern. Seine Inhalte werden weitgehend in der linken Hirnhälfte gespeichert.

Das Lebensgedächtnis ...

... speichert und strukturiert den Ablauf des eigenen Lebens mit seinen positiven oder negativen Ereignissen, mit Höhe- und Tiefpunkten, mit familiären und sozialen Kontakten, die geknüpft oder wieder gelöst werden, und mit der Zeitgeschichte. Das Lebensgedächtnis beginnt seine Speicherfunktionen, auf die bewusst zurückgegriffen werden kann, mit etwa dem dritten Lebensjahr, wenn ein Kind zunehmend seiner selbst bewusst wird. Die Erinnerungen werden um *Skripts* herum organisiert. Sie sind stark von der Beurteilung durch das *limbische System* beeinflusst. Die Verankerung ist nicht so stabil wie bei den unbewussten Gedächtnisstrukturen, jedoch anpassungsfähiger durch Vergessen bzw. Aufnahme neuer Lebenserfahrungen. Das Lebensgedächtnis wird vor allem in der rechten Hirnhälfte gespeichert. Es braucht aber ein funktionierendes, ausgereiftes Stirnhirn, das ab dem dritten Lebensjahr zur Verfügung steht, um den bewussten Zugang in die jeweiligen Gedächtnisspeicher zu ermöglichen.

Das Arbeitsgedächtnis ...

... ist ein Kurzzeitgedächtnis. Es vermittelt die Alternativen »Vergessen« oder »Speichern« für alle neuen Erfahrungen. Außerdem besitzt das Arbeitsgedächtnis eine Art »Online«-Zwischenspeicher für Gedächtnisleistungen, die nur kurzfristig benötigt werden. Das Arbeitsgedächtnis ist etwa ab dem neunten Lebensmonat in seiner Funktion nachweisbar (Objektpermanenz). Wahrscheinlich ist es aber schon deutlich früher aktiv.

→ In Kürze

Limbisches System und Gedächtnisse

Lesen Sie hier eine knappe Zusammenfassung des Kapitelinhalts.

Das limbische System fasst drei lebenserhaltende Gehirnfunktionen zusammen, die sich schon früh in der Evolution herausgebildet haben.

- Das Erkennen von Gefahren, die negativ oder lebensbedrohend sein können.
- Das Erkennen von Einflüssen, die eine positive, günstige und lebenserhaltende Wirkung haben.
- Das Speichern der positiven und negativen Erfahrungen, damit sie als solche wiedererkannt werden können.

→ Das limbische System

Die drei genannten Funktionen sind im limbischen System an definierbare Orte gebunden.

In den zwei so genannten **Mandelkernen** werden negative Erfahrungen wahrgenommen und entsprechende Abwehrmechanismen, wie Flucht-, Abwehr- und Angstreaktionen, ausgelöst. Die Mandelkerne werden daher auch »Vermeidungssystem« genannt.

Ein weit ausgebreitetes neuronales Netzwerk innerhalb des limbischen Systems, das den Neurotransmitter **Dopamin** produziert, »belohnt« mit einer Dopaminausschüttung Gefühle der Bestätigung, des Gelingens, des Wohlgefühls, also Erfahrungen, die zu wiederholen sich lohnt. Das Dopaminsystem des limbischen Systems wird daher auch »Belohnungssystem« genannt.

Beide Alternativen, Vermeiden oder Belohnen einer Erfahrung, werden, wenn sie von erheblicher Bedeutung sind, im dritten Anteil des limbischen Systems gespeichert, in dem so genannten **Hippocampus**. Der wiederum überführt die emotional gefärbten Erfahrungen, vor allem während des Schlafs, endgültig in die Langzeitspeicher des Gehirns.

Das limbische System hat einen großen, ja entscheidenden Einfluss auf die Qualität des Lernens.

Mit dem »Belohnungssystem« wird sehr viel besser gelernt als mit dem »Vermeidungssystem«.

→ Stirnhirn und Moral

Im Stirnhirn, nicht weit entfernt vom limbischen System, existiert eine übergeordnete Instanz, ein Zensor, der kritisch emotionales Verhalten und Aktivitäten beurteilt.

Das Zensorsystem des Stirnhirns beginnt jedoch erst um das vierte Lebensjahr aktiv zu werden. Deshalb kann moralisches und sittliches Verhalten erst ab etwa diesem Alter erwartet werden, was jedoch nicht heißt, dass Kinder vor diesem Alter erzieherisch nicht ansprechbar wären.

 ## Die Gedächtnisse

Wie das limbische System sind auch Gedächtnisse lebenslang notwendige Begleiter. Ihre Basisfunktionen beginnen schon vorgeburtlich und gleich nach der Geburt.

Die ersten **unbewussten** Gedächtnisse sind:

- Das Wiedererkennungsgedächtnis,
- das Gedächtnis für Handlungsabläufe,
- das Konditionierungsgedächtnis.

Die beiden **bewussten** Gedächtnisse sind:
- das Gedächtnis für Fakten, Ordnungen und Regeln, das seine Funktion – entgegen früherer Meinung – ab der Geburt und im ersten Lebenshalbjahr aufnimmt,
- das Lebensgedächtnis, das die wichtigsten Fakten unseres Lebens speichert und wohl schon vor dem dritten Lebensjahr aktiv ist, auch wenn Kinder sich – vermutlich wegen ihrer Sprachentwicklung und der späten Reifung des Stirnhirns – nur bis etwa ins dritte Lebensjahr zurückerinnern.

Die Mimik spricht: »Papa, sollten wir nicht etwas für unsere Dopaminsysteme tun?«

Nachahmung und Teilnahme

Das limbische System und die Gedächtnisse sind nicht die einzigen Systeme, die lebenslang aktiv bleiben, nachdem sie die Entwicklung angetrieben und gefördert haben. In diesem Kapitel werden zwei weitere Generatoren mit ebenfalls lebenslangen Eigenschaften vorgestellt: die Nachahmung (Imitation) und die Teilnahme.

Funktionen des Nachahmungsverhaltens

Kinder imitieren nahezu zwanghaft Aktivitäten, Mimik und Verhaltensweisen, die sie bei anderen Menschen sehen und die sie beeindrucken. Der Fähigkeit eines Kindes, erlebte Begebenheiten aus seiner direkten Umwelt nachzuahmen, liegt, genauer gesehen, ein angeborener, außerordentlich effektiv, präzise und schnell arbeitender neuronaler Lernapparat zugrunde.

Erstaunlich ist, dass über eine solch überragende Fähigkeit, über die Kinder verfügen, kaum Informationen oder Kommentare zu finden sind, ganz zu schweigen von den Konsequenzen, die sich für Kinder und Eltern daraus ergeben, z. B. bei der Deutung des Trotzverhaltens (s. S. 154–162).

Die Fähigkeit von Kindern, erlebte Begebenheiten spontan oder verzögert nachahmen zu können, wird in ihrer Bedeutung für viele Entwicklungsphänomene nur selten verstanden. Vielleicht deshalb, weil Imitation vor allem in den Kulturen eine besonders große Rolle spielt, die die Kinderwelt nicht von der Erwachsenenwelt trennen, im Gegensatz zu unserer westlichen Kultur. Kinder lernen in solchen Kulturen spontan und direkt und sehr früh die alltäglichen Fertigkeiten, die von ihnen erwartet werden.

Kompetenz und Nachahmungsverhalten

Für unseren Kulturkreis spielt die Nachahmung für das Erlernen von handwerklichen und alltagsrelevanten Fertigkeiten keine entscheidende Rolle mehr.

Sie ist jedoch immer noch der wichtigste Faktor, wenn auch eher unbewusst und unreflektiert, für die Entwicklung sozialer und emotionaler Fähigkeiten und Kompetenzen und beim Aufbau eines eigenen Selbstwertbewusstseins.

Kinder gewinnen durch ihren Drang zur Nachahmung aber auch eine Rückmeldung über ihr eigenes Verhalten, eine Selbstbestätigung oder eine unterstützende Korrektur, die ihrer eigenen Persönlichkeitsbildung zugute kommt. Die in ihren Tätigkeiten, in ihrem Verhalten, in ihren Emotionen, in ihren Attitüden nachgeahmten Vorbilder, Männer oder Frauen, Stars oder Fußballidole, Freizeitgruppen, Vereine oder schlimmstenfalls auch Jugend- oder Kinderbanden – sie alle geraten zu Vor- und Leitbildern, im Guten wie im Schlechten.

Imitation und Nachahmung prägen schon ab den ersten Lebenstagen eines Kindes sein Verhalten. Sie bahnen den Weg für die Übernahme kultureller und gesellschaftlicher Normen, religiöser Gebräuche und geschlechtsspezifischen Verhaltens. Da Imitation und Nachahmung auch beim Spracherwerb wirksam sind, verwundert es nicht, wie schnell Kinder von Beginn an einen besonderen Dialekt erlernen, und gleich dazu die typische Sprachmelodie (Prosodie), die die Sprache auszeichnet, in der sie aufwachsen.

Schließlich und nicht zuletzt sei daran erinnert, dass auch Erwachsene die Fähigkeit zur Nachahmung bis an ihr Lebensende beibehalten. Sie ahmen Moden nach, sie imitieren und übernehmen für ihr Leben, für ihre Handlungen, was ihnen bei anderen Menschen imponiert oder was ihnen als sinnvoll, praktisch, lebenserleichternd oder modern begegnet ist und was sie für ihr eigenes Leben übernehmen möchten.

Unterschieden wird zwischen einer angeborenen und einer verzögerten Nachahmung.

Direkte, spontane Nachahmung

Viele Neugeborene, aber sicher alle wenige Tage alten Kinder sind, wenn ihnen dazu Zeit gelassen wird, fähig, langsame Gesichts-, Arm- und Handbewegungen nachzuahmen.

Sofia, einige Stunden alt, nach einer nicht ganz leichten Geburt doch schon wach und aufmerksam, betrachtet mit einem zunächst etwas leer erscheinenden Blick, aber dann doch aufmerksam und anhaltend das Gesicht ihres Vaters, der sie vor sich hält und ihren Kopf von hinten mit der Hand stützt. Auch der Vater

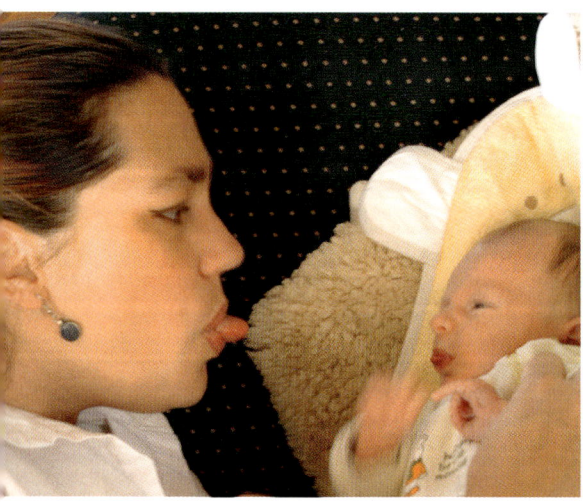

Fast unglaublich: die Fähigkeit von Neugeborenen, Bewegungen nachzuahmen.

betrachtet das Gesicht seines eben geborenen Kindes. Der Vater schiebt dabei die Zunge ein wenig aus dem Mund, und zu seiner Verblüffung öffnet Sofia ihren Mund und bewegt ihre Zunge langsam und vorsichtig nach vorne. Das geschieht mehrmals. Ein Zufall ist es also nicht.

Die Mutter, daneben im Bett liegend, redet mit einer Schwester. Zur weiteren Verblüffung des Vaters versucht Sofia immer wieder, aus der gehaltenen Lage heraus den Kopf zur Mutter zu drehen; die Augen bewegen sich in die gleiche Richtung. Das verstehen wir jetzt leicht, erwarten es fast, weil wir wissen, dass schon Neugeborene sich an die Stimme ihrer Mutter erinnern.

Weniger verständlich ist uns, warum Sofia fähig ist, ihren Vater nachzuahmen, den Mund zu öffnen und ihre Zunge zu zeigen. Eigentlich dürfte sie das gar nicht können: Sie hat doch in ihrem kurzen Leben noch nichts über ihren eigenen Körper gelernt! Woher soll sie wissen, wo sich ihr Mund, ihre Gesichts- und Augenmuskeln, ihre Finger und Arme im Verhältnis zu ihrem Körper befinden? Bisher sagt die Schulmeinung, ein Körperbewusstsein, ein Körpergefühl könne erst im Verlauf des ersten Lebensjahres entstehen, parallel zur Entwicklung der eigenen Körperbeweglichkeit, der Körpermotorik.

Spiegelneurone

Wir erinnern uns jedoch an das unbewusste Gedächtnis für Handlungsabläufe (s. S. 49ff.). Schon dort wurde darauf hingewiesen, dass die Gehirnzentren für die Wahrnehmung eigener Bewegungen (nicht jedoch die Zentren, die eigene, genau definierte Bewegungsabläufe aktivieren können) sowie das Kleinhirn als unbewusstes Bewegungszentrum schon zum Zeitpunkt der Geburt gereift und aktiv sind.

Es existieren aber noch weitere, bei der Geburt bereits aktive, neuronale Netzwerke, die noch nicht vorgestellt wurden: die so genannten *Spiegelneurone*. Sie erstellen ein »gespiegeltes«, also seitenverkehrtes Bild von einem Handlungsablauf, den ein Kind (oder ein Mensch jeden Alters) bei einem anderen Menschen beobachtet hat. Die Spiegelneurone starten dann sofort die Nachahmung der gesehenen Handlung, nun aber mit korrekten Seitenverhältnissen, als wäre es eine primäre Handlung der nachahmenden Person.

Die neuronalen Netze der Spiegelneurone liegen merkwürdigerweise, oder auch nicht ganz so merkwürdigerweise, in dem gleichen Zentrum, in dem Sprache und Sprechen gesteuert werden, denn auch ein Teil der Sprachentwicklung läuft über die Imitation (s. S. 68). Spiegelneurone befähigten Sofia schon wenige Stunden nach ihrer Geburt, die Mimik ihres Vaters und kleinere Bewegungen seiner Hände und Finger nachzuahmen.

Beispiel: Mimik und Handlungen

Nico, dreijährig, steht neben seinem Vater im Bad und beobachtet, wie der sich mit Rasierschaum und Klinge rasiert, was er selten tut. Plötzlich sieht der Vater, dass Nicos Gesicht sich verzerrt. Da er Kinderarzt ist und weiß, wie Krampfanfälle aussehen, hält er erschrocken inne und erwartet, dass sein Sohn

jetzt zu Boden stürzt. Jedoch nichts dergleichen geschieht.

Schließlich dämmert ihm, dass sein Sohn lediglich die Gesichtsverzerrungen nachgeahmt hat, die sein Gesicht während des Rasierens bot. Die müssen für den Sohn derart auffällig gewesen sein, dass seine Spiegelneurone zu feuern begannen. Danach stand Nico ganz unbeteiligt daneben. Er fragte nicht einmal, warum sein Vater solche Grimassen geschnitten hatte.

Eindrucksvoll für den Vater war dagegen, dass die Reaktionen im Gesicht seines Sohnes ganz unbewusst, sofort, sehr präzise und genau abliefen und von Nico nicht hinterfragt wurden. Der hatte nur sein großes Vorbild, seine Identifikationsperson nachgeahmt. Nicht mehr, aber auch nicht weniger.

Nicos Vater fiel daraufhin ein Vorfall ein, der ihm unverständlich, ja fast peinlich war, den er jetzt aber besser verstehen konnte. Er war mit Nico im Zoo. Dort begegneten sie immer wieder einer Gruppe deutlich behinderter Kinder. Plötzlich schnitt Nico Grimassen, präsentierte merkwürdige Körperhaltungen und humpelte wie ein spastisch gelähmtes Kind, ganz unbefangen auch dann, wenn die behinderten Kinder neben ihnen waren. Der Vater verbot ihm das mit dem üblichen Hinweis, es gehöre sich nicht, Kinder und Menschen, die nichts für ihre Behinderung könnten, nachzumachen, und das auch noch so zum Spaß und Jux.

Nico verstand nicht, wovon sein Vater sprach. Er begriff nur, dass sein Vater an seinem Verhalten Anstoß genommen hatte, nicht aber, warum er es tat. Offensichtlich wird, dass Nachahmung ein hoch effektives, fast schon zwanghaftes Verhalten darstellt, um »teilzuhaben« und dazuzugehören am Leben anderer.

Nachahmung und Sprache

Ähnliche Phänomene sind während der Sprachentwicklung zu beobachten. Kinder, die eben lernen, ganze Sätze zu sprechen, verblüffen ihre Eltern oder andere Bindungspersonen immer wieder mit dem plötzlichen Nachsprechen eines nicht zu langen, kompletten Satzes. Sie imitieren ihn genau, im Inhalt, im vollen Dialekt, mit der gehörten Sprachmelodie und dem Rhythmus, aber auch mit allen darin enthaltenen Nebengeräuschen wie Räuspern, geräuschvollem Atemholen, Hüsteln und anderen Störgeräuschen.

Die Nachgeahmten erleben eine manchmal fast schon peinliche Parodie ihres Sprech- und Sprachverhaltens. Das Kind selbst hat den Satz überhaupt nicht verstanden, hat sich auch nichts dabei gedacht, es wollte nur »dabei sein«. Möglich, dass es ausschließlich die emotionale, limbische Botschaft des gehörten Satzes gewesen ist, die die Imitation gezündet hatte.

Auslöser von Nachahmungsverhalten

Kinder imitieren nicht sinnlos irgendwelches Verhalten oder Tätigkeiten von x-beliebigen Menschen, die ihnen gerade begegnen. Nachahmungsverhalten wird angestoßen durch eine Mimik, ein Verhalten, eine Tätigkeit von nahen Bindungspersonen, die für das beobachtende Kind einen nachvollziehbaren, zweckgerichteten oder emotional negativ bzw. positiv berührenden Sinn ergeben.

Personen, die bei einem Kind Nachahmungseffekte auslösen, nennt Tomasello

Max malt sein erstes (!) Bild. Er ahmt seinen älteren Bruder nach, der eben ein sehr beeindruckendes Feuerwehrbild geschaffen hat.

(s. S. 75) *intentionale Akteure.* Für ein nachahmendes Kind ist jedoch nicht immer ein beabsichtigter (intentionaler) Zweck der Auslöser einer Imitation. Oft, und besonders bei der spontanen Nachahmung, ist es allein die Motivation, ohne einen direkten Zweck im Auge zu haben, eine Chance, Teilhabe wahrzunehmen, mit dabei sein zu können und das zu tun, was andere auch tun: Mimik, Gebärdensprache und emotionale Stimmungen zeigen.

Deren eingebundener Zweck wird allerdings meist noch nicht verstanden. Das zeigen die Beispiele von Nico, der die Mimik seines Vaters beim Rasieren imitierte, und sein Verhalten im Zoo, als er die Ausdrucks- und Bewegungsformen behinderter Kinder spontan nachahmte, ohne jede erkennbare Absicht und ohne Zweck.

Kinder als imitationsauslösende Akteure

Auch Kinder jeden Alters können »Akteure« sein, die fähig sind, Imitationsverhalten bei anderen Kindern auszulösen: etwas ältere Kinder, ältere Geschwister, die schon malen oder ihren Namen schreiben, die Roller oder Fahrrad fahren können, die sich zu benehmen wissen – oder eben gerade nicht.

Unarten, flegelhaftes Benehmen, auch Schimpfwörter und unflätige verbale Ausdrücke werden besonders gerne und erstaunlich leicht und schnell von anderen Kindern übernommen. Häufig wissen sie nicht, was mit einem bestimmten Verhalten, mit einem unmöglichen Wort tatsächlich gemeint ist. Sie haben nur gelernt, dass es leicht gelingt, mit einem einzigen Wort die Eltern, andere Menschen aus der Fassung zu bringen, sie also manipulieren zu können. Sie werden die nächste sich bietende Gelegenheit nutzen, die neue Wirkung immer wieder bestätigt zu sehen. Denn sie haben begriffen, dass sie Einfluss und Macht über andere Menschen gewinnen; die moralische Seite ihres Verhaltens können sie noch nicht abschätzen, geschweige denn verstehen.

Bewunderung wirkt Wunder

Steffen, ein Fünfjähriger, kommt mit den Raubeinen in seinem Kindergarten gut zurecht, was bedeutet, dass er sein im Kindergarten gewohntes, eher lautes und unbekümmertes Verhalten auch zu Hause lebt, nicht immer zur Freude der Eltern, die sich wenigstens zu Hause einen etwas besser erzogenen Sohn wünschen. Ermahnungen und Erziehungsversuche haben bisher nur wenig gefruchtet.

Die Tischmanieren lassen besonders zu wünschen übrig. Steffen hat da seine eigenen Vorstellungen, die die Eltern gerne geändert sehen würden. Der Erfolg: zum einen Ohr hinein, zum anderen sofort wieder hinaus und passiver Widerstand.

Steffen hat einen knapp vier Jahre älteren Vetter Simon, dem er sehr zugetan ist, den er bewundert und nachahmt. Sie sehen sich öfter und kennen sich gut. Simon ist ein aufgeweckter, vielseitig interessierter, höflicher und wohl erzogener Junge, der außerdem begriffen hat – man muss das schon so sagen –, dass gutes Benehmen anerkannt und sozial belohnt wird, ohne dass er es wirklich darauf anlegt.

Während eines Essens benimmt sich Steffen, wie zu Hause öfter, daneben. Ein Verweis seiner Mutter wird überhört. Simon, dem die Tischsitten seines Vetters, der neben ihm sitzt, auch nicht gefallen, flüstert ihm leise zu: »So benimmt man sich aber nicht beim Essen.« Die Wirkung dieses Tadels ist überraschend, um nicht zu sagen überwältigend: Steffen benimmt sich auf der Stelle und sofort bis zum Ende der Mahlzeit tadellos; sein Bemühen um ein angemessenes Verhalten ist ihm anzusehen, und die Mühen, Gabel und Löffel richtig zu benutzen, ebenfalls.

Vorbild Baby

Jüngere Kinder können, um mit Tomasello (s. S. 75) zu sprechen, ebenfalls imitationsauslösende Akteure sein: Ein Baby wird bewundert, ein fremdes oder eines der Familie. Und plötzlich zeigen Kinder imitiertes Babyverhalten und fallen in eine Babysprache zurück. Sie möchten wieder aus der längst abgelegten Flasche trinken, möchten am liebsten die direkte, körperliche Nähe der Mutter spüren, wobei sie versuchen, sich so kuschelig zu geben und zu verhalten, als wären sie wieder zu Babys geworden.

Vorprogrammiertes Missverstehen

Wenn wir die Fähigkeit zur Nachahmung, zur Imitation, als die bei weitem effektivste Einstiegshilfe für Kinder zur Teilnahme am menschlichen Leben begreifen, werden wir plötzlich verstehen, warum Thomas seinen Teller genauso gefüllt sehen möchte wie bei den älteren Geschwistern und bei den Eltern auch. Dass Thomas seinen Teller nicht leer essen kann, wie später dann eingefordert,

kann er noch nicht übersehen: Er lebt noch im Hier und Jetzt. Teilnahme und Teilhabe sind alles. Ihn dann zu zwingen, seinen Teller leer zu essen, ist eine ihm ganz und gar unverständliche Nötigung und Missachtung seines Verständnisses vom »Leben«, an dem er doch teilhaben will.

Wenn jüngere Kinder sehen, wie eines der Geschwister, der Eltern seinen Teller bis auf den letzten Rest auskratzt, sind sie schnell der Meinung, das gehöre sich immer so. Versuchen sie, sich daran zu halten, erfahren sie jedoch bald eine kränkende Rüge, weil sie ihren Teller zu geräuschvoll, zu lange, zu wenig effektiv, aber mit Hingabe bei nun jeder Gelegenheit auszukratzen versuchen.

Der Vater tunkt gelegentlich ein Croissant in seinen Morgenkaffee, weil er die geschmackliche Kombination liebt. Schon glaubt seine Tochter, die das Geschehen genüsslich und fasziniert beobachtet hat, alles, was zu kauen sei, müsse zuerst einmal eingetunkt werden, in ihren Kaba, in ihren Saft, in ihre Milch. Jedoch: Erst durch die damit ausgelöste positive oder negative Rückmeldung lernen Kinder in einer Art Versuch-Irrtum-Bestätigung-Strategie, welche Imitationen in welcher Situation die belohnenden Effekte auslösen.

Verzögerte Nachahmung

Eltern, die Augen haben zu sehen, was ihre Kinder tun, und Ohren zu hören, was sie sagen, werden schnell begreifen, dass es auch noch eine andere Art der Nachahmung geben muss, eine Nachahmung, die nicht sofort und spontan erfolgt, sondern erst Stunden oder Tage

nach einem für sie eindrucksvollen Ereignis. Eine verzögerte Nachahmung setzt damit voraus, dass ein Kind eine Szene, eine Aktivität, eine emotionale Situation erlebt hat, die unbewusst und als Prozessablauf in seinem Gedächtnis für Handlungsabläufe als *Repräsentation* gespeichert worden ist.

Piaget und in seiner Nachfolge viele andere Entwicklungsspezialisten gingen und gehen heute noch davon aus, dass Erfahrungen, die imitiert werden, erst zwischen dem neunten und zwölften Lebensmonat im Gedächtnis haften, da dann erst die dafür zuständigen Hirngebiete gereift seien. Die moderne Säuglingsforschung hat aber gezeigt, dass die frühen Gedächtnisse schon etwa ab dem vierten bis sechsten Lebensmonat Erfahrungen speichern, die verzögert nachgeahmt werden können (Knopf).

Ein schon fast klassisches Beispiel für ein verzögertes Nachahmen berichtet schon Piaget von seiner 16 Monate alten Tochter Jacqueline. Sie ahmte den Wutanfall eines Kindes perfekt nach, den sie staunend am Tag zuvor miterlebt hatte. Nie zuvor hatte sie selber ihre Familie mit einem Wutanfall derart überrascht (Knopf).

»Als-ob-Spiele«

Oder ein oft zu erlebendes anderes Beispiel: Spieltelefone werden gerne von Kindern benutzt. Sie reden mit allen möglichen Leuten, die sie kennen, oft nur in einer sprachnachahmenden *Pseudosprache* (s. S. 137). Heutzutage tigern Kinder mit einem länglichen Bauklötzchen oder einem kleinen Holzscheit am Ohr durch die Wohnung und reden, wiederum oft noch in Pseudosprache,

Kinder üben und imitieren im »Als-ob-Spiel«, was sie erlebt haben.

wie ihre Mütter oder Väter, mit der Oma, mit einem Freund, einer Freundin, und zwar genauso, wie sie es bei einem »Akteur«, einer »Akteurin«, wie Tomasello (s. S. 75) solche Vorbilder genannt hat, gesehen, begriffen und im Gedächtnis für Handlungsabläufe unbewusst gespeichert haben: redend, schwatzend, klatschend, gestikulierend, mit der unübersehbaren, dazugehörenden, emotionalen Körpersprache.

Solche Szenen werden gerne ausgebaut und bei anderen Gelegenheiten »genutzt«. Stephan, zweijährig, muss abends immer erst noch lange telefonierend mit einem kleinen Holzstück am Ohr durch die Wohnung wandern. Er tut es ausgiebig, bevor er bereit ist, dem Drängen zu folgen und in seinem Bett zu verschwinden. Mit seinem die Eltern perfekt imitierenden Verhalten lässt Stephan keinerlei Zweifel darüber, dass seine Telefonate ebenso wichtig sind für die Familie wie die seiner Eltern.

Übernahme von Sprachbausteinen

Wir können jetzt auch Äußerungen von Kindern verstehen, die sonst nur als komische Ideen oder als Kindermund-Einfälle kommentiert werden. Claudia, eine Dreijährige, sieht ihren Vater, der sich am Tag auf das Sofa gelegt hatte, um einige Gedanken in seinem Hirn zu ordnen. Sie sagt zu ihm: »Du Schlafmütze.« Das hatte der Vater einmal zu ihr gesagt. Claudia war es auch, die verzweifelt im ganzen Haus nach ihrem Badeanzug suchte und ihn schließlich im Kleiderfach ihres Vaters fand. »Dass mir das nicht noch einmal vorkommt«, war ihr entrüsteter Kommentar. Das hatte sie offenbar auch schon einmal zu hören bekommen. Gelegentlich will sie aber doch auch etwas Nettes über ihren Vater sagen. Sie tut's bei der nächsten Gelegenheit mit der Bemerkung: »Du bist mein süßer, kleiner Käfer.« Hinter allen Beispielen steht eine gespeicherte Erfahrung, die nun immer wieder auf passende und unpassende Situationen und Gelegenheiten anzuwenden versucht wird.

Beispiel: Identifikation und Nachahmung

Nicht immer ist ein Nachahmungsverhalten so einfach zu durchschauen. Dafür auch ein Beispiel: Peter lebt mit seinen Eltern in einer Gegend, in der es viele Weinberge gibt. Auf den Wegen durch die Weinberge findet Peter gelb blühende Blumen, die er vorsichtig für einen kleinen Strauß pflückt. Mit dem Blumenpflücken beschäftigt er sich ausdauernd und auffällig sorgfältig. Der Strauß wird mitgenommen und zur Heimfahrt in den Kofferraum des Autos gelegt. Zu Hause haben jedoch alle den Strauß vergessen, auch Peter.

Am anderen Tag sitzt Peter vor dem Fernseher und verfolgt, wie immer, mit gespannter Aufmerksamkeit eine Kassette mit den Erlebnissen des Schweizer Bergmädchens Heidi. Plötzlich ist er ganz fassungslos und außer sich. »Die Blumen! Die Blumen!« Die Eltern bemühen sich, zunächst erfolglos, herauszubekommen, was mit »den Blumen« gemeint sei, warum Peter – auch noch während seines geliebten Heidi-Films – so ausflippt. Zunächst herrscht Ratlosigkeit. Peter verweist darauf, dass er Heidi gesehen habe, wie sie Blumen pflücke wie er auch.

Langsam dämmern den Eltern die Zusammenhänge. Peter hat sich durch die Blumen pflückende Heidi daran erinnert, dass auch er Blumen gepflückt hat. Er hat schon beim Blumenpflücken in den Weinbergen Heidi imitiert. Man könnte auch sagen, er hat sich ganz mit Heidi identifiziert. Er kannte ja den Film. Nun will er auch den Strauß in eine Vase gestellt sehen. Wahrscheinlich erinnert er sich nicht, dass der Strauß noch im Kofferraum des Autos liegt. Alle drei marschieren daraufhin in die Garage zum Auto, wo Peter im Kofferraum beglückt seinen bereits etwas angegammelten Blumenstrauß findet, was ihn keineswegs stört. Seine Stimmung ändert sich schlagartig, als wäre nichts gewesen. Seine Welt ist wieder in der

Vorbilder vermitteln Handlungsschemata, auch für das Blumenpflücken.

Ordnung, die die seine war, nicht die seiner Eltern. Die Blumen tun ihm dazu auch noch den Gefallen, sich ganz leidlich und für einige Tage zu erholen und für ihn zu blühen.

Damit hat Peter eine Art *Skript* aus dem Leben von Heidi übernommen, das er befolgt und in dem er sich auch in *seinem* Leben bestätigt sieht.

Persönlichkeitsentwicklung, Rollenspiele und Nachahmung

Imitation hat demnach noch andere Konsequenzen für die Persönlichkeit eines Menschen als nur die rasche Vermittlung von Lerneffekten. Bei der Entwicklung des Selbst werden wir diesen Faden erneut aufgreifen (s. S. 85–90). Das Beispiel zeigt aber auch, wie das Fernsehen Identifikationspersonen und/oder Identifikationstiere wie z.B. Walt Disneys *König der Löwen* anbietet, die mit ihrem Rollenverhalten Kinder

faszinieren und zur Imitation, zum »Nachspielen« geradezu einladen.

Als es noch kein Fernsehen gab, mussten Kinder nicht auf Identifikationsfiguren verzichten. Die wurden ihnen durch Vorlesen und Erzählen vermittelt. »Helden« jeglicher Qualität gab es immer, denen nachgeeifert werden konnte: Forscher, Entdecker, Piraten und Räuber, manchmal gibt es gleich mehrere, denen mal bei dieser, mal bei jener Gelegenheit nachgeeifert wird. War das Lesen dann gelernt, mussten sie lesend erarbeitet werden: Robinson, Winnetou, Tom Sawyer oder Hanni und Nanni.

Ein weites Übungsfeld für verzögertes Imitationsverhalten im Kindergarten und zu Hause sind Rollenspiele. Jedes der beteiligten Kinder übernimmt dabei – nicht immer ganz freiwillig – die Funktion einer Person, die es zu spielen hat. Hierbei wird ganz offensichtlich, dass ein Kind in einem Rollenspiel nur mitspielen kann, wenn es das Skript des Verhaltens der zu spielenden Person verinnerlicht hat und daher weiß, wie es »dem Skript entlang«, auch in Wechselgesprächen, der gespielten Person gerecht werden muss, nach seinen Vorstellungen und denen seiner Mitspieler.

Das Bild auf S. 58 zeigt exemplarisch das souveräne und komplexe Rollenspiel von einer kranken Frau, die gerade ärztlich untersucht wird. In dem Rollenspiel sind weitere Helferinnen und Helfer engagiert, und auch der Apotheker darf nicht fehlen.

Das Bild demonstriert aber auch, wie sehr Kinder sich mit einer Rolle identifizieren, die etwas über ihre eigenen Vorstellungen von sich selbst aussagt: Was will ich später einmal werden? Was würde ich gerne tun? Was will ich unter keiner Bedingung tun müssen? Spiele ich gerne mit anderen, oder will ich lieber sagen, was die anderen tun sollen? Ich spiele nur die Rolle, die mir gefällt und keine andere!

Ohne Zweifel haben Nachahmung und Rollenspiel großen Einfluss auf die Akzeptanz des eigenen Geschlechts und auf die Übernahme geschlechtsspezifischen Verhaltens. Aber auch berufliche Vorstellungen können auf diese Weise auf den Weg gebracht werden.

Lebenserhaltende Funktion Nachahmung

Die Fähigkeit zur Imitation hat sich seit Jahrtausenden als Überlebensvorteil bewährt. Mit Nachahmung wird bei Naturvölkern das, was für das Leben zu lernen ist, direkt den Vorbildern abgeschaut; meist sind es die direkten Bin-

dungspersonen wie Eltern, Geschwister, nahe Verwandte. Sie ermöglicht ein effektives und schnelles Lernen von sprachlichen, praktischen, handwerklichen und alltagsbezogenen Fertigkeiten. Dort, wo die Kinder- und Erwachsenenwelten noch eine Lebenseinheit bilden, findet die Kindheit jedoch meist schon mit Eintritt in das fünfte oder sechste Lebensjahr ihr Ende. Dann wird von einem Kind erwartet, dass es das seine zum Leben der Familie beiträgt, so gut es kann: auf Geschwister aufpassen, sie herumtragen, Wasser herbeischleppen, Tiere hüten, bei der Arbeit in Haus, Hof und Garten den Frauen zur Hand gehen oder den Männern bei der Jagd, beim Sammeln, bei der Herstellung und Reparatur von Handwerkszeug und Waffen helfen und lernen, wie sie zu handhaben sind.

In unserer Kultur dagegen wird Teilnahme und Imitation oft nur als störendes Verhalten eines Kindes wahrgenommen, mit den scheinbar unumgänglichen erzieherischen Konsequenzen. Darüber jedoch mehr auf S. 76.

Nachahmung als Motor kulturellen Lernens

Auf S. 65 hatte ich ausgeführt, dass das Nachahmen, die Imitation, in der Entwicklungsdiskussion und in der Entwicklungsforschung eine erstaunlich geringe Rolle spielt, trotz einer langen, vor allem pädagogischen Tradition des Wissens über die kindliche Nachahmungsfähigkeit.

Deshalb soll auch nicht verschwiegen werden, dass die überragende Bedeutung der Nachahmung für die kindliche Entwicklung in den letzten Jahren ganz neue Akzente durch die wissenschaftlichen Arbeiten von Tomasello (s. Kasten) erhalten hat. Er geht davon aus, dass eine Imitation immer intentional, also zweckgebunden, ist und dass die imitierenden Kinder diese Zwecke auch mehr oder weniger bewusst erfassen.

Wir haben oben schon erwähnt, dass vor allem bei unbewussten Imitationen die Zweckmäßigkeit selten einsichtig ist – es sei denn, der Drang nach »Teilnahme« und »Dabeisein« würde auch als ein Zweck der kindlichen Imitation angesehen werden.

Nach Tomasello (s. Kasten) ist die intentionale Imitation ausschließlich menschspezifisch und die Grundlage für die Entstehung von Kulturen. Die intentionale Imitation ermögliche aber auch einem Kind den Einstieg in die Kultur, in der es aufwachse. Kulturelles Lernen ist ihm zufolge immer eine intentionelle Imitation. Wir haben aber auf S. 67/68 gesehen, dass es spontane Imitationen gibt, bei denen es schwerfällt, sie als zweckgerichtet im Sinne von Tomasello zu deuten.

Nachahmung bzw. Imitation besitzt biologische Wurzeln. Sie reagiert deshalb auch auf »Auslöser«, wie sie Anteile der Mimik, Gestik und Sprache oft bieten, spontan, sofort und ohne bestimmten Zweck.

An dieser Stelle ist zu ergänzen, dass Menschen zeitlebens die Fähigkeit behalten, nachzuahmen, etwas abzuschauen, sich an einem beispielhaften Verhalten neu zu orientieren und neue Fertigkeiten zu lernen, weil ihnen deren Nützlichkeit eingeleuchtet hat.

Stichwort Imitation

Michael Tomasello

ist ein amerikanischer Forscher, der heute am Max-Planck-Institut für evolutionäre Anthropologie in Leipzig arbeitet. Nach Tomasello ist das Imitationsverhalten der Motor eines kulturellen Lernens. Seit mehreren hunderttausend Jahren, wenn nicht sogar weit länger, hätten Kinder von ihren Eltern und Verwandten durch Imitation gelernt: Jagdtechniken, die Herstellung von Werkzeugen, Waffen, Jagd- und Fischfanggeräten, die Bearbeitung von Fellen für Kleidung und Schuhe zum Schutz gegen Hitze und Kälte, die Kunst zu weben, die Herstellung von Haushaltsgeräten und Schmuck und schließlich auch künstlerische Fertigkeiten wie Höhlenbilder oder die ersten figürlichen Darstellungen von Menschen und Tieren.

Als Erwachsene, in ihrer Geschicklichkeit perfekt geworden, fanden sie effektivere Verbesserungen der verwendeten Techniken und Geräte – wie z. B. Pfeil und Bogen als wesentliche, jagdstrategische Verbesserung gegenüber dem Speer, da aus größeren Entfernungen einsetzbar –, die ihre Kinder wiederum von ihnen durch Imitation und Nachahmung zu handhaben lernten.

Nach Tomasello existiert im Grunde dieser Prozess *des kulturellen* Lernens von *intentionalen Akteuren* bis heute. Kulturen würden dadurch auf die jeweils nächste Entwicklungsebene gehoben und festgezurrt, ähnlich wie ein Auto mit einem Wagenheber in einer bestimmten Höhe gehalten werden könne: der kulturelle »Wagenhebereffekt«, wie Tomasello die Wirkung des kulturellen Lernens bildhaft beschreibt.

Nachahmung: heute ein Störfaktor?

Spontane und verzögerte Nachahmung wird in unseren modernen Kulturen von Eltern, Erzieherinnen und Erziehern, von Geschwistern, Großeltern und anderen Betreuern eher als störend erlebt und in ihrer Funktion kaum noch verstanden, außer als gelegentliche Quelle amüsanter, kindlicher Aktionen und Kommentare, denen jedoch keine weitere Beachtung geschenkt zu werden braucht, oder als Auslöser eines Trotzverhaltens. Kleine Kinder sollten sich lieber für ihre Spielsachen interessieren, anstatt bei jeder passenden und unpassenden Gelegenheit zu fordern: »Will ich auch machen«, »Ich auch, ich auch«, »Kann ich auch«, »Lass mich doch mal«, »Nochmal«, »Selber machen«, »Warum darf ich nicht?«

Wie wir jetzt wissen, fordern sie damit nur, evolutionär gesehen, ihr Recht ein, zu lernen, die Welt zu begreifen mithilfe von Nachahmung, Imitation. Die Antwort kennen wir, sie lässt nicht lange auf sich warten: »Lass das«, »Das kannst du noch nicht«, »Pass auf, du machst ja alles kaputt«, » Damit kann man sich sehr wehtun«, eben das Übliche, was ein Kind zu hören bekommt, wenn es lernen möchte, was zur Teilhabe – seiner Meinung nach – notwendig wäre zu lernen.

Die Konfrontation ist damit meist vorprogrammiert. Spielräume, gemeint auch im doppelten Sinne, für Nachahmen, für Imitation, sind nicht leicht in den heutigen Zwängen familiären Lebens zu finden: Stress, Eile, berufliche Belastung und berufliches Fortkommen, Perfektion, festliegende Termine und nicht zuletzt: kaum noch Lebensräume, die Kinder selbst aktiv und spielend gestalten könnten.

Kinder suchen Konsens, nicht Konflikte

Kinder leben keineswegs nur selbstzentriert, in ihrer »Egozentrik«, auf einem puren Egotrip, wie in vielen Erziehungsbüchern nachzulesen ist. Sie »ertrotzen« sich auch nicht mit ihrem andauernden »Ich will«, »Ich kann schon« ihre neu gewonnenen Selbstständigkeiten im zweiten und dritten Lebensjahr. Sie benötigen eigentlich auch nicht die Familie als strapaziöses Übungsfeld, um sich Willensstärke aneignen zu können. Immer wieder ist jedoch die Behauptung zu lesen und zu hören, eine starke, selbstbewusste Persönlichkeit brauche zu ihrer Realisation die Konfrontation mit anderen Personen; das sei ein unerlässlicher Reifungsprozess, den Kind und Eltern nun einmal zusammen durchzustehen hätten.

Ganz das Gegenteil ist der Fall: Kinder möchten dabei sein, teilhaben und das können, was sie bei ihren Bindungspersonen und Leitbilderpersonen als nachahmenswert, aber auch als tägliche Routine miterleben. Darauf bestehen sie, nicht auf einer Konfrontation mit denen, die sie lieben, denen sie vertrauen. Denn auch Kinder begreifen schon sehr früh, dass Konfrontationen sich zu einer heiklen Sache auswachsen können, mit einem hohen negativen, emotionalen Preis (da das limbische System massiv mit involviert ist). Das Gleiche gilt übrigens auch für die beteiligten Erwachsenen. Am Ende sind alle unglücklich. Die Wiederherstellung

der Einvernehmlichkeit erfordert zusätzlich von beiden Teilen noch einmal einen hohen emotionalen Zoll. Emotional und sozial gesehen, sind Konfrontationen ein Minusgeschäft, das allerdings nicht immer zu vermeiden ist.

Aktives Teilhaben

Die Fähigkeit zu einer spontanen, direkten Imitation bringen Kinder mit auf die Welt. Sie ist ihnen angeboren, von der Evolution entwickelt worden, um Kindern den Übergang zum tatsächlichen Ernst des Lebens auch biologisch zu sichern. Imitieren bzw. Nachahmen öffnet Wege und Türen zur »Teilhabe« am menschlichen Leben. Das und nichts anderes, es wurde inzwischen schon mehrfach darauf hingewiesen, wollen Kinder von Anfang an, und dazu sind sie von »Mutter Natur« (Hrdy) auch ausgerüstet worden.

Ein Beispiel: Eine junge Familie mit ihrer acht Monate alten Tochter besucht die Großeltern für einige Tage. Sie wohnen in naher Nachbarschaft. Die Familie war für mich nicht zu sehen, nur zu hören. Die Sprach- und Sprechentwicklung der Tochter entsprach gut ihrem Alter. Allzu oft ließ sie sich allerdings nicht vernehmen: etwas Geschwätzel, Silbenverdoppelungen, Symbolworte. Einmal, nachmittags, war offenbar Besuch gekommen. Sechs bis acht Personen redeten, auf der Terrasse sitzend, lebhaft und angeregt durcheinander. Zu meiner Überraschung animierten die sprachlichen Wort- und Satzeruptionen der Erwachsenen auch die kleine Person, deren Namen ich noch nicht einmal kenne, zu

»Als-ob-Spiel« mit der Puppenküche, wie die Mama oder der Papa in der Küche.

sprachlichen Höhenflügen. Sie begann lebhaft zu reden, in einer nachgeahmten Pseudosprache: der Erwachsenensprache ähnlich, aber nicht zu verstehen, mit deutlicher Sprechmelodie, wie sie bei Dialogen üblich ist – obwohl niemand ihr zuhörte und auch niemandem ihr plötzlicher Redeschwall auffiel.

Sie ließ sich jedoch nicht irritieren. Sie hielt eine für ihr Alter beachtliche Zeitlänge mit: freundlich, eher vergnügt, jedoch auch bestimmt und sich einmischend. Als Zuhörer verstand ich plötzlich, fast schockiert, die doch eigentlich unüberhörbar deutliche Botschaft: »Ich bin auch da. Ich bin dabei, ich gehöre zu euch, ich bin auch jemand, der Beachtung verdient.« Ihre sprachlichen Einlassungen waren ganz offensichtlich kein reflektorisches Imitieren einer gehörten, miterlebten Geselligkeit, ohne Sinn und Verstand. Nein, hier ging es, und das ganz emotional, vor allem darum, die neu erworbene sprachliche Fähigkeit zu nutzen, um ihre Teilnahme, ihr Dabeisein, ihre Teilhabe lautstark mitzuteilen.

Beispiel Nachahmung: positive Konsequenzen

Salome, eine pfiffige Vierjährige, half, sobald sie dazu fähig war, gerne bei allen Arbeiten in Haus und Garten. Bitten um Mithilfe folgte sie sofort und begeistert. Sie war aber auch eine vor Unternehmungslust strotzende, begnadete »Kann ich mal«-, »Ich will auch«-Sagerin. Schon früh spielte sie gerne mit einer Spielküche, kochte, teilte Essen aus, wusch ab und räumte wieder auf. Im Garten füllte sie gerne ihre kleine Gießkanne am Wasserhahn und goß Blumen und Kleinsträucher. Sie spielte, wie alle Kinder in diesem Alter, gerne mit Wasser und Gefäßen, die gefüllt und wieder teilweise oder ganz ausgeleert werden.

Eines Tages war das Drehrad am Wasserhahn durch einen Hebel ersetzt worden, was Salome nicht mitbekommen hatte. Ahnungslos und mit einem energi-

Gelernt ist gelernt: Nach der ersten Überschwemmung lässt sich der Wasserhahn problemlos kontrollieren.

schen Ruck öffnete sie an dem Hebel den Hahn: Ein gewaltiger Wasserstrahl schoss aus dem Rohr, sie erschrak und war einem Schock nahe. Schreiend, von Kopf bis Fuß triefend, flüchtete sie ins Haus. Aus dem Hahn flutete weiterhin in Strömen das Wasser in den Garten. Salome ließ sich nur schwer beruhigen. Auch in trockenen Kleidern und getröstet, schluchzte sie immer wieder auf. Zu dem Wasserplatz hielt sie respektvollen Abstand.

Ihre Unvorsichtigkeit war nicht getadelt worden. Ihr wurde erklärt, dass ein Hebel anders zu öffnen und zu schließen sei als ein Drehverschluss, den sie ja bedienen konnte. Zwei Tage später nahm ihr Vater sie bei der Hand und schlug vor, sich den Hebelverschluss einmal genauer anzusehen. Er musste Salome dazu allerdings richtiggehend überreden. Zusammen legten sie die Hand auf den Hebel, Salomes Hand auf dem Griff, ihre Hand in Vaters Hand. Sie öffneten den Hebelverschluss vorsichtig und ließen Wasser ausfließen und schlossen den Hahn immer mal wieder. Das Wasser floss, mal weniger, mal mehr, und ließ sich auch wieder abstellen. Dass sie es war, die den Wasserlauf mit dem Hebel steuern konnte, spürte und lernte sie rasch. Schließlich schlug der Vater Salome vor, den Hebel allein zu öffnen und zu schließen, er bleibe neben ihr stehen. Und es gelang gut.

Als Salome begriff – und das war ihr direkt anzusehen –, dass sie gelernt hatte, den Hebelhahn genauso sicher kontrollieren zu können wie zuvor das Drehrad, änderte sich ihr Gesichtsausdruck unübersehbar und fast dramatisch: Stolz auf ihre Leistung prägte die Mimik, aber auch die Gewissheit, eine neue Kompetenz erworben zu haben, die ihr die Kontrolle über das Spielen mit dem Wasser zurückgab. Ihre Haltung straffte sich, und sie bewegte sich für ein halbe Stunde wie eine Siegerin, mit erhobenem Kopf. Das Schreckenserlebnis hatte im Endeffekt zu einer erheblichen Stärkung von Salomes Selbstbewusstsein und Selbstwertgefühl geführt (s. Foto auf S. 78), weil sie weiterhin teilhaben und sich mit ihren Fähigkeiten einbringen kann.

Und noch ein zweites Beispiel von Salome: Die Gartenscheren, nicht ganz ungefährlich, übten auf Salome schon immer eine besondere Anziehungskraft aus. Sie nahm sie immer wieder und versuchte, damit zu hantieren. Der Vater, zunächst wenig geneigt, ihr die Scheren überhaupt in die Hand zu geben, zeigte ihr schließlich, mürbe geworden durch das beständige »Ich auch«, »Kann ich doch auch«, wie die Blätter der abgeblühten Schwertlilien klein geschnitten werden. Sie schaute genau zu, und obwohl mit der großen Schere für sie nicht leicht zu schneiden war, ging sie ihrem Vater zur Hand.

Und wiederum: Schauen Sie sich das Gesicht, die Mimik Salomes an, mit welchem Ernst, Stolz und welcher Ausdauer sie bei der Arbeit ist: zusammen mit ihrem Papa.

Beispiel Nachahmung: negative Konsequenzen

Salomes Bruder zeigte im Alter von vier Jahren ebenfalls besonderes Interesse für Gartenscheren. Sein Vater zeigte ihm, wie er verblühte Osterglocken abschneiden könne, gab ihm einen kleinen Korb und widmete sich einer anderen Ecke

Wer mit vier Jahren eine Gartenschere fachgerecht benutzt, hat Grund zum Stolz.

seines Gartens. Nach einiger Zeit erschien der Sohn und verkündetete stolz, er habe »Bäume« abgeschnitten, was viel leichter gewesen sei. Der Vater, nichts Gutes ahnend, ließ sich die »gefällten Bäume« zeigen und sah alle Stängel eines großen Strauches mit den schönsten Pfingstrosen, die gerade beim Aufblühen waren, sauber abgeschnitten auf dem Boden liegen. Er schluckte und wusste nicht, was er sagen sollte. Das große Lob, das der Sohn (in dessen Denk- und Vorstellungsweise mit Recht) erwartete, brachte er nicht über die Lippen, aber auch keinen Tadel und keine Ausrufe des Entsetzens.

Teilnehmen ist, wie alles im Leben, mit Risiken verbunden. Wer Teilhabe zulässt, wird trotz aller Vor- und Aufsicht gelegentlich unerwartete Folgen auslösen. Dass das mit Stolz erwartete

Lob ausblieb, war für den »Baumfäller«-Sohn Tadel genug, obwohl kaum über die Aktion gesprochen wurde und der Vater sich emotional gefangen hatte.

Drei Jahre später, zur gleichen Jahreszeit, schlenderte der Sohn durch den Garten. Beiläufig betrachtete er die Pfingstrosenstaude, an der er damals seine Schnittkünste erprobt hatte. Er hielt sich nicht lange dort auf, sie war ihm scheinbar nur einen kurzer Blick wert. Der Vater enthielt sich aber aller Kommentare. Später, als der Vater die Pfingstrosenstängel hochband, kam sein Sohn hinzu und meinte eher nebenbei: »Waren das nicht die ›Bäume‹, die ich mal abgeschnitten hatte? Das hat dich damals aber nicht gefreut.«

Für den Sohn und dessen limbisches System war offenbar schon das nicht erfolgte Lob Anlass genug gewesen, die Aktion, mit negativem Vorzeichen versehen, im Lebensgedächtnis zu speichern, um sie dort erinnerungsfähig zu bewahren.

Grenzen setzen

Kindern, die »Teilhabenlassen« erfahren, fällt es nicht schwer, Grenzen zu akzeptieren, die wegen ihres Alters und zum Schutz vor Gefahren festgesetzt werden müssen. Sie werden Verbote oder Grenzen als gegeben hinnehmen, weil sie bereits wissen, dass Teilhaben, wenn es gelingen soll, das Einhalten von Bedingungen voraussetzt, fast vergleichbar mit einem Vertrag.

Das bedeutet jedoch nicht, dass teilnehmende Kinder nicht auch Probleme und Widerstände bei Grenzsetzungen hätten.

Grenzen, die rigide von allen Eltern gezogen werden, sind die gegen die Gefahren des Verkehrs, denn diese können tödlich sein. Andere Grenzen sind dagegen problematischer: Grenzen der Machterhaltung der Eltern, weil sie alleine wissen, was ihren Kindern guttut? Grenzen, die von Kultur und Religion gezogen werden? Unterliegen solche Grenzziehungen nicht auch einem Wandel, nachdem sich so viel in unserer Kultur wandelt, z. B. die Erosion der Familie als festgelegter Struktur oder die Stellung der Frau in unserer Gesellschaft, was beides für die Erziehung und das Aufwachsen von Kindern nicht folgenlos bleibt?

Zwei Arten von Grenzen

Nach Jesper Juul (2005), einem dänischen Familientherapeuten und Kindheitsexperten, existieren zwei Arten von Grenzen. Die eine sei verhältnismäßig statisch. Dazu gehören Grenzen und Verbote, die vor Gefahren schützen und die bestimmte Regeln formulieren, die in der Familie für alle gelten sollen, z. B. nicht mit dreckigen Schuhen den Wohnbereich zu betreten.

Die zweite Art von Grenzen könnten sich je nach dem elterlichen Wohlbefinden verschieben: »Ich will dir gerne später eine Geschichte vorlesen, aber jetzt will ich mich erst mal mit deiner Mutter unterhalten.« Oder: »Ich will dich jetzt nicht auf dem Schoß haben. Geh runter.« Die persönliche Sprache »Ich will«, »Ich will nicht« funktioniere nach Juul aber nur, wenn sie wirklich die eigenen Gefühle ausspreche. Andere, versteckte Motivationen (ich habe gerade keine Lust oder ich bin zu müde) würden von Kindern rasch durchschaut. Eltern seien dann schnell unglaubwürdig.

»Kinder können gut damit umgehen, dass ihre Eltern unterschiedliche (persönliche) Grenzen haben. Für sie ist es kein Problem zu lernen, so ist meine Mutter und so ist mein Vater. Das Problem entsteht nur, wenn persönliche Grenzen zu unpersönlichen Regeln und Gesetzen umgeformt werden, welche die Erwachsenen dann doch wieder nach Gusto abwandeln.«

Anders ausgedrückt: Kinder erwarten von ihren Eltern eine persönliche Autorität und nicht eine geliehene, nach dem Prinzip »Das macht man so« oder »Das ist schon immer so gewesen«. Dazu noch einmal Zitate von Juul: »Kinder wollen mit ihren Eltern gern kooperieren, und das umso lieber, wenn sie persönlich und gleichwürdig angesprochen werden, statt zurechtgewiesen zu werden oder klein gemacht, unverantwortlich zu scheinen oder falsch oder dumm. Auch auf diesem Gebiet unterscheiden sie sich von Erwachsenen nicht. Wenn Kinder aufhören zu kooperieren, geschieht das entweder, weil sie zu lange zu viel (und wohl vergeblich, R. M.) kooperiert haben oder weil ihre Integrität lädiert wurde. Es geschieht niemals, weil sie nicht zusammenarbeiten (teilhaben, R. M.) wollen. Kinder sind von Geburt an in der Lage, ihren persönlichen Verantwortungsbereich und ihre Integrität zu erkennen zu geben.«

Wir erinnern uns an die selbstbestimmenden Beispiele, die in den ersten beiden Kapiteln der altersgebundenen Entwicklungen über Babys berichtet werden, u. a. von dem kleinen Jungen, der, auf der Hüfte seiner Mutter sitzend, die Menschen, die um sie herumstanden, anstrahlte und darauf wartete, auch wieder angelacht zu werden, dabei aber diejenigen gezielt ignorierte, die gerne Kontakt zu ihm aufgenommen hätten (s. S. 128).

Maßstäbe für die Grenzsetzung

Wir realisieren nun aber auch, dass Grenzen zu setzen keine einseitige Erziehungsmaßnahme durch die Eltern sein kann. Als Eltern sollen und müssen Sie Grenzen setzen. Sie sollten sich aber darüber zuvor Gedanken gemacht haben, für wen und warum die Grenzen so und nicht anders gezogen werden sollen: Denn Teilhabe und Kooperation setzen das beidseitige Einhalten von Grenzen voraus, wobei Kinder durchaus begreifen, dass für sie als Kinder teilweise andere Grenzen gelten als für Erwachsene. Zur Teilhabe und zur Kooperation geboren, werden Kinder ihre Grenzen respektieren und verstehen, und dies umso lieber, wenn dabei ihre persönliche Integrität durch Beschämung und Missachtung nicht verletzt wurde. Vergessen wir dabei auch nicht, welche negativen und dauerhaften Folgen für Emotionalität und Selbstbewusstheit eines Kindes Verletzungen seiner persönlichen Integrität haben können, über die mitbeteiligten Mandelkernreaktionen des limbischen Systems und deren Einspeicherung in das Lebensgedächtnis.

Da dieses Buch als ein Entwicklungsbuch und weniger als ein Erziehungsbuch konzipiert wurde, soll auf das Thema der Grenzen nicht weiter eingegangen werden. Das Buch von Jesper Juul sei an dieser Stelle jedoch ausdrücklich zu dieser Thematik empfohlen (s. S. 236).

In Kürze

Nachahmung und Entwicklung

*Lesen Sie hier eine knappe Zusammenfassung
des Kapitelinhalts.*

Nachahmung und Teilhabenwollen am menschlichen Leben sind die stärksten Kräfte, die die kindliche Entwicklung an- und weitertreiben. Als Entwicklungsgeneratoren solcher Klasse sind sie bisher kaum von der entwicklungsorientierten Wissenschaft und von der Pädagogik in ihrer Bedeutung wahrgenommen worden.

Was lässt sich aus den Beispielen auf S. 66–73 und S. 78–80, die sich leicht um ein Vielfaches vermehren ließen, über Kinder lernen?

Warum Kinder dabei sein wollen

Teilhaben, etwas tun zu dürfen, was auch Erwachsene alltäglich tun, und im Nachahmen erfahren, dass das Tun gelingt, wird vom limbischen System mit Glückshormonen belohnt und im Langzeitgedächtnis gespeichert. Das steigert die Motivation zu neuen Erfahrungen und baut Brücken zu positiven Selbstwertgefühlen.

Nur eigenes, gefühltes und erlebtes Tun, wie es Kinder mit der Teilhabe selbst fordern, hat die Power – ich finde kein geeigneteres Wort – , die individuellen neuronalen Netzwerke zu knüpfen, die das Tun steuern und zur Selbstverständlichkeit werden lassen. An die Theorie der individuellen Organisation neuronaler Netzwerke von dem Nobelpreisträger Gerald Edelman (s. S. 38) sei an dieser Stelle ausdrücklich erinnert. Er formulierte sie schon 1987; heute wird sie allgemein akzeptiert. Die Konsequenzen dieser Theorie für die Entwicklung von Kindern und für deren Lernverhalten – auch im Sinne der PISA-Studie – können gar nicht überschätzt werden.

Wenn für Kinder die Teilhabe am Leben der Erwachsenen und dem anderer Kinder so existenziell wichtig ist, wie geschildert wurde, dann kann eine Zurückweisung oder Missachtung der Teilnahme und Teilhabe vom limbischen System nur als emotionales Negativerlebnis bewertet werden, ja sogar als tief gehende Kränkung der Person, die nicht leben darf, wie sie eigentlich sollte und wofür sie auch alle notwendigen Voraussetzungen mit in die Welt gebracht hat.

Kinder wollen lernen zu helfen, und zwar ganz praktisch, im täglichen Leben. Dafür sind in unseren westlichen Kulturen nur noch wenige Gelegenheiten gegeben. Wird Kindern das Helfen, das

Sich-nützlich-Machen, weitgehend unmöglich gemacht oder sogar verwehrt, müssen Eltern sich nicht wundern, wenn Kinder später nicht mehr bereit sind zu helfen. Denn Helfen und Teilhaben, zumindest zu Hause, konnte nicht als positive, nicht als belohnende Erfahrung in das Lebensgedächtnis übernommen werden.

→ Teilhabe als Investition

Die zeitlichen Investitionen, die ein Kind etwa ab dem dritten Lebensjahr mit dem Drang zum Selbermachen einfordert, werfen auf die Länge der Zeit reichlich Dividenden ab. Kinder fühlen sich ernst genommen, anerkannt und gefordert: die beste Voraussetzung für das so lebensbestimmende Entstehen einer Selbstwertbewusstheit und eines Selbst-

bewusstseins, mit einer sozialen und nicht nur isoliert egozentrischen Komponente.

Kindern, die Teilhabe erfahren, fällt es nicht schwer, Grenzen zu akzeptieren, die wegen ihres Alters und zum Schutz vor Gefahren festgesetzt werden müssen. Sie werden Verbote oder Grenzen auch als »normal« verstehen können, weil sie bereits erfahren haben, dass Teilhabe ebenfalls Bedingungen voraussetzt, die erfüllt werden müssen, fast vergleichbar einem Vertrag. Wenn Kindern, wie bei der Teilhabe, erklärt wird, warum hier und jetzt das »Ich will« und das »Ich kann selbst« nicht erlaubt werden kann, tun sie sich leichter, die Absage zu akzeptieren, nicht zuletzt, weil Kinder schon sehr früh sensibel und sehr genau zwischen begründeten und ungerechtfertigten Einsprüchen zu unterscheiden gelernt haben.

Dabei sein, mithelfen: Gartenarbeit, wie die Großmama auch.

Auf dem Weg zur individuellen Entwicklung

Die Entwicklung des »Selbst«, die Fähigkeit zur Theoriebildung nach eigenen Erfahrungen und das Bindungsverhalten sind weitere Faktoren, die das Gelingen einer individuellen Entwicklung mitbedingen. Sie begleiten Menschen darüber hinaus lebenslang.

Die Entwicklung der Vorstellung vom Selbst

Die Entwicklung einer Bewusstheit von sich selbst (Selbstbewusstheit) ist Voraussetzung für das Entstehen der Persönlichkeit eines Menschen. Diese ist einmalig und individuell.

Die Persönlichkeitsbildung, da individueller Natur, folgt den Prinzipien, die bereits im Abschnitt *Reifung oder Entwicklung?* (s. S. 23ff.) beschrieben worden sind: Sie ist das Ergebnis aus angeborenen Komponenten, der genetischen Variabilität, und aus den Komponenten Lernen und Erfahrung, einer erworbenen Variabilität. Für die Persönlichkeit gelten daher auch die Regeln der Evolution: Die Ausbildung einer individuellen Persönlichkeit ist eine Chance zur Anpassung an die Bedingungen der Umwelt, in der ein Kind, ein Mensch sich zurechtfinden muss. Oder, evolutionär gesprochen: die Chance für einen Vorteil, der zu überleben hilft.

Aber warum das alles? Ist Persönlichkeit nicht zuerst und vor allem eine Charaktereigenschaft? Die Vorstellungen und Einschätzungen der eigenen Persönlichkeit bestimmen letztendlich die Qualität des Selbstwertgefühls (Wertschätzung der eigenen Person), aber auch die des Selbstbewusstseins (Wissen um die eigenen Fähigkeiten und Mängel), Qualitäten also, die mit darüber entscheiden, ob ein Leben gelingt oder nicht.

Die Entwicklung zum Selbst setzt voraus, dass ich eine der grundsätzlichen Unterteilungen in dieser Welt begriffen habe: ich und die anderen. Dieser prinzipielle Gegensatz scheint auch dem Gehirn wichtig zu sein: Beurteilungen, Planungen, Aktionen der eigenen Person werden von der linken Hirnhälfte gesteuert. Vorstellungen zum eigenen Körper und eigenen Aussehen, die immer stark emotional gefärbt sind, laufen über das limbische System in die rechte Hirnhälfte. Beurteilungen und Aktionen anderer Personen werden von der rechten Hirnhälfte geleistet. Kein Wunder, denn andere Personen werden durch die Brille des emotional beurteilenden limbischen Systems gesehen, und das hat vor allem Verbindungen mit der rechten Hirnhälfte: Der andere könnte unsympathisch oder gefährlich oder aber sympathisch und liebenswert sein.

Dass das Imitationsverhalten ebenfalls einen Anstoß zur Entwicklung des Selbst zu geben vermag, wurde auf S. 65 schon erwähnt. Denn intentionelle (beabsichtigte) Imitation kann nur mit Blick auf eine andere Person sinnvoll und effektiv sein, weil ich mir dabei meiner selbst bewusst werde: im Gelingen oder im Scheitern meiner Imitation und aus deren Konsequenzen, die für mich daraus entstehen. Bei der Darstellung des so genannten Trotzverhaltens werden wir auf S. 154–162 davon sprechen.

Stufen der Selbstwahrnehmung

Die Entwicklungsschritte zum Selbst lassen sich in drei Folgen einteilen (Dornes): eine unbewusste Selbstwahrnehmung bis etwa zum 18. Lebensmonat, dann eine bewusste Selbstwahrnehmung: Das bin ich; und ab etwa dem vierten bis fünften Lebensjahr eine selbstreflexive (s. S. 88f.) Selbstwahrnehmung.

Alle drei Formen einer Selbstwahrnehmung bleiben lebenslang aktiv. Sie müssen immer wieder neu an die sich ändernden persönlichen und von außen kommenden Lebensbedingungen angepasst werden, die das Selbst bedrohen oder stabilisieren können.

Unbewusste Selbstwahrnehmung

In den ersten Wochen ihres Lebens ist nicht davon auszugehen, dass Kinder sich als eine eigene, von anderen getrennte Person erleben. Anzunehmen ist aber, dass die Bindungserfahrungen (s. S. 95ff.) der ersten Lebensmonate ein unbewusstes, vom limbischen System bewertetes Gefühl des guten Versorgtseins und der Akzeptanz durch die Eltern oder durch die nächsten Bindungspersonen im Kind entstehen lässt. Im Wiedererkennungsgedächtnis und im Gedächtnis für Handlungsabläufe wird ein solches, eher globales Gefühl der Verlässlichkeit der Grundbedürfnisse lebenslang gespeichert sein.

Untersuchungen haben ergeben, dass Kinder sich schon in diesem sehr frühen Alter um eine gefühlsmäßige Abstimmung mit ihrer Mutter bemühen. Im ersten Lebensjahr bestimmen offenbar, neben den Bindungserfahrungen, die Bewegungserfahrungen, gespeichert im Gedächtnis für Handlungsabläufe und über die limbische Wertung, eine unbewusste Bestätigung des eigenen Selbstkonzeptes in der Art: Das habe ich gut gemacht, z. B. beim Hochziehen zum Stehen, oder: Da habe ich aber noch Schwierigkeiten, z. B. mit dem freien Sitzen. Kinder entwickeln wahrscheinlich schon sehr viel früher, als von Entwicklungsforschern angenommen wird, ein Ver-

ständnis für ihr eigenes Selbst, das nicht einfach nur als »unbewusst« bezeichnet werden kann. Bei der Darstellung des so genannten Trotzverhaltens werden wir auf S. 157f. darauf zu sprechen kommen.

Bewusste Selbstwahrnehmung

Wie lässt sich aber feststellen, wann ein Kind sich selbst erkennen kann? Mit einem fast schon genialen Trick: Kinder schauen gerne in einen Spiegel. Zunächst sind sie überzeugt, ein anderes Kind zu sehen, das sie dann hinter dem Spiegel suchen. Manche Kinder sind durch ihr Bild verunsichert, sie meiden daher vorübergehend Spiegel. Ein Tupfer roter Farbe, unbemerkt auf die Nasenspitze gesetzt, fällt Kindern zunächst nicht auf. Dann aber fangen sie an, vorsichtig an ihre Nase zu greifen und schließlich den roten Punkt abzuwischen. Sie haben sich im Spiegel bewusst selbst erkannt.

Auch hier begegnen wir wieder der großen zeitlichen Variabilität von Entwicklungsereignissen: Die ersten Kinder erkennen sich selbst mit etwa 18 Lebensmonaten, die meisten bis zum 30. Monat, die letzten um den 40. Monat (Largo). Danach erkennen sich sich auch auf Videos und Fotos. Im Alter von 20 bis 40 Monaten beginnen sie, sich mit ihren Vornamen oder mit Kurznamen zu benennen, einige Wochen später ausschließlich in der Ich-Form (Variabilität des Erwerbs, 28. bis 50. Monat, Largo). In der gleichen zeitlichen Spannbreite wird dann auch gelernt, zwischen Mein und Dein zu unterscheiden, ein offenbar schwieriger Lernprozess (s. S. 184), den Kinder sich mit Formulierungen wie »Das ist dem Andi sein Auto« statt »Das ist mein Auto!« erleichtern.

Im Alter von etwa zwei Jahren haben Kinder gelernt, frei zu gehen und sich sprachlich, wenn auch noch eingeschränkt, zu verständigen. Der Zuwachs an Möglichkeiten der Teilhabe stärkt die Selbstbewusstheit ungemein. Der Tatendrang will ausgelebt werden. Er gerät dabei aber oft in Konflikt mit den Bindungspersonen, die den Tatendrang und die oft damit verbundenen Gefahren sehen oder aus anderen, ihnen zwingend erscheinenden Gründen Grenzen setzen: Ein Trotzverhalten ist damit vorprogrammiert. Viele Autorinnen und Autoren, die über Entwicklung von Kindern schreiben, sehen im Trotzverhalten eine unerlässliche Reifungsphase. Diese Meinung kann ich nicht teilen (s. S. 154f.).

Verlegenheit und Scham

Ab etwa dem 36. Lebensmonat werden Kinder Verlegenheit, aber auch Scham zeigen, wenn sie meinen, etwas nicht richtig gemacht zu haben oder sich wider besseres Wissen an unerlaubte Aktionen gewagt haben, und dabei ertappt worden sind: Sie wissen, wo die Gummibärchen, die besonders geschätzten Bonbons, die kleinen Schokoladetäfelchen zu finden sind, und sie haben sich bedient, aber die Einwickelpapiere, die offene Dose haben sie verraten.

Damit ist klar, dass es Kindern ab diesem Alter nicht mehr gleichgültig ist, was von ihnen gehalten wird: »Wie werde ich von anderen gesehen?« Die Fähigkeit zur bewussten Selbstwahrnehmung

Dreijährige erkennen sich bewusst selbst im Spiegel, sie greifen nach einem aufgemalten roten Fleck auf ihrer Nase.

benötigt anfangs noch Bestätigungen. Fragen Sie eine Drei- oder Vierjährige (oder auch einen gleichaltrigen Jungen), die Sie gut kennen, bei einer Begrüßung: »Wer bist du denn, kenne ich dich denn schon? Aha, ich erinnere mich, du bist doch das Kathrinelchen.« Dann wird das Mädchen, das mit seinem wirklichen Namen z. B. Anne heißt, vehement und mit Entrüstung protestieren, weit über den Anlass hinaus, denn sie kennt ja den Frager, die Fragerin gut, und der muss doch wissen, wer sie ist.

Unterschiedliche Hautfarben werden im Kindergartenalter oft nicht wahrgenommen.

Aus der Antwort kann aber doch auch eine gewisse Bangigkeit und Sorge herausgehört werden: Bin ich denn wirklich die, die ich meine zu sein? Der Frager, die Fragerin hat nun die Aufgabe, dem Kind mit großer Empathie zu versichern, dass sie tatsächlich die süße Anne sei, wer denn sonst, und was überhaupt solche schlechten Späße sollen. Im Verlauf des dritten und vierten Lebensjahres ist Kindern bewusst geworden, dass sie Jungen oder Mädchen sind. Sie versuchen sich an Leitbildern, die zunächst die Eltern sind, im Verhalten und in der Kleidung zu orientieren.

Selbstreflektive Selbstwahrnehmung

Selbstreflektiertes, emotional bewertetes *Handeln* zeigen Kinder im Ansatz schon am Ende des zweiten Lebensjahres. Sie können dann bereits sehr wohl beurteilen, ob sie etwas gut oder schlecht gemacht haben, ob ihnen etwas gelungen ist oder nicht.

Der Beginn einer selbstreflektiven *Selbstwahrnehmung* wird um das vierte bis fünfte Lebensjahr angenommen, weil erst zu dieser Zeit das Lebensgedächtnis (s. S. 55ff.) voll funktionsfähig geworden ist: Alle erlebten und gelernten Erfahrungen können nun einem Selbst, einem Ich gegenübergestellt werden. Eine solche reflektierte Gegenüberstellung und Wertung geschieht nicht nur virtuell und eher unbewusst. Sie gewinnt Substanz durch die inneren Dialoge, die das Selbst mit sich führt. Dornes formuliert das so: »Mit inneren Dialogen verbringt der Mensch 90 Prozent seiner Zeit. Er ist ein mit sich selbst über sich selbst sprechendes Wesen.«

Die selbstreflektive Selbstwahrnehmung ist in den beiden letzten Jahren vor der Einschulung stark auf sich selbst und auf direkt zu beobachtende Eigenschaften bezogen: die Augenfarbe, die Haarfarbe eines anderen Kindes, verglichen mit der eigenen; Körperlänge und Körperstärke, Schnelligkeit und Geschicklichkeit des Sichbewegens beeindrucken und werden berichtet. Psychische Zustände können mitgeteilt werden: »Manchmal bin ich traurig.« – »Ich bin immer froh, schon morgens«, ebenso Vorlieben: »Ich liiiiebe Kartoffelpuffer«, »Ich liiiebe diese Unterhose mit der Mickymaus.«
Das Selbstkonzept, die Selbstwahrnehmung im Vorschulalter sind oft noch sehr viel positiver, überschätzend, als später in der Schule, wo leistungsbezogene Vergleiche die eigenen Vorstellungen von sich selbst korrigieren. »Ich bin immer der Erste.« – »Niemand ist so stark wie ich.« – »Mein Papa hat gesagt, wenn man stark werden will, muss man immer Gemüse essen und Milch trinken. Das tue ich auch.« Differenziert wird noch wenig, daher können Kinder mit unterschiedlicher Hautfarbe auch gut miteinander auskommen: »Mami, heute hatten wir im Kindergarten Besuch von anderen Kindern. Weißt du, die hatten weiße Handflächen.« Dass die Besucher eine schwarze Haut hatten, war den Kindern gar nicht aufgefallen oder keiner Extraerwähnung wert.
Am Ende der Vorschulzeit, Ende des fünften Lebensjahres, hat sich das Selbstwertgefühl so weit stabilisiert und gefestigt, dass Kindern die Einschulung zugemutet werden kann: Sie benötigen keine transitorischen Objekte mehr, Trennungsängste sind weitgehend unter Kontrolle der Selbststärke geraten, sie sind motiviert zu lernen, sie haben Lust dazu, in die Schule zu gehen, sich anzustrengen und sich der Konkurrenz anderer Kinder auszusetzen.

Anerkennung ist das A und O

Das Selbstwertgefühl in den Vorschuljahren wird nahezu ausschließlich durch die Eltern, Geschwister, nahe Verwandte und Großeltern bestimmt, positiv, aber auch negativ. Das Wissen, angenommen und geliebt zu sein, das Recht auf Teilhabe als selbstverständlich zu erleben bildet die Basis für einen realistischen und stabilen Aufbauprozess des Selbst und der Selbstwahrnehmung.
Ermunterung und Hilfe bei Schwierigkeiten und Nöten zu erfahren, aber auch Ermunterungen, etwas zu wagen, und schließlich Lob und Anerkennung nicht nur in sparsamer Dosierung wirken wie ein Aufbautonikum für das Selbstwertgefühl.
Die Wirkung lässt sich für die, die gelernt haben, in Kindergesichtern zu lesen, direkt sehen, aber auch die Enttäuschung, wenn ein Kind nicht die zuwendende, belohnende Beachtung erfährt, die es glaubt verdient zu haben. Da wirken Worte und Zuwendung mehr als alle anderen Belohnungen.
Auf keinen Fall sollten Sie sich beim Loben von Kindern an das schwäbische Sparsamkeitsprinzip halten. Es lautet, ins Hochdeutsche übersetzt: »Nichts gesagt ist schon genug gelobt.« Kinder freuen sich genauso wie auch wir, wenn sie gelobt werden. Sie werden meist viel zu wenig oder gar nicht gelobt, weil vieles vom Kind aus gesehen Lobenswerte von

uns als selbstverständlich vorausgesetzt wird. Kinder dürfen, müssten sogar reichlich gelobt werden, wenn sie ein Lob verdient haben.

Kinder haben aber auch ein feines Ohr für ein unangemessenes Lob an falscher Stelle. Wenn Sie gelernt haben, sich in die Welt der Kinder wieder einzuleben (vielleicht mithilfe dieses Buches), werden Sie das richtige Lob in richtiger Dosierung und an der richtigen Stelle anzubringen wissen. Sie werden reichlich belohnt werden, wenn Sie zuschauen, wie Ihr Lob das gestärkte Selbstwertgefühl Ihres Kindes, seine Haltung und Mimik unübersehbar verändert.

Für das Selbstwertgefühl gilt das Gleiche wie für die Nachahmung: Lebenslang ist die Balance des eigenen Selbstwertgefühls nicht leicht aufrechtzuerhalten. Manchmal geht sie sogar vorübergehend oder für immer verloren.

Theorien zur eigenen Erfahrungswelt

Menschen sind von Natur aus neugierig auf neue Erfahrungen und neue Herausforderungen. Sie versuchen aber auch, die Ursachen für bisher Unbekanntes zu verstehen und zu erklären.

Das gelingt meist, wenn auch auf sehr unterschiedlichen Ebenen: magisch-animistisch (mithilfe von Geistern, Hexen, Schamanen und Auguren, die Wolkengebilde, Windeswehen, Gewitter und andere Naturkräfte oder die Eingeweide von Opfertieren für ihre Deutungen nutzen), mit den langjährigen Lebenserfahrungen alter Menschen, mit Stammtischhypothesen oder mit wissenschaftlich begründbaren Aussagen von Forscherinnen und Forschern.

Auf einen Blick:

In der Selbstwahrnehmung formt sich das Ich

- Die Entwicklung eines Selbst, einer Ich-Struktur, ist Voraussetzung für die Entstehung der Persönlichkeit eines Menschen.
- Die Ausbildung einer individuellen Persönlichkeit ist, evolutionär gesehen, eine Chance zur Anpassung an die Bedingungen der Umwelt, in der ein Kind, ein Mensch sich zurechtfinden muss, wenn er überleben will.
- Die Entwicklung eines Selbst setzt voraus, dass eine grundsätzliche Unterteilung begriffen worden ist: ich und die anderen.
- Nach diesem Prinzip arbeitet auch das Gehirn: Beurteilungen, Planungen, Aktionen der eigenen Person werden von der linken Hirnhälfte gesteuert, Vorstellungen vom eigenen Körper, von der eigenen Persönlichkeit werden von der rechten Hirnhälfte geleistet.
- Die Entwicklungsschritte zum Selbst verlaufen in drei Phasen:
    1. Unbewusste Selbstwahrnehmung (null bis etwa 18 Monate),
    2. Bewusste Selbstwahrnehmung: Das bin ich! (18. Monat bis etwa 5. Lebensjahr),
    3. Selbstreflektierte Selbstwahrnehmung, die lebenslang aktiv bleibt.

Alle Erklärungsversuche können auch als Theorie- oder Hypothesenbildungen verstanden werden, mit denen eine Einordnung neuer Erfahrungen in einen vorgegebenen Erfahrungs- und Lebensrahmen gelingen sollte. Die Zuordnung neuer Erfahrung ist daher immer auch von dem jeweiligen Wissensstand einer Person abhängig.

Kinder verfahren nicht anders. Das ist nicht weiter verwunderlich. Sehr viel mehr verwundert jedoch, wie früh schon Kinder mit neuen Erfahrungen und mit Theoriebildungen zu arbeiten wissen. Vom ersten Tag ihres Lebens an vergleichen sie alles, was sie mit ihren Sinnesorganen aufnehmen, mit den Erfahrungen, die sie bereits in ihrem *Wiedererkennungsgedächtnis* als so genannte *Repräsentationen* (s. S. 48f.) gespeichert haben. Neue Erfahrungen versuchen sie zunächst mit den bereits vorhandenen Repräsentationen zu verknüpfen, sie dort anzudocken. Gelingt dies nicht, weil nichts vorhanden ist, und *wiederholen* sich die neuen Erfahrungen, wird eine neue Kategorie von Repräsentationen eingerichtet.

Von besonderer Bedeutung sind Änderungen in der direkten Umwelt des Kindes, die wahrgenommen werden und »erklärungsbedürftig« sind. Sabina Pauen, eine deutsche Entwicklungsforscherin, die vor allem die kognitive Entwicklung sehr junger Babys untersucht, hat dieses angeborene Suchen nach Ursachen und Wirkungen einen *kausalen Bias* genannt, den Drang, nach kausalen Zusammenhängen zu suchen, womit immer auch der Versuch verbunden ist, ein Erklärungsmodell, eine Theorie zu finden, die das neu Erlebte *erklären* könnte.

INFORMATION

→ In ausgeklügelten Versuchen mit Kindern im ersten Lebenshalbjahr, deren auf Aktionen und Gegenstände gerichtete Aufmerksamkeit sie untersuchte, fand Sabina Pauen heraus, dass Kinder schon in diesem sehr frühen Alter besonders auf *Bewegungen* achten. Sie lernen schnell zu unterscheiden, ob etwas, das sie sehen, sich selbst bewegt, oder ob es von außen angestoßen wurde, bevor es sich in Bewegung setzte. Bewegt sich ein Gegenstand selbst, wird er sich unberechenbar bewegen. Ist der Gegenstand in Bewegung gesetzt worden, wird er sich berechenbar, nach den Gesetzen der Physik bewegen.

Verblüfft fragen wir uns, weshalb wenige Monate alte Babys gerade Bewegungen unterscheiden müssen, die voraussagbar oder nicht voraussagbar verlaufen (s. Kasten oben).

Die Frage macht Sinn, wenn wir uns vorstellen, welchen Gefahren Menschen im Verlauf der Evolution ausgesetzt waren. Unberechenbare Bewegungen sind nur von lebendigen Wesen, also von Tieren und Menschen, zu erwarten, berechenbare Bewegungen nur von leblosen Gegenständen, die bewegt werden müssen. Prinzipiell droht von unberechenbaren Bewegungen Gefahr für Leib und Leben durch Raubtiere, Schlangen, Affen, Greifvögel, aber auch durch Menschen, um nur einige solcher Gefahrenquellen zu nennen.

Unberechenbare Bewegungen schon sehr früh zu erkennen und sie mit der Repräsentation »Lebewesen« zu verbinden war offenbar ein entscheidender Vorteil, der Menschen bis heute half zu überleben. In diesem Zusammenhang ist es interessant, dass Blätter von Büschen und Bäumen, die sich im Wind bewegen, eine besondere Faszination auf Babys ausüben. Sie können sich über lange Zeit darauf konzentrieren, dem Bewegungsspiel zuzuschauen, sie scheinen geradezu davon gefesselt, fast hypnotisiert zu sein. Angstreaktionen, die auch erwartet werden könnten, zeigen sie dabei jedoch nicht. Hypothesenbildungen und Erklärungsmodelle werden generell für alle neuen

Erfahrungen gebildet. Sie geben letztendlich auch den Anstoß zu einem gelernten Anpassungsverhalten an die Umweltbedingungen, in denen ein Kind aufwächst (s. S. 34–36 und S. 65).

Beispiele: Hypothesenbildungen, Erfahrung und Vorwissen

Einige Beispiele sollen die Qualitäten einer *altersabhängigen* Hypothesenbildung demonstrieren, die oft nur als komische und witzige Kleinkinderfantasien abgetan werden. Für Kinder sind sie jedoch ernsthafte und ernst zu nehmende, kognitive Leistungen.

Alle neuen Eindrücke werden am Bekannten gemessen. Kein Wunder, dass ein Kind meint: »Die Berge müssen repariert werden!«

Kai beobachtete schon von früh an sehr genau, was sein Vater als Haushandwerker so zu tun hatte. Schon mit 18 Monaten konnte er einen kleinen Schraubenzieher mit perfektem Griff in die Hand nehmen und ihn in den Schraubenkopf einsetzen. Er war auch imstande, die korrekten Drehbewegungen auszuführen, ohne allerdings die Schraube zu bewegen, dazu reichte die Kraft noch nicht. Eine solche Handgeschicklichkeit ist in diesem Alter ganz ungewöhnlich, übrigens ein Beispiel für ein perfektes Nachahmungsverhalten! Das Wort »reparieren«, das ihn offensichtlich in der Alltagssprache seines Vaters beeindruckte (limbisch für ihn positiv gefärbt!), war eines der ersten Worte, die er richtig aussprechen konnte.

Mit knapp drei Jahren nahmen seine Großeltern ihn in ein Ferienhaus in Norditalien mit. Das war für ihn kein Problem, da er schon oft bei den Großeltern übernachtet hatte. Er saß im Auto hinten in seinem Kindersitz, mit sich und der Welt ganz zufrieden. Als die Alpen in Sicht kamen, wurde er unruhig, und plötzlich brach es aus ihm heraus: »Die Berge müssen repariert werden!!« Zunächst Verblüffung bei den Großeltern über diesen typisch »kindlichen«, amüsanten und doch rätselhaften Einfall. Dann aber: Was hat er da gerade gesagt? Reparieren? Zu Hause in einer Landschaft mit gerundeten, wenig hohen Hügeln und kleinen Bergen mussten Kai die zackigen Berge sehr »kaputt« vorkommen, als ob sie dringend einer Reparatur bedurften. Er versuchte, die für ihn überwältigende neue Erfahrung der kaputten

Frühe Theoriebildung: Das ist eine Mutterschnecke mit Babyschnecke im Bauch.

Berge mit einer Theorie und mit einer bereits vorhandenen *Repräsentation* zu verknüpfen.

Bei dieser Fahrt quer durch die Alpen bestaunte er auch erstmals Wasserfälle, die sich über die senkrecht abfallenden Berge ins Tal hinabstürzten. Die Erklärung seiner Großeltern, dies seien Wasserfälle, akzeptierte er sofort, nannte sie in den nächsten Tagen und Wochen jedoch nur »Wasser*um*fälle«. Die Großeltern dachten zuerst, er habe das Wort nicht richtig verstanden. Er bestand aber auf »Wasserumfälle«. Warum? Kai versuchte, die Wasserfälle mit dem Umfallen eines gefüllten Wasserglases zu vergleichen und mit dem Wasser, das sich über den Rand des Tisches auf den Boden ergießt. Eine Erfahrung, die er bereits gemacht hatte.

Vier weitere Beispiele
Die folgenden weiteren Beispiele zeigen die Versuche von Kindern, neue Erfahrungen mit einer Theoriebildung an bereits gespeicherte und daher bekannte

Erfahrungen zu verknüpfen. Sie gehen, ebenso wie Erwachsene, von dem aus, was sie bereits wissen und kennen, und bemühen sich, unbekannte Phänomene unter diese Voraussetzungen richtig einzuordnen.

◆ Rita, dreieinhalb Jahre alt, findet im Garten ein leeres Schneckenhaus, in dem ein kleineres Schneckenhaus steckt (s. Foto auf S. 93). Spontan kommentiert die aufgeklärte Rita den Fund: »Eine Mutterschnecke und eine Babyschnecke, die noch im Bauch steckt.«

◆ Ulla, eine Vierjährige, die sich über vieles, was sie erlebt, bis heute ihre eigenen Gedanken macht, wird von ihrer Mutter in ein Kunstmuseum mitgenommen. Dort ist eine nackte griechische Männerstatue zu betrachten. Entrüstet kommentiert sie diese ihr bisher unvorstellbare Erfahrung des Nackten in der Öffentlichkeit mit den Worten: »Der Mann hat sich aber heute Morgen gar nicht lieb von seiner Mutter anziehen lassen.«

◆ Die *Ritter-Sport-Schokolade* ist bekannt. Dort, wo sie hergestellt wird, gibt es neuerdings ein Kunst- und Schokoladen-Museum. Florian, ein Freund guter Schokolade, vier Jahre alt, der sich gerade sehr mit Rittern identifiziert, bemerkt beim Besuch des Museums: »Ich bin froh, dass die Ritter auch schon Schokolade essen konnten.«

◆ Meret, dreieinhalb Jahre alt, betrachtet seit einiger Zeit ihren geliebten Opa Wolfgang, genannt Wolf, zu dem ein nicht zu übersehender Bauch gehört, mit Nachdenklichkeit, wenn nicht mit Sorge. Schließlich kann sie ihre Beunruhigung nicht länger für sich behalten: »Dem Opa Wolf muss der Bauch aufgeschnitten werden, damit die Großmutter (des Märchens vom Rotkäppchen) wieder herauskann.«

Auf einen Blick:

Erklärungsmodelle und Theoriebildungen

◆ Erklärungsmodelle und Theoriebildungen ermöglichen Babys und Kindern schon sehr früh, neue Erfahrungen mit bereits gespeicherten Erfahrungen (Repräsentationen) sinnvoll in den zuständigen Gedächtnissen zu verknüpfen und zu speichern.

◆ Können neue und lebensrelevante Erfahrungen nicht an bereits vorhandene Repräsentationen angebunden werden, müssen neue Repräsentationen in den Gedächtnissen eingerichtet werden. In der Sprache der EDV würde das bedeuten, eine neue Datei zu eröffnen.

◆ Eine der ersten »Dateien«, die im *Wiedererkennungsgedächtnis* eingerichtet wird, ist die Unterscheidung zwischen nicht voraussagbaren und voraussagbaren Bewegungsabläufen. Sie ermöglicht die Unterscheidung von lebendigen und nicht lebendigen »Gegenständen«, eine Unterscheidung, die offenbar evolutionär für das Überleben des Menschen bis heute eine bedeutsame Rolle spielt.

Bindung und Bindungsverhalten

Menschen gehören zu den in ihrer sozialen Kompetenz am höchsten entwickelten Wesen dieser Erde – wie Elefanten auch. Beide haben ein kompliziertes soziales Bindungsverhalten entwickelt, und beide erreichen ein vergleichsweise hohes Lebensalter, wohl wegen der sehr spät einsetzenden Pubertät. Beide haben nur wenige »Kinder«, in deren Aufzucht eine aufwändige Fürsorge investiert werden muss. Schließlich sind enge »persönliche« Bindungen an einige Bindungspersonen bzw. Bindungstiere für Menschen und Elefanten eine Voraussetzung dafür, dass das notwendige, komplizierte soziale und emotionale Repertoire gelernt und praktiziert werden kann, von dem das Leben und Überleben abhängen. Ohne dieses Bindungsverhalten wäre kein menschliches Zusammenleben möglich, die Menschheit wäre längst ausgestorben.

Wilhelm Busch, lebenslang Junggeselle, wusste Babyverhalten korrekt zu deuten.

Warum Menschen Bindungen brauchen

Kinder sind genetisch dazu angelegt und darauf vorbereitet, eine emotionale Bindung zu einigen engen Bindungspersonen, wie wir sie nennen wollen, einzugehen. Neugeborene und Babys sind darauf angewiesen, bedingungslos akzeptiert zu werden, damit sie so lange überleben, bis sie sich selbst versorgen können. Grundlegende Forschungen zum Bindungsverhalten von Babys und Kleinkindern wurden in den 60er-Jahren von John Bowlby ausgeführt, s. Kasten auf S. 98. Auch andere Autoren haben die notwendigen Voraussetzungen für Kinder zu Beginn ihres Lebens betont, mit den bekannten Schlagworten, wie *Urvertrauen*, *sichere Basis* oder der Sicherung der *basic need* (Grundversorgung). Wilhelm Busch hat das Urvertrauen auf seine Art auf den Punkt gebracht:
»Früh zeigt er seine Energie,
indem er ausdermaßen schrie,
denn früh belehrt ihn die Erfahrung,
sobald er schrie, bekam er Nahrung.
Dann lutscht er emsig und behände,
bis dass die Flüssigkeit zu Ende.«

Bindungsverhalten

Für das Entstehen einer sicheren stabilen Bindung sind notwendig:

- Erfüllung der Lebensnotwendigkeiten, wie Nahrung, Pflege, Versorgtsein, Akzeptanz,
- Zuwendung, liebevolle Ansprache und »Dialoge«, die das Angenommensein vermitteln,
- häufige und bestätigende Rückversicherungen wie Berühren, Anlächeln, Küsschen,
- keine über- oder unterfordernde Zuwendung und Beschäftigung mit dem oder für das Kind,
- eine dem Aufnahmevermögen des Kindes angemessene Zuwendung und Pflege (s. S. 98),
- angemessenes Eingehen und Reagieren auf Aufforderungen des Kindes zur Kontaktaufnahme.

Die Entstehung eines Bindungsverhaltens beginnt mit der Akzeptanz des Kindes durch die Mutter (Bluffer Hrdy). Die Bindung erfolgt beiderseits emotional, also über die limbischen Systeme (s. S. 41–44). Das Bindungsverhalten stabilisiert sich zunächst bis zum Ende des ersten Lebensjahres, entwickelt sich aber weiter bis zum vierten, fünften Lebensjahr.

Dann aber muss, um die Entwicklung des Selbst nicht zu gefährden, eine teilweise Ablösung des Bindungsverhaltens erfolgen, bei erhaltener Bindungsfähigkeit! Lesen Sie dazu auch S. 100 und S. 204f.

Auch auf diese Problematik werden wir noch einmal zurückkommen müssen, denn: Kinder müssen lernen, selbst bindungsfähig zu bleiben, von anderen sozial abhängig zu sein und trotzdem darüber hinaus eine selbstständige Identität und eine eigene Individualität zu entwickeln.

Eine schwierige Aufgabe für alle Beteiligten und ein kompliziertes Geschehen, eine zwiespältige Gabe der Evolution. Denn diese komplexen Voraussetzungen tragen in sich auch den Keim des weniger guten Gelingens und des Misslingens. Denn Kinder und Eltern wollen auch miteinander verbunden bleiben.

Nicht nur am Anfang wichtig

Das Bindungsverhalten steuert zunächst einmal nur die notwendige Bindung von Babys und Kleinkindern, um deren Überleben zu sichern. Ein gelungenes und stabiles Bindungsverhalten ist jedoch auch Voraussetzung für den Aufbau einer Reihe weiterer Entwicklungsziele:

- die Fähigkeit, im weiteren Leben selbst nahe Bindungen eingehen und stabil halten zu können,
- Entwicklung von Selbstwertgefühl und Selbstbewusstsein,
- Entstehung eines Neugier- und Explorationsverhaltens unter dem Schutz und mit dem Wissen um ein sicheres Gebundensein,
- Entwicklung der Motivation und des Antriebs, sich motorisch und geistig weiterzuentwickeln, Handfertigkeiten zu erlernen, Kontakte zu anderen Menschen, zu Kindern aufzunehmen,
- Entwicklung der Fähigkeit, die eigenen Emotionen und die anderer zu verstehen und sie in ihrer Bedeutung einzuschätzen (empathiefähig zu werden).

Sicheres und unsicheres Bindungsverhalten

Forschungen haben gezeigt, welche Eigenschaften ein sicheres bzw. ein un-sicher-ambivalentes Bindungsverhalten charakterisieren.

Kinder mit sicherem Bindungsverhalten ertragen die kurzfristige Trennung von ihren Müttern mit mehr oder weniger ausgeprägten Trennungsprotesten, das Spiel wird unterbrochen, die Kinder suchen nach den Müttern. Kehren die Mütter zurück, begrüßen die Kinder sie begeistert und erleichtert, suchen Körperkontakt, beruhigen sich rasch und spielen weiter.

Kinder mit unsicher-ambivalentem Bindungsverhalten protestieren dagegen heftig, gelegentlich extrem, wenn die Mütter verschwinden möchten, klammern sich an sie, panikartiges Weinen. Kehren die Mütter zurück, klammern sie sich wieder an sie, weinen wieder panikartig und verhalten sich häufig aggressiv, bestrafen also die Mütter für ihr Weggehen. Sie beruhigen sich nur schwer und kehren auch nicht wieder zu ihrem Spiel zurück.

Auch Kinder, die sich ganz unauffällig entwickeln, zeigen immer wieder einmal Phasen und Übergänge eines unsicheren und ambivalenten Bindungsverhaltens. Darauf wird im Abschnitt über Trennungsverhalten (s. S. 128f. und S. 141f.) noch einmal näher eingegangen.

INFORMATION

→ Mary Ainsworth, eine Mitarbeiterin von John Bowlby (s. Kasten auf S. 98), entwickelte Testsituationen, mit denen die Qualität des Bindungsverhaltens eines Kindes im Alter von etwa zwölf bis 18 Monaten festgestellt werden kann, wenn in einem experimentellen Setting eine kurzfristige Trennung von der Bindungsperson erfolgt. Die Mutter verlässt zweimal den Raum, in dem ihr Kind zunächst gespielt hat, für drei Minuten, während eine fremde Person bei dem Kind bleibt. Deswegen wird der Test auch *fremde Situation* genannt. Ähnliche Bedingungen wie im Test lassen sich auch in Situationen des täglichen Lebens erzeugen.

Bindungspersonen

Bindungspersonen entwickeln eine besondere Feinfühligkeit für die Bedürfnisse ihres Babys. Sie stellen sich prompt auf das Temperament des Kindes ein. Sie verwenden ein dem Baby und seiner Aufnahmefähigkeit präzise angemessenes Sprachverhalten: langsam, betont, wiederholend und mit hoher Stimmlage. Solches Verhalten Babys gegenüber ist angeboren: Kinder, Jugendliche, Erwachsene, auch solche ohne Erfahrungen mit Babys, alte Menschen, Männer und Frauen gleichermaßen, sie alle werden einem Baby, wenn sie sich denn darauf einlassen, dieselben Verhaltensmuster bieten. Sie werden die Augenbrauen anheben und ihr Gesicht frontal in den Blickwinkel des Kindes zu bringen versuchen, und sie werden sich so verhalten, als sei das Baby bereits fähig, mit ihnen ein Gespräch, einen Dialog, ein Zwiegespräch zu beginnen.

Die Annahme ist richtig. Schon bald nach der Geburt wird ein waches Baby seine Bindungspersonen anschauen und den Blick bewusst auf Gesicht und Mund richten. Die Mimik und kleine Kopfbewegungen ahmen bereits eine Art von Dialog nach, einen Dialog ohne Sprache, vielleicht mit einigen noch wenig differenzierten Kehllauten, aber nichtsdestotrotz einen hingebungsvollen Dialog. Bindungspersonen nehmen die notwendigen Manipulationen an einem Baby vorsichtig und sanft vor und respektieren seine Bedürfnisse. Sie schützen das Baby auch vor einem Übermaß an Zuwendung und Überforderung durch zu viele

Angebote. Das Baby ist von Anfang an fähig, eigentlich unmissverständlich zu signalisieren, wenn es ihm zu viel an Zuwendung wird: Es wendet den Kopf, das Gesicht ab (s. Foto auf S. 127) – eine Geste, die nicht immer beachtet wird und manchmal nur weitere Versuche auslöst, den Dialog zurückzugewinnen.

Mütter und andere Personen

Bindungsperson ist in aller Regel und zuallererst die Mutter. Sie wird es jedoch selten ganz alleine sein, da Menschen im Verlauf ihrer Evolution immer in kleineren oder größeren familiären Verbänden gelebt haben. Geschwister der Mutter oder des Kindes, Tanten, Nichten, Großmütter können zu den wichtigsten Bindungspersonen für ein Kind werden. Die Zahl der Bindungspersonen mag für unsere Vorstellungen zu groß ein. Ein Kind kommt jedoch gut damit zurecht, wenn eine Bedingung erfüllt ist: Alle Bindungspersonen müssen ihm dauerhaft bekannt sein. Sie werden vom Kind mit Augen und Ohren als dazugehörig wahrgenommen, auch wenn sie nicht direkt in seine Pflege eingebunden sind. Auch Männer eignen sich gut als Bindungspersonen, wenn es die Notwendigkeit gebietet oder wenn sie sich dazu aufgerufen fühlen.

Beispiel: nachgeholte Bindung

Die italienische Journalistin Franca Magnani wurde als Baby bei ihren Großeltern zurückgelassen, weil die Familie nach Frankreich emigrierte. Sie schreibt in ihrem Buch *Eine italienische Familie*: »Die ›Mama‹ war etwas Unwirkliches. Alle meine kleinen Freunde in Todi hatten eine Mama, nur ich nicht. Dafür

INFORMATION

➔ John Bowlby, ein britischer Psychiater, hat in den 60er-Jahren des letzten Jahrhunderts erstmals auf die *Notwendigkeit* eines Bindungsverhaltens von Kindern in den ersten beiden Lebensjahren an vertraute Bindungspersonen, in aller Regel sind es die Mütter, hingewiesen. Er nannte ein solches Verhalten *Attachment*. Bindung ist für ihn der erfüllte Anspruch eines Kindes diesen Alters, sich prinzipiell sicher, versorgt, akzeptiert und geliebt zu wissen. Bowlby legte aber auch Wert auf die Feststellung, dass jeder Mensch jeden Alters menschliche Nähe sucht, wenn er alarmiert, angstbesetzt, müde oder unguten Gefühlen ausgesetzt ist. Bindung und Bindungsverhalten sind daher keineswegs nur an die frühe Kindheit gebunden.

hatte ich Opa Chino. Ich hätte ihn für keine Mama der Welt hergegeben. Ich hatte einen Großvater für mich alleine.« Dem Kind wurde dann doch noch erlaubt, das Land zu verlassen, der Großvater brachte es selbst mit der Bahn nach Marseille. »Der Großvater und ich gingen zum Ausgang hin, als eine Dame, die einen großen braunen Fuchs um den Hals trug, sich plötzlich durch die Menge drängte, auf mich zustürzte, mich krampfhaft an die Brust drückte und küsste. Ich war entsetzt. ›Der Wolf, der Wolf …‹, schrie ich und strampelte mit den Beinen und versuchte, mich aus der Umarmung zu befreien, die so unerwartet wie heftig war. Die Dame hatte mit dem Fuchskopf mein Gesicht berührt, und der gläserne Blick der Bestie hatte mein Auge gestreift. Dank meiner Schreie lockerte die Frau ihren Klammergriff, ich warf mich fluchtartig dem Großvater in die Arme und erfuhr dort, dass sie ›meine Mama‹ sei.«

Kinder besitzen eine große Fähigkeit zur Anpassung. Auch Franca Magnani gewöhnte sich an ihre »Mama« und fand eine verlässliche Bindung zu ihr, allerdings zunächst über das größere Vertrauen zu ihrem Vater. Die enge Bindung an ihren Großvater blieb bestehen.

Limbisches System und Bindungsverhalten

Das Bindungsverhalten wird weitgehend vom limbischen System gesteuert. Ein gelungenes Bindungsverhalten belohnt das Gehirn mit der Ausschüttung einer kräftigen Portion von »Glückshormonen«, und das bei beiden, bei der Mutter und beim Kind!

Daraus entsteht eine *gegenseitige*, dramatische und höchst beglückende Bestätigung des Selbstwertgefühls, das wiederum die Bereitschaft entflammt, sich mit einer Welt voller Schwierigkeiten auseinanderzusetzen. Denn Kleinkinder sind schon immer – und in den fünf Millionen Jahren der Evolution schon allemal – eine große Herausforderung gewesen, da sie immer getragen werden mussten, in den Zeiten der Jäger und Sammler ein Problem der Evolution, an das selten gedacht wird. Denn tragen lässt sich immer nur *ein* Kind. Und was geschah, wenn ein nächstes Kind geboren wurde, bevor das ältere Kind selbst gehen konnte? Darüber kann in dem Buch von Sarah Bluffer Hrdy mit dem Titel *Mutter Natur* nachgelesen werden. Unter diesem Aspekt könnte auch argumentiert werden: Die Evolution musste sich einen sehr raffinierten Trick mit der Ausschüttung von »Glückshormonen« einfallen lassen, denn sie machen Lust auf die Weitergabe des Lebens und Mut zu weiteren Nachkommen: eine Sicherung der Weitergabe und des Weiterbestehens menschlichen Lebens.

Die rechte Hirnhälfte

In den ersten drei Lebensjahren regiert die rechte Hirnhälfte, also die Emotion, nahezu ausschließlich das Verhalten eines Kindes. Die rechte Hirnhälfte ist in dieser Zeitspanne die dominante Hirnhälfte. Kinder benötigen das emotionsgesteuerte, rechtshirnig betonte Verhalten ihrer Mütter, ihrer Bindungspersonen, als eine Art Schablone für ihren eigenen, individuellen Aufbau ihrer emotional betonten rechten Hirnhälfte. Sie beeinflussen sich in dieser Zeit gegenseitig hochgradig und intensiv.

Verständlich wird aber auch, dass bei Kindern und Müttern, die aus den verschiedensten Ursachen nicht zu solch einem Miteinander fähig sind, Spuren eines nicht gelungenen Bindungsverhaltens im limbischen neuronalen Netzwerk des Kindes zu finden sein werden. Wahrscheinlich ist es kein Zufall, dass Kinder reif für den Kindergarten sind, wenn die linke Hirnhälfte dominant zu werden beginnt.

In den letzten Jahren wird immer wieder die Qualität der Bindung und des Bindungsverhaltens als entscheidender Faktor für die emotionale Stabilität im weiteren Lebensverlauf debattiert. Eine sichere Bindung sei eine Voraussetzung für das Gelingen des ganzen weiteren Lebens. Eine unsichere, ambivalente Bindung sei für das weitere Leben dagegen eine Risikobelastung.

Abgesehen davon, dass es für solche direkten Zusammenhänge keine wirklich stichhaltigen Belege gibt, sind sie auch mit der lebenslangen und überragenden Fähigkeit des Menschen zu adaptivem Verhalten nicht in Einklang zu bringen. Aus der engen Bindung, wie sie Bowlby und Mary Ainsworth beschrieben haben, entsteht nach Karin und Klaus Grossmann, die die Arbeiten von Bowlby und Ainsworth in Deutschland weitergeführt haben, bis zum Ende des Vorschulalters eine *partnerschaftliche Bindung*: die Fähigkeit, neue Bindungen eingehen zu können, ohne die vorausgegangenen aufzugeben. Bindungsveränderungen gelingen nicht immer. Söhne können sich gelegentlich nicht wirklich von ihren Müttern lösen, Töchter nicht von ihren Vätern. Darauf näher einzugehen ist jedoch nicht Thema dieses Buches.

Karin und Klaus Grossmann haben mit ihren Untersuchungen allerdings gezeigt, dass Kinder im Alter von sechs Jahren, mit einem sicheren Bindungsverhalten in den ersten beiden Lebensjahren, tendenziell offener über ihre Gefühle sprechen konnten, konstruktiver an Aufgaben herangingen und Hilfsangebote anderer besser akzeptieren konnten. Solche Daten sagen jedoch nur tendenziell etwas über die späteren Fähigkeiten aus, unvermeidliche Lebensschwierigkeiten zu meistern oder an ihnen zu scheitern.

»Glückshormone« für Mutter und Kind festigen die Bindung aneinander.

Auf einen Blick:

Bindung und Bindungsverhalten

◆ Menschen gehören zu den Lebewesen mit der höchsten sozialen Kompetenz.

◆ Menschen benötigen zum Überleben soziale Strukturen, deren Regeln gelernt werden müssen.

◆ Voraussetzung für ein Leben in sozialen Strukturen, wie immer sie auch sein mögen, ist die Erfahrung von sicherem und stabilem Bindungsverhalten.

◆ Ein stabiles Bindungsverhalten sichert auch das Überleben in den ersten Lebensjahren.

◆ Kinder sind vom ersten Tag ihres Lebens an vorbereitet und angelegt, eine enge emotionale Bindung mit der Mutter, mit einigen Bindungspersonen einzugehen.

◆ Bindung ist der erfüllte Anspruch eines Kindes, sich sicher, versorgt und geliebt zu wissen.

◆ Bindungspersonen bedienen sich bestimmter angeborener Verhaltensschemata, die es erlauben, der begrenzten Aufnahmefähigkeit von Babys gerecht zu werden.

◆ Das Bindungsverhalten von Kind und Mutter bzw. Bindungsperson wird durch das limbische System gesteuert. Beider limbische Systeme stellen sich aufeinander ein und stimmen sich sehr präzise im Zusammenspiel miteinander ab.

◆ Das Bindungsverhalten steuert zunächst einmal nur die notwendige Bindung von Babys und Kleinkindern, um deren Überleben zu sichern.

◆ Ein sicheres und stabiles Bindungsverhalten ist aber auch Voraussetzung für die Entwicklung sozialer und emotionaler Kompetenz, für die Entstehung von Neugierde und Motivation, zu lernen und nachzuahmen, im Schutz und mit der Hilfe von Bindungspersonen. Damit gewinnt ein Kind Selbstwertbewusstheit und Selbstbewusstsein.

◆ Dass eine sichere und stabile Bindung in den ersten beiden Lebensjahren eine unerlässliche Basis ist für das Gelingen des weiteren Lebens, wird zwar oft behauptet, ist aber nicht bewiesen und in solch direktem Zusammenhang eher unwahrscheinlich.

Was den Aufbau von Bindungsverhalten stören kann

◆ Plötzliche Änderungen der gewohnten Umwelt, der gewohnten und vertrauten Tagesabläufe ohne die Bindungsperson(en),

◆ Verlust der Zuwendung und Verfügbarkeit der Bindungsperson(en),

◆ häufiger Wechsel der Bindungspersonen,

◆ psychisch kranke Mütter oder Bindungspersonen,

◆ Kinder, die aufgrund einer angeborenen Behinderung nicht auf das Bindungsangebot ihrer Mütter, ihrer Bindungspersonen einzugehen vermögen,

◆ Schmerzen, angstbesetzte Erfahrungen, bei denen Bindungspersonen das Geschehen zuließen, nicht verhinderten oder deren Existenz sie nicht erkennen konnten (s. S. 95),

◆ kontinuierliches, angstbesetztes, ambivalentes Verhalten einer Bindungsperson,

◆ Verlust, Wegnahme so genannter *transitorischer* Gegenstände (s. S. 130f.) zu einer Zeit, in der sie noch benötigt werden,

◆ Geschwister und deren Konkurrenz um Bindungspersonen.

→ In Kürze

Verständnis und Gelingen einer individuellen Entwicklung

Lesen Sie hier eine knappe Zusammenfassung des Kapitelinhalts.

→ Die Entwicklung des Selbst

Die Entwicklung des »Selbst«, der Selbstbewusstheit (nicht zu verwechseln mit Selbstbewusstsein), der Meinung von und über sich selbst, verläuft in drei Entwicklungsschritten, denen eine große individuelle Variabilität eigen ist.

Von Geburt an entwickelt sich eine eher unbewusste Selbstwahrnehmung. Die unbewusste Selbstwahrnehmung verläuft

Sehen und Tasten leiten erste Sachinformationen in die linke Hirnhälfte.

unterschwellig lebenslang weiter, geht aber um das dritte Lebenshalbjahr in eine bewusste Selbstwahrnehmung über. Die ersten Kinder erkennen sich selbst in einem Spiegel mit etwa 18 Monaten, die meisten bis zum 30., die letzten um den 40. Lebensmonat.

Die Ich-Form haben alle Kinder bis zum 50. Lebensmonat erreicht. Viele schon Monate früher. Etwa zur gleichen Zeit beginnen Kinder, sich über sich selbst Gedanken zu machen, sie sind selbstreflektierend geworden. Sie haben gelernt, sich selbst zu beurteilen, ob sie etwas gut oder weniger gut gemacht haben, ob ihnen etwas gelungen ist oder nicht. In dieser Phase der Ich-Entwicklung benötigen Kinder gerechtfertigtes Lob und Anerkennung zur Stabilisierung ihrer noch instabilen Selbstbewusstheit.

→ Theoriebildungen zur eigenen Erfahrungswelt

Die Suche nach Ursachen und Wirkungen ist Kindern und Menschen angeboren. Nach »Erklärungstheorien« suchen schon Babys bald nach der Geburt. Zunächst werden sie immer versuchen, eine neue Erfahrung an bereits gemachte Erfahrungen anzudocken, bevor eine neue »Erfahrungskategorie« im Gehirn und in einem der Gedächtnisse eingerichtet wird.

Eine der frühesten und wichtigsten Unterscheidungen, die schon Babys im ersten Lebenshalbjahr treffen können, ist, ob ein »Gegenstand« sich selbst bewegt, damit also ein Lebewesen sein muss, oder ob er bewegt wird, also nicht belebt ist.

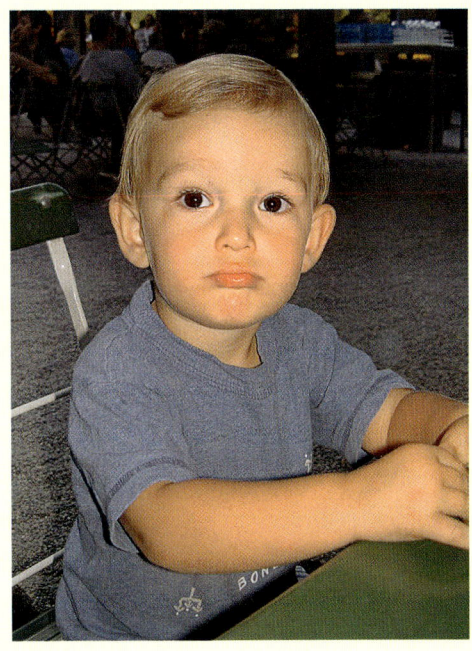

Eine sichere Bindung schafft Selbstbewusstheit.

Bindung und Bindungsverhalten

Kinder sind genetisch darauf vorbereitet, mit anderen Menschen eine emotionale Bindung einzugehen. Sie sind, um überleben zu können, darauf angewiesen, von ihren engsten Bindungspersonen (in aller Regel ihren Müttern) bedingungslos akzeptiert und angenommen zu werden, bis sie sich selbst versorgen können.

Bindungspersonen – und nicht nur sie – verfügen über ein angeborenes Repertoire von Verhaltensmustern, eine besondere Feinfühligkeit, abgestimmt auf die Bedürfnisse von Babys. Das Erleben, sicher gebunden zu sein, ist Voraussetzung für das Entstehen eines Selbstbewusstseins, Zutrauens zu sich selbst, für

die Motivation, Neues zu erkunden und zu wagen, und für die Fähigkeit, später selbst enge Bindungen eingehen zu können.

Die enge und ausschließliche Beziehung zu Bindungspersonen muss sich lockern und ändern, wenn ein Kind eine eigene Persönlichkeit entwickeln soll, ohne dass die Bindungsfähigkeit als solche verloren geht. Das geschieht zwischen dem vierten und dem sechsten Lebensjahr. Die frühkindliche Bindung verändert sich zu einer partnerschaftlichen Bindung.

Das erste Lebenshalbjahr: 1. bis 6. Lebensmonat

Vergessen Sie das Wort vom »leeren Gehirn«, das angeblich erst nach der Geburt Ihres Kindes langsam zu arbeiten beginnen würde. Schon vorgeburtlich ist das Gehirn Ihres Kindes höchst aktiv gewesen. Brillant und effizient fährt es gleich nach der Geburt mit seiner Informationsverarbeitung fort, um am menschlichen Leben teilnehmen und teilhaben zu können: Denn dazu wurde Ihr Kind geboren.

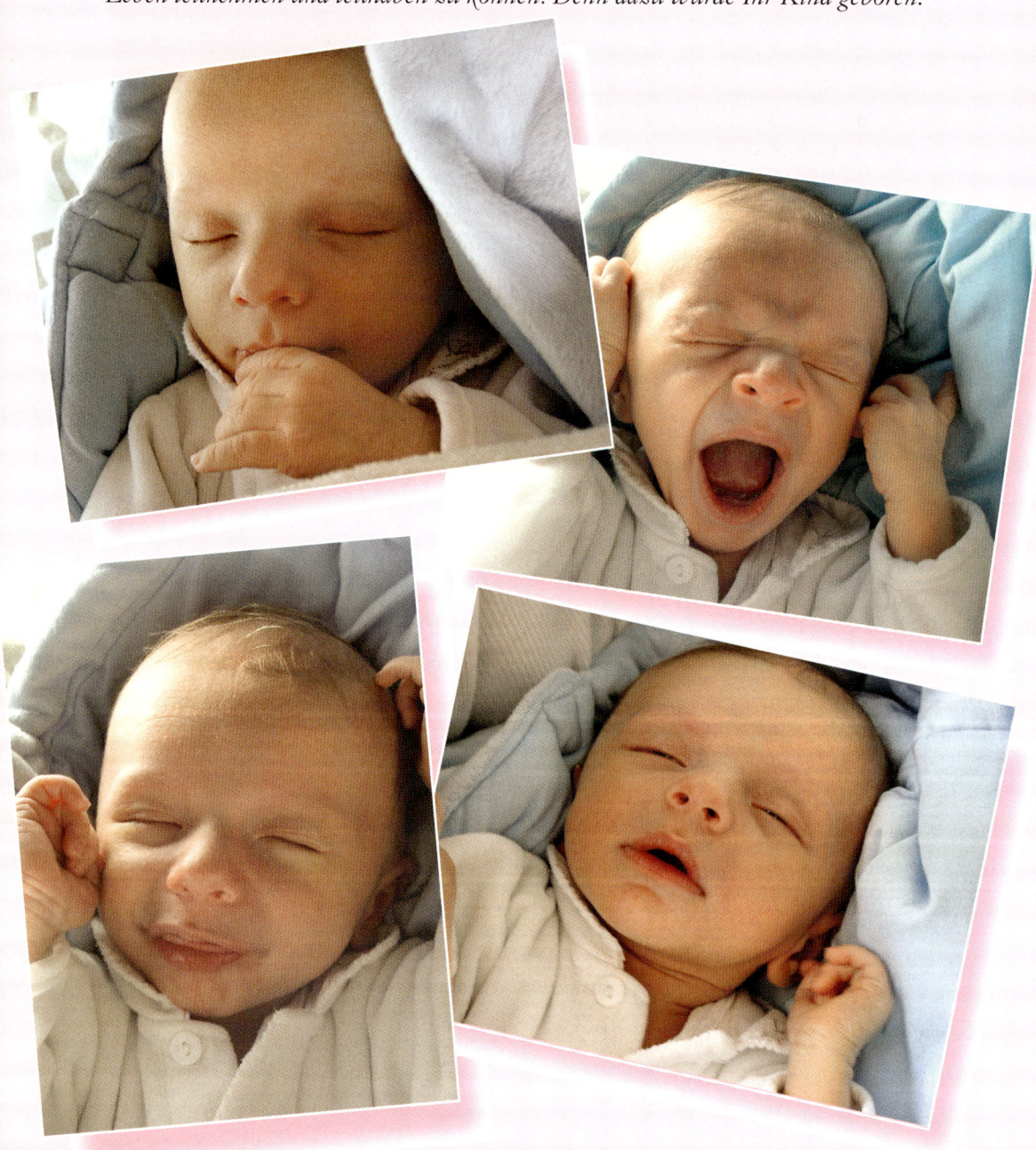

Altersgebundene Entwicklung

Im ersten Lebenshalbjahr scheinen Säuglinge gänzlich von Pflegepersonen abhängig zu sein. Deshalb wurde für lange Zeit geglaubt, ein Kind besitze in den ersten Lebensmonaten ein sozusagen leeres Gehirn, das nun langsam zu arbeiten beginne und vor allem damit beschäftigt sei, Gedächtnisse aufzubauen und einzurichten. Daneben wird auch weiterhin die Meinung vertreten, ein Kind lebe in den ersten Monaten seines Lebens in einer vollkommenen Symbiose mit seiner Mutter, aus der es sich nur mit Mühe lösen könne.

Frühe und unerwartete Fähigkeiten

Wir haben jedoch gelernt, dass Kinder schon in diesem frühen Alter weit mehr Fähigkeiten haben, die bis vor wenigen Jahren noch nahezu unvorstellbar waren. Schon lange vor der Geburt ist das Gehirn aktiv und fähig, selektiv Informationen wahrzunehmen und zu speichern (s. S. 46f.). Darüber hinaus hat ein Kind vom ersten Tag seines Lebens an den Drang, »dabei zu sein« und »teilzuhaben« am menschlichen Leben. Dazu stehen ihm folgende überraschende »Techniken« zur Verfügung:

- die Fähigkeiten, früheste Lebenserfahrungen zu speichern und sich, an diese anpassend, adaptiv zu verhalten,
- die Fähigkeiten zum Dialog, zur Kommunikation, zur Imitation mithilfe der *Spiegelneurone*,
- die Fähigkeit, häufige Lebensaktivitäten, die es erlebt, als Handlungsschemata zu erfassen und im Wiedererkennungsgedächtnis und im Gedächtnis für Handlungsabläufe zu speichern, und schließlich
- die Fähigkeit, bestimmte Erfahrungen mithilfe von *Hypothesen- und Theoriebildungen* zu deuten und damit zu erklären versuchen, warum und wieso ein bestimmtes Ereignis geschehen oder nicht geschehen ist oder wie eine gänzlich neue Erfahrung erklärt und verstanden werden könnte.

Und ich wiederhole und betone: Das alles schon vom ersten Lebenstag an!

Beispiele: Teilhabe ist das Schlüsselwort

Eine nicht mehr ganz junge Mutter schrieb einer Freundin über ihr erstes Kind: »Miriam ist jetzt sechs Wochen alt und macht uns viel Freude. Wir sind noch am Üben, uns unter ihr Regiment zu begeben.«

Haben wir richtig gelesen? Darf das, muss das so sein? Wenn Miriam reden könnte, würde sie sich das Wort »Regiment« verbitten. Sie will *teilhaben*, zunächst am Leben ihrer Eltern. Damit ist sie allerdings *prinzipiell* bereit, die Bedingungen zu akzeptieren, denen menschliches Leben nun einmal unterworfen ist.

Dass Miriam trotzdem und von Anfang an ihre eigenen Erwartungen und Bedürfnisse einfordert, ist eine übliche Kondition des Teilhabens – unter Erwachsenen und älteren Kindern. Kompromisse gehören zum sozialverträglichen Leben.

Sie halten das für eine etwas übertriebene Sicht der Lebensbedingungen im ersten Lebenshalbjahr? Hier ist ein weiteres Beispiel.

Pauline, drei Monate alt, wird noch voll gestillt. Da die Mutter als Geschäftsfrau immer wieder gezwungen ist, außer Haus zu sein, pumpt sie ihre Milch ab. Der Vater kann wegen seines Berufs besser über seine Zeit verfügen. Er gibt Pauline die Milch in der Flasche, was seine Tochter auch klaglos, ja sogar gerne akzeptiert. Sie weigert sich jedoch vehement, die Flasche von der Mutter zu nehmen: Wenn Mutter, dann nur direkt von der Quelle!

Halten Sie hier kurz ein und überdenken Sie dieses Szenarium. Versuchen Sie nachzuvollziehen, zu welchen Unterscheidungen und Entschlüssen Pauline im Alter von drei Monaten bereits fähig ist, wie sie ihre Erwartungen und ihr *Schema* der Nahrungsaufnahme danach gestaltet und bestimmt. Sie unterscheidet bereits zwischen männlichen und fraulichen Fähigkeiten, Vorzügen und Nachteilen. Und schließlich: Sie verlangt immerhin nichts Unmögliches.

Die Entwicklung der Körpermotorik

Neugeborene gelangen meist in einer guten »Verpackung« in diese Welt: Arme und Beine sind gebeugt und eng an den Körper gepresst. In den letzten vier Wochen vor der Geburt sind, als Geburtsvorbereitung, die Beugemuskeln stärker gewachsen als die Streckmuskeln. Kinder, die vor der 36. Woche geboren werden, zeigen diese Beugehaltung noch nicht. In den ersten Lebenswochen, bis längstens zur 12. Woche, bestimmt die Beugemuskulatur das Bewegungsverhalten eines Kindes.

Neugeborene beginnen mit der Geburt, wie wir inzwischen wissen, kein vollständig neues Leben. Die Bewegungsqualität, die Motorik, bleibt nach der Geburt die gleiche, wie sie vorgeburtlich bei den Ultraschalluntersuchungen zu sehen war: ein eher ungerichtetes, ungezieltes, gleichzeitiges oder abwechselndes Bewegen von Armen und Beinen, von Rumpf, Kopf und Fingern.

Ab etwa der 12. Lebenswoche (mal früher, mal später) beginnt das Bewegungsbild, sich qualitativ und prinzipiell zu verändern. Langsam, aber stetig verschwinden die ungerichteten Bewegungen. Gezielte und gewollte Bewegungsabläufe gelingen dem Kind, die »globale« Motorik des vorgeburtlichen Lebens verschwindet. Voraussetzung dafür ist ein vollständiger Umbau der motorischen neuronalen Netzwerke im Gehirn, die eine gewollte und bewusste Bewegungssteuerung erst möglich machen.

Davon profitiert zuerst die Motorik der Arme und Finger, deren Bewegungspräzision langsam, aber deutlich sichtbar wird. Das Nachholwachstum der Streckmuskulatur beginnt daher auch in der Arm- und Fingermuskulatur: Die Arme strecken sich, die Finger suchen nach Kontakt, auch wenn sie zunächst nur auf die andere Hand treffen.

Nach der Geburt ist ein Baby meist noch nicht fähig, den Kopf in der Körperebene zu halten, wenn es von der Unterlage gehoben wird. Der Kopf benötigt vorsichtige Unterstützung, wie der Rumpf und die Wirbelsäule auch. Aber schon wenige Wochen später werden Kopf und Rumpf stabil und gerade gehalten. Auf den Bauch gelegt, wird ein gesundes Baby den Kopf zur Seite drehen, damit die Luftwege, die Nase frei bleiben können. Bald danach gelingt es den meisten Kindern, den Kopf auch kurzfristig anzuheben und sich auf die Unterarme abzustützen, dabei sind anfangs die Arme noch in den Ellbogen gebeugt.

Bis zum Ende des sechsten Lebensmonats, oft schon früher, hat ein Kind dann gelernt, sich in der Bauchlage nur noch mit den Händen abzustützen und den Kopf frei zu bewegen, um Personen oder Spielzeug, das vor ihm oder seitlich liegt, in den Blick zu bekommen. Wird in diesem Alter ein Baby an den Händen gefasst und aus der Rückenlage hochgezogen, kann der Kopf in der Körperebene balanciert, der Rücken gerade gehalten werden. Im unterstützten Sitzen ist die Kopfhaltung stabil, der Rücken gerade gestreckt.

Von der Geburt bis zum Endes des sechsten Lebensmonats bleibt die Körpersymmetrie insgesamt, auch in der Beweglichkeit, immer mehr oder weniger gewahrt. In den ersten Lebensmonaten geschieht es in der Rückenlage häufiger, dass der Kopf auf der rechten oder linken Seite liegt, was dann eine asymmetrische Haltung auslöst: Arm und Bein der Seite, nach der das Gesicht sich gedreht hat, werden gestreckt, Arm und Bein der Hinterkopfseite werden gebeugt. Diese »Fechterstellung«, wie sie auch genannt wird, sollte bis zum sechsten Lebensmonat gänzlich verschwunden sein.

INFORMATION

➜ Leicht schreckhafte und sensible Kinder zeigen häufig als Antwort auf eine Schrecksituation (ein plötzliches, lautes Geräusch, ein plötzlicher, unerwarteter Lagewechsel) eine ausfahrende Bewegung beider Arme, die Hände öffnen sich dabei spontan mehr oder weniger weit. Die Bewegung wird anschließend und sofort wieder zurückgenommen, die Arme werden wieder gebeugt, die Hände schließen sich. Auch diese reflexartige Reaktion, die *Moro-Reaktion* (benannt nach dem Namen des Erstbeschreibers), ist bis zum sechsten Lebensmonat verschwunden.

Die Bewegungsentwicklung der Hände und Finger

Zunächst schließt ein neugeborenes Kind die ganze Hand sehr kräftig, wenn ein Finger der Mutter, des Vaters oder ein Stift in die Handfläche des Kindes gelegt wird. Geschieht dies beidseitig, kann der reflexartige Zugriff so stark sein, dass das Kind damit frei schwebend gehalten werden kann (Vorsicht, wenn Sie das ausprobieren wollen!).

Der *Greifreflex* der Hände soll angeblich der gleiche Mechanismus sein, mit dem sich kleine Äffchen im Fell ihrer Mütter festkrallen, wenn diese, z. B. bei drohender Gefahr, unerwartet flüchten.

Um den dritten Monat ist die Streckmuskulatur in den Armen so kräftig geworden, dass nun die Arme gestreckt und die Hände über der Körpermitte, vor dem Gesicht zusammengeführt werden können. Die Hände und das Spiel der Finger werden in ihrer Beweglichkeit genau verfolgt und betrachtet. Mit sechs Monaten fasst und hält ein Kind dann schon kleine, zum Spielen geeignete Gegenstände, Rasseln oder Ringe, wechselt sie von einer Hand in die andere oder steckt sie auch schon mal in den Mund. Das Greifen erfolgt noch mit der ganzen Faust, allerdings bevorzugt schon im Bereich der ersten drei Finger. Angebotenes buntes Spielzeug, ein Ring, eine Rassel, wird in die Hand genommen und hin und her bewegt. Der *Greifreflex* ist bei den meisten Kindern in diesem Alter nicht mehr auslösbar.

Die Sprach- und Sprechentwicklung

In den ersten Lebensmonaten spielen Lautäußerungen in der Kommunikation mit den Bindungspersonen noch kaum eine Rolle. Babys in diesem Alter können zwar bereits kehlige, vokalähnliche Laute produzieren; sie lassen jedoch noch keine Rückschlüsse darauf zu, was ein Kind damit ausdrücken will. Am ehesten können solche Äußerungen noch als Behagen oder als Missfallen gedeutet werden, oder als Aufforderung zu einer Zuwendung.

Die Kommunikation zwischen Kind und Bindungspersonen läuft in diesem Alter über einen *monologischen Dialog*. Mutter, Vater und andere Bindungspersonen sprechen in einer besonderen Weise zu ihrem Kind, das dann nicht verbal antwortet, sondern mit der Mimik, mit *nachahmenden* Mund- und Zungenbewegungen, mit Bewegungen der Arme und Beine, mit der ganzen ihm zur Verfügung stehenden Körpersprache.

Diese besondere Art der »Babysprache«, die Bindungspersonen spontan einsetzen, wenn sie mit einem Baby sprechen, lässt sich überall in der Welt finden (s. S. 97), sie ist daher eine angeborene Fähigkeit: Die Tonhöhe wird angehoben mit einer überzogenen, stark verlangsamten und silbenbetonten Lautbildung, der Sprachfluss verlangsamt sich insgesamt, die Wortwahl wird stark vereinfacht, lange Pausen werden geboten. Immer wieder die gleichen Worte erscheinen, die dem Kind Akzeptanz, Zuwendung und emotionale Wärme, Angenommensein und Versorgtsein signalisieren.

Allerdings sind Kinder durchaus in der Lage, ihre Gefühle wie Schmerz, Hunger, Unbehagen, die Notwendigkeit, die Windeln zu wechseln, emotional mit Schreien zum Ausdruck zu bringen. Diese »Sprache« wird auch rasch von den Bindungspersonen gelernt und verstanden.

Silbenketten

Am Ende des ersten Lebenshalbjahres beginnen Kinder dann, neben lebhaftem »Lautieren«, Kombinationen sich wiederholender Silben und Konsonanten zu artikulieren (ähnlich wie: wa-wa-wa, da-da-da), so genannte *Silbenketten*, deren dialogischer Charakter nicht zu überhören ist. Mit der Fähigkeit, Silbenketten zu produzieren, steigen Babys in einen wirklichen sprachlichen Dialog ein. Solche Silbenketten sind in dieser Zeit und auch später vom Kind zu hören, wenn es alleine in seinem Bettchen wach liegt, keine Wünsche hat und für einen Moment mit sich und der Welt zufrieden ist.

Die kognitive Entwicklung

Über einige kognitive Leistungen von Kindern im ersten Lebenshalbjahr, wie den Aufbau von *Schemata*, *Skripts* und Hypothesen, wurde schon berichtet (s. S. 49f., S. 58 und S. 92ff.). Hier noch einmal eine kurze Zusammenfassung zur kognitiven Entwicklung aus einem Buch von S. Goswami über die kognitive Entwicklung: »Der Mensch scheint mit einer angeborenen Neigung auf die Welt zu kommen, kausale Zusammenhänge zu erfassen und kausale Erfahrungen zu erwerben. Diese angeborene Neigung scheint sehr viel zur Erklärung der kognitiven Entwicklung in der Kindheit beitragen zu können.«

Etwa ab dem dritten Lebensmonat wird der Kopf nach einer Geräuschquelle gedreht oder der Blick in eine Richtung gerichtet, aus der bekannte Personen, die mit in der Familie leben, in das Zimmer hereinkommen. Solche Fähigkeiten setzen gezielte Kategorisierungs- und Orientierungsleistung voraus.

Frühe Logik

Kinder reagieren schon in diesem Alter verblüfft, wenn ein Ereignis nicht so verläuft, wie sie erwarten. Störungen physikalisch-mathematischer Gesetzmäßigkeiten werden intuitiv als »unmögliche« Ereignisse erkannt: Wird im Experiment mit Kindern im dritten bis fünften Lebensmonat ein hüpfender Ball so manipuliert, dass er, entgegen der Erwartung des Babys, nicht wieder zu Boden fällt,

---

INFORMATION

→ **Elementare frühe kognitive Prozesse**

◆ Prototypen, d. h. Überbegriffe wie: Tiere, Nahrung, Spielzeug, Personen, Tätigkeiten, denen neue Tiere, neue Nahrung, neues Spielzeug, neue Personen, neue Aktivitäten zugeordnet werden können.

◆ Kategorien innerhalb eines Prototyps, denen neue Erfahrungen zugeordnet werden: Tiere z. B. können vierbeinig und Raub- oder Haustiere sein, oder sie können fliegen und haben Federn, oder sie sind klein, fliegen und können stechen, sie können im Wasser leben und schwimmen, aber auch fliegende Tiere können offenbar schwimmen, wie Enten, um nur ein Beispiel einer Aufteilung und Differenzierung der Tierwelt zu nennen.

◆ Aufbau von Erinnerungen (*Repräsentationen*, s. S. 46–49) an Gesichter, Farben, Formen.

◆ Die Fähigkeit zur *Nachahmung* (Imitation, s. S. 65–67

◆ Das Zusammenfassen verschiedener sensorischer (mit den Sinnesorganen erworbener) Erfahrungen zu Ganzheiten: Das Badewasser ist immer warm und nass, die Milch, sei sie von der Mutter oder aus der Flasche, ist immer warm und schmeckt gut. Der Vater spricht mit einer tiefen, die Mutter mit einer helleren Stimme. Die weiche Wickelunterlage hat immer verschiedenfarbige Muster.

sondern in der Luft stehen bleibt, reagiert das Baby irritiert.

Irritiert reagiert ein Baby auch, wenn von zwei Puppen, die es sieht, eine weggenommen wird und plötzlich drei Puppen statt einer zu sehen sind.

Die Ergebnisse solcher neuerer Untersuchungen zeigen, dass wir die kognitiven Leistungen von Babys im ersten Lebenshalbjahr bisher weit unterschätzt haben.

Die soziale Entwicklung

Schon bald nach der Geburt sind Kindern die engsten Bezugspersonen mit ihren jeweiligen Attributen, wie Stimme und Aktivitäten, die sie dem Kind angedeihen lassen, gut bekannt. Das setzt voraus, dass fremde Personen als solche wahrgenommen werden. Da Kinder

Vor der Phase des Fremdelns: Babys schenken jedem Gesicht ein Lächeln.

bereits vorgeburtlich emotionale Erfahrungen gemacht haben, werden sie sehr wahrscheinlich eine fremde Person, zumindest nach der Stimme, emotional als »angenehm« oder als »unangenehm« einzuschätzen wissen.

Kinder bis etwa zum sechsten Monat lächeln jedoch jedes bekannte und unbekannte Gesicht an. Ein solches *Begrüßungslächeln* oder *reaktionales Lächeln* auf ein frontal dargebotenes Gesicht entsteht etwa **ab** dem zweiten Lebensmonat.

Der Auslöser des Lächelns ist nicht das Gesicht, auch sind es nicht die Augen, sondern das *T-Schema,* das von der Augenbrauenlinie und der Nasenlinie gebildet wird. Daher schauen Kinder, die lächeln, nicht der Mutter, dem Vater in die Augen (auch wenn sie dies annehmen), sondern einige Millimeter höher auf die Augenlinie. Die Lächelreaktion ist immer und stereotyp auslösbar, gleichgültig, welche Emotionen ein Gesicht zeigt.

Das T-Schema für frühe soziale Kontakte

Das T-Schema, ein so genannter Schlüsselreiz, hat sich während der Evolution herausgebildet: als eine wirksame und hilfreiche Überlebensstrategie. Die Lächelreaktion löst bei jedem Menschen, der sein Gesicht einem Baby bietet, Zuwendung und Pflegeverhalten aus. Sie ist damit ein wirksamer Schutz gegen die Gefahr des Verlassenwerdens und eine Aufforderung, sich um ein Baby zu kümmern.

Im Verlauf der Evolution war das nicht immer garantiert: Verlassenwerden, Tötung in Notzeiten, zu viele Kinder, die nicht mehr ernährt werden konnten, oder ein Kind mit einem nicht erwünschten Geschlecht, mit angeborenen Fehlbildungen: Einem Baby blieb oft keine Chance. Ist mit Vermittlung des T-Schemas ein Pflegeverhalten ausgelöst, ein Kontakt hergestellt worden, war die Chance sehr viel größer (Sarah Bluffer Hrdy).

Gegen Ende des ersten Lebenshalbjahres ist ein Kind dann fähig, einen Blickkontakt zu halten, aber es beginnt nun auch von selbst, Blickkontakt mit anderen Menschen aufzunehmen: Das Baby hat gelernt, dass es selbst fähig ist, einen sozialen Kontakt, der ihm wichtig ist, einzuleiten.

Die emotionale Entwicklung

Im Abschnitt über die Sprach- und Sprechentwicklung wurde bereits erwähnt, dass schon aus der Art des Schreiens auf die emotionale Stimmung eines Babys geschlossen werden kann. Wenige Wochen nach der Geburt wird ein Kind jedoch fähig sein, seine emotionale Grundstimmung der Mutter, den Bindungspersonen durch sein Verhalten mitzuteilen: Sie werden es fühlen und intuitiv erfassen.

Im *monologischen Dialog* (s. S. 108) wird Ihr Kind Ihnen zeigen, dass es sich über den Dialog und über die damit verbundene Zuwendung freut. Ist die Laune getrübt, wird es bei Ihnen Schutz suchen, möchte auf den Arm genommen werden, wo es Tröstung oder Ermunterung erfährt, je nach seiner Befindlichkeit. Und, was wichtig ist, es lässt sich bei Kummer oder Verunsicherungen relativ rasch beruhigen.

Schon jetzt ein unverwechselbares Individuum

Eltern lernen aber auch schon in den ersten Lebensmonaten, dass ihr Kind über einen ganz eigenen, individuellen Charakter verfügt und über »Vorstellungen«, wie das »Leben« zu gestalten ist. Schon zu diesem Zeitpunkt müssen Kompromisse ausgehandelt werden, gegen deren Einführung ein Kind dieses Alters sich schon sehr bewusst verwahren kann. Wo soll es schlafen? Wann soll es schlafen? Schon in diesem Alter haben Kinder oft herausgefunden, wann und wo »die Musik« in der Familie spielt. Den einen ist das relativ gleichgültig, andere, vor allem wenn sie ältere Geschwister haben, wollen vor allem »dabei sein«.

Gegen Ende des ersten Lebenshalbjahres haben Babys gelernt, ihre Emotionalität zu genießen, sie einzusetzen, und sie haben auch begriffen, dass sie mit ihr manipulieren können: Sie lachen gerne und viel – wenn es etwas zu lachen gibt: am liebsten bei »Spielchen« mit ihren Bindungspersonen oder Geschwistern. Sie *lautieren* lebhaft, ohne dazu schon vorsprachliche Strukturen, also Silbenketten, gezielt zu benutzen. Wenn emotional dazu aufgelegt, werden Arme, Beine, Mimik freudig bewegt, besonders dann, wenn sie angesprochen werden und Zuwendung erfahren.

Glückshormone für alle Beteiligten

Der gesamte Dialog im Verlauf des ersten Lebenshalbjahres wird gesteuert über die limbischen Systeme des Babys und seiner Mutter. Sie spielen sich aufeinander ein, ergänzen sich, sind sich ei-

Beliebt und beglückend sind gemeinsame Spiele mit Rundum-Körperbewegungen.

nig und werden durch kräftige Duschen von Glückshormonen dafür auch belohnt. Nicht zuletzt wegen der gegenseitigen emotionalen und vollkommenen Glückszustände sind Mütter immer wieder bereit, sich auf ein weiteres Baby einzulassen, wohl wissend, dass nach der Babyzeit viele andere Forderungen auf sie zukommen, die zu bewältigen sind. Eine emotionale Grundlage wurde jedoch für die weitere Entwicklung gelegt.

Männer sind von den limbischen Glücksbringern nicht ausgeschlossen. Auch sie sind fähig, limbische Dialoge zusammen mit ihren Babys zu erleben. Sie müssen sich nur in der richtigen Zeit darauf einlassen. Ihre Kinder werden es ihnen unbewusst und bewusst späterhin auch langfristig danken.

Beispiel: gezieltes Handeln

Für Lisa, knapp zwölf Wochen alt, hat ihr Vater eine niedrige, geschützte Ablage an der Seite des Ehebettes geschreinert und befestigt, neben der Mutter. Sie kann nachts, wenn Lisa unruhig wird, ohne aufstehen zu müssen, ihre Tochter von der Ablage nehmen, stillen und gleich wieder zurücklegen. Lisa gefällt es aber nicht mehr in ihrer Ablage, sie rumort und bewegt sich so lange hin und her, bis sie aus der Ablage die paar Zentimeter Höhenunterschied in das Bett ihrer Eltern fällt, wo sie sofort einschläft: kein Zufall, sondern Absicht!

Altersgebundene Besonderheiten

Sehen, Hören, Trinken, Schlafen, Wachen und Schreien sind im ersten Lebenshalbjahr die bevorzugten Lebensäußerungen eines Babys. Aber es gibt auch Gefährdungen durch Unfälle.

Sehen und Hören

Farbige kleine Gegenstände, vor den Augen eines Babys hin und her bewegt, werden von ihm etwa ab dem dritten Lebensmonat mit den Augen verfolgt, wenn auch nur kurzfristig und über kurze Strecken. Gesichter der Bindungspersonen werden genau betrachtet, oft geradezu studiert.

Versichern Sie sich im Verlauf des ersten Lebenshalbjahres, dass Ihr Kind gut hört. Sprechen Sie es von hinten an, prüfen Sie, ob Ihr Kind auch auf leise Geräusche reagiert. Erschrickt es durch laute, plötzliche Geräusche wie eine zuschlagende Tür oder einen herabfallenden Topfdeckel? Studiert Ihr Kind Ihr Gesicht intensiv mit den Augen? Tut es das auch mit seinen Händen und Fingern? Schaut es sich genauer Farben und Muster an, die neu sind, oder auch Spielzeug?

Sollten Sie Zweifel an der Seh- oder Hörfähigkeit haben, versäumen Sie keine Zeit. Ziehen Sie Ihre Kinderärztin, Ihren Kinderarzt zurate.

Schlafen und Schlafzeiten

Von Anfang an wird Ihr Kind die beiden typischen Schlafphasen durchlaufen wie Sie selbst (s. Kasten und Abb. S. 114).

Wenn Sie Ihr Kind in einer Tiefschlafphase aus dem Bett nehmen, wird es Ihnen schwer und schlaff in den Armen liegen.

Im REM-Schlaf dagegen sind bei Kindern in den ersten Lebensmonaten ganze Gewitter von Gesichtsbewegungen zu sehen, die nahezu alle mimischen Ausdrucksmöglichkeiten imitieren, so, als würden die mimischen Register im REM-Schlaf durchexerziert (s. Abb. auf S. 104). Zu sehen sind auch viele Formen

---

INFORMATION

➜ **Die Schlafphasen**
Bei allen Menschen setzt sich der Schlaf aus zwei sich zyklisch abwechselnden Phasen zusammen:
- ◆ aus einer Tiefschlafphase mit regelmäßiger Atmung, geringer Beweglichkeit und herabgesetztem Muskeltonus
- ◆ aus einer oberflächlichen Schlafphase mit unregelmäßiger, oberflächlicher Atmung, deutlich mehr spontanen Bewegungen und vor allem mit deutlich sichtbaren Augenbewegungen unter der geschlossenen Lidern.

Die Phase des oberflächlichen Schlafs heißt auch die *Rapid-Eye-Movement-Phase,* abgekürzt die *REM-Phase* (die Schlafphase der schnellen Augenbewegungen). Ein Schlaf beginnt meist mit einer Tiefschlafphase, die nach etwa 90 Minuten von einer REM-Phase abgelöst wird. Gegen Morgen werden die Tiefschlafphasen kürzer, die REM-Phasen damit häufiger.

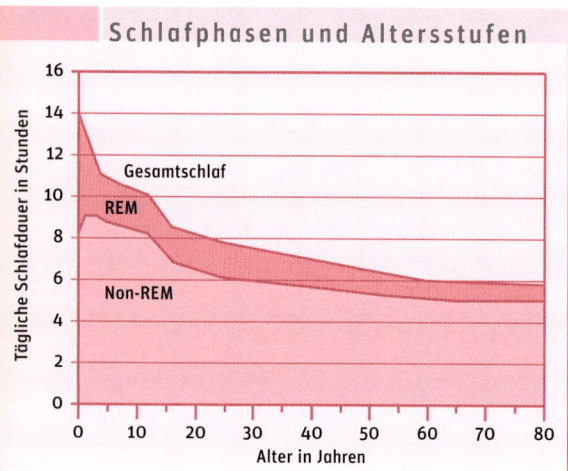

Schlafphasen und Altersstufen

eines Lächelns, die über das Gesicht huschen. Im Volksmund wird diese Vielfalt des Lächelns auch »Engelslächeln« genannt. Mit dem wirklichen Lächeln haben sie jedoch nichts zu tun.

Bauchlage oder Rückenlage?

Heute wird zur Vermeidung des plötzlichen Kindstods dringend empfohlen, Kinder nur auf dem Rücken schlafen zu lassen. Wenn Ihr Kind wach ist und Sie bei ihm sind, sollten Sie Ihr Kind aber auch immer wieder auf den Bauch oder, wechselseitig, auf die eine und andere Seite legen. Die Bauchlage ist notwendig, da sie die Entwicklung der Körpermotorik und die korrekte Ausreifung der Hüftgelenke begünstigt, aber auch, weil sie asymmetrischen Körperhaltungen und Kopfverformungen vorbeugt, wie sie durch eine konstante Rückenlage entstehen können.

Der Schlafplatz

Ein Kind sollte in einem eigenen Bettchen schlafen, im ersten Jahr auch gerne in Ihrem Schlafzimmer, das rauchfrei

und kühl sein sollte, so um die 18 °C. Ich weiß, dass schon Babys ihre eigene Meinung darüber haben, wo sie gerne schlafen würden: im Körperkontakt mit ihren Bindungspersonen. Ein Erbe aus der Evolution, bis heute in vielen Kulturen immer noch die Regel.

Kompromisse sind manchmal nicht zu umgehen. Aber die Aussicht – ich will nicht sagen, die Gefahr – ist groß, dass es Ihnen nicht gelingt, diesen Kompromiss wieder zurückzunehmen. Wer dabei am besten schlafen wird, ist dagegen ziemlich sicher: nicht Sie! Allerdings, es soll auch Familien mit Kindern geben, die allesamt zusammen in einem großen Bett schlafen und damit glücklich und morgens auch noch alle ausgeschlafen sind.

Schlafsäcke (ohne eine weitere Decke und im ersten Lebenshalbjahr ohne Kopfkissen), einer für den Winter, einer für den Sommer, werden heute empfohlen, sie schützen am besten gegen die Gefahr des Erstickens, übrigens eine wirkliche Gefahr bei Babys, die mit in das eigene Bett genommen werden.

Die Schlafdauer

Die Schlafdauer ist eine individuelle Größe wie die anderen individuellen Entwicklungsverläufe auch.

Schon Neugeborene schlafen zwischen 14 und 20 Stunden. Sie finden im Verlauf der ersten drei Lebensmonate ihren eigenen Schlafrhythmus. Sie passen sich dabei aber auch an die Schlafgewohnheiten ihrer Eltern und die ihrer Kultur an, in der sie und ihre Eltern leben. Anfangs wechseln Schlaf- und Wachphasen häufig über 24 Stunden. Dann pendelt sich eine Art Schlafrhythmus ein: ein längerer Nachtschlaf, mit ein-, zweimaligen Unterbrechungen, die zum Stillen, für eine kleinere Mahlzeit genutzt werden können.

Ein Vormittagsschlaf von zwei bis drei Stunden und noch einmal ein nachmittäglicher Schlaf von etwa gleicher Dauer wären für das erste Lebenshalbjahr ein guter Schlafrhythmus. Das gibt eine gesamte Schlafdauer von 14 bis etwa 18 Stunden pro Tag, mit individuellen Kürzen und Längen von zwölf bis 20 Stunden (Largo).

Schlafstörungen ausgeprägter Art, die zu einer gravierenden Last und zu einer Herausforderung für eine ganze Familie werden können, sind nicht Thema dieses Buches, nicht zuletzt auch deswegen, weil es dazu genügend Literatur gibt.

Schreikinder

Schreien ist Teil der Lebensäußerungen von Babys. Wie häufig, laut und lange Kinder schreien, kann individuell sehr unterschiedlich sein. Schreien ist ihre einzige Ausdrucksmöglichkeit, mit der sie auf eine sie irritierende Situation aufmerksam machen können. Und wie es mit dem reaktiven Lächeln auch geschieht: Ältere Kinder und Erwachsene, ob Männer oder Frauen, fühlen sich, ob sie wollen oder nicht, gedrängt, alles zu tun, um das Baby zu beruhigen. Auch dies ist ein Erbe unserer Evolution.

Warum schreien sie?

Wir wissen inzwischen, dass ein Kind mit seinem Schreien durchaus unter-

Auch wenn die Nerven blank liegen: Kein Kind schreit ohne Grund.

schiedliche emotionale Zustände ausdrücken kann. So wird ein Baby, wo immer die Mutter es bei sich hat, unabhängig von der Situation, ob sie passend ist oder nicht, mit zunehmend lauter und fordernder werdenden Stimme seinen Anspruch auf Nahrung durchzusetzen versuchen. Zuallermeist auch mit Erfolg.

Immer noch wird von den Bauchkoliken gesprochen, die Babys nach einer Mahlzeit plagen sollen, obwohl inzwischen sicher ist, dass Koliken selten als Ursache von Schreianfällen infrage kommen. Sehr viel wahrscheinlicher ist, dass mit dem Schreien viel Luft in den Magen gerät. Damit soll nicht bestritten werden, dass Babys gelegentlich unruhig werden oder schreien, wenn ihnen ihre Verdauung zu schaffen macht.

Häufig schreien Babys, Mädchen wie Jungen, in den ersten drei Lebensmonaten ohne ersichtlichen Grund. Es scheint zu der Entwicklung fast selbstverständlich dazuzugehören, viele Gründe werden dafür diskutiert. Eine einsichtige Erklärung steht jedoch immer noch aus. Wahrscheinlich sind mehrere Ursachen daran beteiligt.

In den ersten Wochen nimmt das Schreien bei den meisten Kindern besonders in den Abendstunden zu, danach verkürzen sich die Schreiperioden deutlich. Sehr individuell beenden Babys dann ihre Schreiphase: manche schon nach fünf bis sechs Wochen, andere erst nach acht bis zwölf Wochen.

Schreiende Babys sind an sich schon schwer zu ertragen, da sie einen Ruf nach Hilfe signalisieren, dem die Eltern nicht gerecht werden können, weil sie die Ursache nicht finden. Schuldgefühle, Ärger, Verzweiflung bedrohen das bisher gelebte Bindungsverhalten und die Freude und den Stolz über das eigene Kind.

Was hilft?

Herumtragen, manchmal schnell, manchmal langsam, je nachdem, wie das Baby darauf reagiert, in den Armen schaukeln oder in einer Wiege, Nähe und beruhigendes Ansprechen, leises Singen, das Vermeiden stimulierender Reize – das sind seit uralten Zeiten (wahrscheinlich schon seit der Steinzeit) immer noch die bewährtesten Rezepte, bis heute. Das haben auch wissenschaftliche Untersuchungen gezeigt. Viele Eltern finden instinktiv zu diesen Hilfen und kommen damit auch, im wahrsten Sinne des Wortes, über die St(R)unden.

Professionelle Hilfen

Exzessives, nicht zu stillendes Schreien über längere Tages- und Nachtzeiten und über das erste Lebenshalbjahr hinaus »schafft« Eltern bzw. Bindungspersonen und das Baby psychisch und physisch bis zur völligen Erschöpfung. Die Hilflosigkeit wird für alle Beteiligten zermürbend.

Zögern Sie nicht, Hilfe zu suchen.

In den letzten Jahren sind für Schreikinder und ihre Eltern *Schreisprechstunden* in Kinderkliniken eingerichtet worden. Dort wird nach Ursachen gesucht, auf die sich Beratungen und Vorschläge zur Lösung stützen können.

Inzwischen ist dazu auch eine vielfältige Literatur, teils sehr professionell, teils durchaus auch für Eltern geeignet, im Buchhandel oder im Internet zu finden.

Auf einen Blick:

Gefährdungen durch Unfälle

Gefahren in Haus und Wohnung

◆ Ein Baby darf unter keinen Umständen alleine, auch nicht für einen Augenblick, auf einem Wickeltisch, auf einem Möbelstück, einer Küchenoberfläche abgelegt werden, weil es von dort in die Tiefe fallen kann. Schädelbrüche sind die schlimmsten Folgen eines Sturzes. Das darf auch dann nicht geschehen, wenn Mutter oder Vater sich ganz sicher sind, dass sich ihr Kind noch nie gerührt hat oder sich eigentlich gar nicht rühren kann.

◆ Puderdosen gehören nicht auf den Wickeltisch. Warum? Gerät Puder aus Versehen oder durch Manipulationen Ihres Kindes in die Atemwege, besteht Erstickungsgefahr.

◆ Kleine Gegenstände wie Erdnüsse, Erbsen, Perlen, Knopfbatterien gehören nicht in die unmittelbare Reichweite eines Babys, da sie verschluckt werden oder in die Atemwege geraten könnten.

◆ Akute Erdrosselungsgefahr besteht unter unglücklichen Bedingungen, wenn Spielketten quer über das Bettchen oder über den Kinderwagen gespannt werden. Aber auch Halskettchen oder um den Hals hängende Schnuller können gefährlich sein.

◆ Vorsicht, wenn die Flaschennahrung, der Brei, erwärmt werden muss. Prüfen Sie selbst immer direkt vor dem Füttern, ob die Milch, der Brei nicht zu heiß oder zu kalt für Ihr Baby ist. Ein Tropfen Milch aus der Flasche, ein kleiner Klecks Brei, auf die Innenseite Ihres Unterarms gebracht, lässt Sie die richtige Temperatur spüren.

◆ Und schließlich: Babys nie mit Haustieren alleine lassen.

Gefahr auf Reisen

◆ Befördern Sie Ihr Baby nie in der Tragetasche liegend mit dem Auto. Babys reisen nur in einer vom TÜV geprüften Liegeschale, befestigt nach Vorschrift des Autoherstellers.

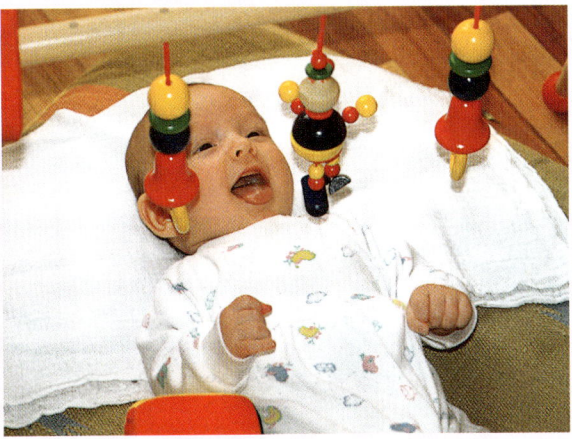

Sicher und geborgen liegt
Ihr Baby im Bettchen.
Aber auch hier kann ihm
Gefahr drohen.

Das zweite Lebenshalbjahr: 7. bis 12. Lebensmonat

Babys haben in diesem Lebensabschnitt besonders viel zu lernen. Eine wichtige Fähigkeit muss erworben werden, die für das ganze weitere Leben bestimmend bleibt: die Anpassung, die Adaptation an sich ändernde Bedingungen in der sozialen, ökologischen und ökonomischen Umwelt, in der ein Kind aufwächst.

Altersgebundene Entwicklung

Das zweite Lebenshalbjahr halten Entwicklungspsychologen und Neurobiologen für einen entscheidenden Lebensabschnitt in der Entwicklung eines Kindes. In ihm sollen die Weichen für viele spätere Entwicklungsverläufe gestellt werden. Da ist vom *Quantensprung in der Gedächtnisentwicklung* zu lesen, von der *Neun-Monate-Revolution*, von der *Sozialisierung der Gefühle*, vom *Ich zum Du zum Anderen*, vom *Dialog zur Triade*, von den Silben, deren richtige Aussprache die ganze weitere Sprachentwicklung beeinflussen soll, von der perfekten Bewegungsfähigkeit des Körpers und der Finger, die für die gesamte Entwicklung verantwortlich gemacht werden, und schließlich müssen alle Kinder in ihrer Entwicklung das Stadium des Krabbelns durchlaufen, andernfalls ist sicher, dass Ihr Kind später an Lernstörungen, an Lese- und Rechtschreibstörungen oder Rechenstörungen oder sogar an allem zusammen leiden wird.

Vergessen Sie am besten solche »Statements«, wie sich Kinder zu entwickeln haben. All diese Vorstellungen basieren auf einem Entwicklungsverständnis, das keine Anpassung an Umweltbedingungen und keine individuellen Varianten in der Entwicklung kennt, geschweige denn akzeptiert. Deren für Eltern wenig ermutigende Parole lautet: »Was Hänschen nicht lernt, lernt Hans nimmermehr.« Zum Glück hat die Evolution Hänschen und Hans, aber auch Gretelchen und Grete die Möglichkeit, ja den Zwang auferlegt, immer lernen zu können und

lernen zu müssen. Eine Adaptation an veränderte Umweltbedingungen, die auch heute für Menschen mehr als notwendig ist, wäre sonst nicht möglich und auch nicht möglich gewesen. Menschen hätten nicht bis heute überlebt, wenn Entwicklung nur in vorbestimmten, hierarchischen Schritten ablaufen würde. So viel zur Einführung zum zweiten Lebenshalbjahr.

Die Entwicklung der Körpermotorik

Wir wissen bereits (s. S. 34ff.), dass Kinder auf unterschiedlichen Wegen ihre Entwicklungsziele erreichen, weil die Entwicklungspfade sich anpassen an die Umwelt, in der ein Kind aufwächst. Warum und wieso ein Kind unserer Zivilisation sich gerade so und nicht anders zu seinem Entwicklungsziel hin entwickelt hat, ist nicht immer zu erklären oder nachvollziehbar. Daher werde ich mehr auf Entwicklungs*ziele* eingehen, weniger auf Entwicklungs*wege*.

Mit neun Monaten hat ein Baby gelernt, für etwa eine Viertelstunde frei auf dem Boden zu sitzen, mit geradem Rücken und mit nicht ganz gestreckten Beinen, was den Überblick über seine Welt und seinen Drang nach Teilhabe wesentlich erweitert. Die Sitzbasis ist noch etwas breit, damit das Gleichgewicht besser stabil gehalten werden kann.

Mit Strecken und Vor- und Seitwärtsbewegungen wird Spielzeug, das in der Nähe liegt, erreicht und herangezogen, ohne dass das Gleichgewicht in Gefahr gerät. Die Sitzstellung erlaubt Drehungen, womit der Umblick sich leicht zu einem Rundblick erweitern lässt.

Kriechen, Krabbeln, Rutschen

Viele Kinder, jedoch keineswegs alle, benutzen das Sitzen als Ausgangsposition, um langsam, aber sicher oder auch in kürzester Zeit in eine Kriech- oder Krabbelposition zu gelangen. Manche Kinder ziehen es aber vor, mit den Beinen schiebend, auf dem Po rutschend sich vor- oder rückwärts zu bewegen. Um in die Kriech- und Krabbelposition zu kommen, stützen sie sich mit ihren Händen nach vorne ab.

Die aufrechte Haltung erweitert Blickfeld und Aktionsradius Ihres Kindes.

Kriechen (Bauch auf dem Boden, Bewegung mithilfe der gebeugten Arme nach vorne, manchmal auch zurück) und Krabbeln (auch Vierfüßlergang genannt: Arme gestreckt, Körper vom Boden abgehoben, Hüftgelenke und Knie gebeugt) sind Durchgangsstadien der motorischen Entwicklung, die von etwa 15 Prozent aller Kinder nicht durchlaufen werden, ohne dass mit einer solchen »Inkonsistenz« die Bewegungsentwicklung gefährdet wird, was oft behauptet, aber bisher nie wirklich bewiesen worden ist. Wie auch? Eskimobabys oder Babys von Nomaden, die in der Wüste leben, benötigen für ihre motorische Entwicklung kein Krabbeln.

Alle Kinder, die nicht das vierbeinige Krabbelstadium durchlaufen haben, können jedoch, kurz nachdem sie frei gehen gelernt haben, rasch und mit wohl koordinierten Bewegungsabläufen krabbeln: dann nämlich, wenn sie auf dem Boden spielen oder wenn es gilt, schnell ein Ziel zu erreichen, das krabbelnd schneller zu erreichen ist als mit dem noch eher langsamen Gehen. Wie ich immer wieder in Diskussionen höre, sind Böden aus Laminat oder glattem Parkett für Kinder ein erhebliches Krabbelhindernis. Sie finden zu wenig Widerstand mit ihren Knien auf dem Boden. Daher bevorzugen sie Kriechen. Ein schönes Beispiel, wie Umweltbedingungen Entwicklungsverläufe beeinflussen. Wenn Kinder Hosen tragen, die am Knie mit Leder- oder Kunststoffflecken besetzt sind, fällt ihnen das Krabbeln leichter, zumal auf Teppichen, die auch auf glatten Böden fest aufliegen.

Hochziehen zum Stand

Kinder, die nicht krabbeln, haben eher die Tendenz, sich an allen Möbelstücken, die sich dazu eignen, hochzuziehen, was den Rundblick nochmals wesentlich erweitert. Ziemlich sicher ist, dass solche Kinder möglichst bald, *nachahmend* und *teilhabend*, sich so bewegen wollen, wie es auch Erwachsene und ältere Kinder tun. Nicht immer kommen Kinder, die sich mit viel Mühen und Versuchen und mit schrecklich anzuschauenden Fuß- und Beinverrenkungen hochgehievt haben, auch wieder zurück und herunter in eine sichere Sitzstellung. Sie lassen dann, wenn keine Hilfe naht, ihren Halt schließlich los und fallen wie Klötze auf den Boden zurück. Solche Negativerfahrungen halten jedoch nicht von dem nächsten Versuch ab.

Die ersten Schritte, das erste Ziel ist erreicht

Mit Ende des zweiten Lebenshalbjahres gehen die meisten Kinder schon ganz geschickt und sich stützend an Möbeln entlang, oder sie bewegen sich schrittweise vorwärts, begleitet und geführt an einer Hand von einer vertrauten Person. Vielleicht werden schon die ersten freien Schrittchen vorsichtig, aber mit Selbstvertrauen gewagt.

Auch dabei sind Stürze und Hinfallen als Risiko einprogrammiert und kein wesentliches Hindernis in den Bemühungen, zum freien Gehen zu kommen. Es ist ein Erlebnis besonderer Art, einmal genau zuzuschauen, mit welcher Energie, Frustrationstoleranz, Ausdauer, Unermüdlichkeit und Kraft ein Kind versucht, eine motorische Fertigkeit zu lernen, trotz vieler Misserfolge.

Schauen Sie dabei auch in sein Gesicht: Trotz aller Fehlschläge bleibt Ihr Kind vergnügt und unverdrossen. Teilhabe und Imitation sind die großen, nie versagenden Motoren einer gezielten Motivation. Gute Krabbler sind schließlich flink und sicher in ihrer Beweglichkeit geworden. Die Steher, die sich festhalten, haben inzwischen gelernt, unbeschadet, schnell und sicher wieder zum Boden zurückzukommen: Sie hangeln sich ab oder gehen in die Knie und von dort über den Vierfüßlerstand in die Sitzstellung. Nicht wenige Kinder können aber auch bereits vor oder zu ihrem ersten Geburtstag frei und sicher gehen.

Die Bewegungsentwicklung der Hände und Finger

Die Beweglichkeit der Finger und Hände wird im zweiten Lebenshalbjahr zum Kontakt und zur Erforschung von Gegenständen und Spielzeug genutzt. Alles, was in Reichweite der Arme zu finden ist, wird in die Hände und Finger genommen, angeschaut, hin und her gedreht und genau geprüft: mit den Augen, mit den Fingern, mit dem Mund.

Kinder können sich mit solchen Erkundungen von Materialwerten (weich, hart, hölzern, metallisch, kalt, warm, flauschig, kantig) über erstaunlich lange Zeit beschäftigen.

Mit großer Konzentration – denn schon hier wird Konzentration praktiziert! – lernt Ihr Baby mit allen Sinnen, stoffliche Qualitäten zu unterscheiden, etwas über ihre Beschaffenheit zu erfahren und die gewonnenen Erfahrungen zu speichern.

Später reicht oft ein Blick, um zu wissen, ob ein Gegenstand aus Holz, Metall, Kunststoff, Fell oder aus einem Gewebe besteht, wie er sich anfühlen würde und zu welchen Zwecken er gebraucht werden könnte.

Manchmal benutzen auch Erwachsene noch Lippen und Mund, um sich der stofflichen Qualitäten zu versichern, die sie mit Anschauen und Betasten nicht sicher festzulegen vermögen.

Gegenstände, in den Händen gehalten, lassen sich schütteln und aneinanderklopfen, auch der Ton, den sie dabei erzeugen, sagt etwas über die materiellen Qualitäten ihrer Beschaffenheit aus.

Mit dem Daumen und dem gestreckten Zeigefinger werden Schnüre und Kordeln gefasst, die Gegenstände, die mit ihnen verbunden sind, herangezogen. Angebotene Spielsachen oder Gebäckstücke werden genommen, aber noch nicht wieder zurückgegeben.

Am Ende des zweiten Lebenshalbjahres können viele Kinder bereits kleine Gegenstände, wie Fädchen und Krümel, mit präzisem Pinzettengriff (mit der Spitze von Daumen und Zeigefinger) erfassen.

Löffel und andere Gegenstände mit Stiel werden in die Hand genommen, hin und her bewegt und der Versuch gewagt, mit dem Löffel den Mund zu erreichen.

Gegen Ende des zweiten Lebenshalbjahres hat Ihr Kind gelernt, je ein Holzklötzchen mit den ersten drei Fingern seiner Hände zu greifen. Es betrachtet sie genau, steckt sie auch mal abwechselnd in den Mund, und stößt sie aneinander. Wird ihm ein drittes Klötzchen angeboten, wird Ihr Kind eines der gehaltenen aus der Hand fallen lassen, um das angebotene greifen zu können. Etwas später wird es gelernt haben, drei oder auch vier Klötzchen in beiden Händen zu halten.

Die Sprach- und Sprechentwicklung

Im zweiten Lebenshalbjahr entwickelt sich die Sprache in kurzer Zeit in ihren Grundstrukturen.

Dabei wird unübersehbar deutlich, dass viele Elemente der Sprachentwicklung sich parallel nebeneinander und einander überschneidend einstellen, und nicht in zeitlich geregelten Schrittfolgen, wie es ein Reifungskonzept fordern würde. Interessant ist in diesem Zusammenhang, dass gerade Sprachforscherinnen und Sprachforscher, aber auch Sprachtherapeuten weiterhin an einem Reifungskonzept der Sprachentwicklung festhalten. Jedoch, es lassen sich kaum zeitliche Angaben zu den einzelnen Entwicklungsschritten in der Sprache machen, die Sie bei Ihrem Kind zu hören bekommen.

Auf dem Weg zum ersten Wort

Ihr Kind beginnt, wie schon auf S. 108f. im Abschnitt über die Entwicklung im ersten Lebenshalbjahr erwähnt, mit der Artikulation von Silbenketten den Einstieg in seine sprachliche Entwicklung. Bald darauf werden Sie Silbenverdoppelungen zu hören bekommen, wie da-da, ba-ba, ähnlich der Silbenkette, jedoch auf zwei Silben beschränkt.

Die »Sprache« der Silbenverdoppelung wird von allen Babys in der Welt als Durchgang zu ihrer Muttersprache verwendet, mit der sie aufwachsen.

Das ist wohl auch der Grund, warum die nächsten Verwandten überall in der Welt von Kindern mit Silbenverdoppelungen benannt werden, die dann in die Erwachsenensprache übernommen wurden: Ma-ma, Pa-pa. Als nicht deutsches Beispiel möge die rätoromanische Sprache genügen: Der Großvater ist der Ta-t, die Großmutter die Ta-ta.

Symbolsprache

Die Symbolisierung der Silbenverdoppelung geht aber noch weiter und wird dann *Symbolsprache* genannt.
Einige Beispiele: Nam-nam für Essen, Wau-wau für einen Hund, Hei-a für Schlafen, Ad-da für Weggehen. Mit der Symbolsprache verwenden Kinder Silbenkombinationen, die eine feste Bedeutung tragen, die also im Gehirn als eine *Repräsentation* festgelegt sind.
Kinder können durchaus ihre eigene Symbolsprache erfinden. Wichtig ist nur, dass deren Aussage durch das Kind eindeutig festgelegt ist und von den Bindungspersonen auch verstanden wird.
Im zweiten Lebenshalbjahr wird die Sprechlust ausgesprochen lebhaft und munter, nicht nur im vorsprachlichen Dialog mit den nächsten Bindungspersonen, sondern auch in Gesprächen mit sich selbst.
Strukturierte Elemente der späteren Sprache sind in dieser Art der Sprachproduktion kaum herauszuhören, was der vorsprachlichen Lebendigkeit jedoch nichts von ihrer Bedeutung nimmt. Wenn Sie genau darauf achten, werden Sie außerdem feststellen können, dass Ihr Kind immer wieder versucht, Ihre Lippen- und Mundbewegungen zu beobachten und nachzuahmen. Lautliche Äußerungen,

---

INFORMATION

➡ Für die Sprachentwicklung gibt es keine auch nur im Entferntesten besseren Vermittler als die altbekannten Kinderreime, die gelegentlich wegen ihrer Simplizität bei Eltern in Verruf geraten, von Babys und Kindern jedoch immer, und nicht zufällig, geliebt wurden und heute noch geliebt werden.
Ihr Kind lernt in diesem Alter von den meisten alltäglichen Dingen, die ihm selbst wichtig sind, den Namen, wenn es ihn auch noch nicht aussprechen kann. Es versteht auch Aufforderungen und Gestik, wie »Winke-winke« zum Abschied oder »Backe-backe-Kuchen« oder »Wie groß – so groß«, und befolgt sie meist begeistert.

---

wie sie spontan auch Erwachsene produzieren (z. B. hoppla, zacki-zacki), werden begeistert und amüsiert zur Kenntnis genommen und nachzuahmen versucht.
Auch stark sprachlich akzentuierte Kinderreime entzücken Babys, besonders wenn sie von reimunterstützenden, körperlichen Empfindungen und Aktionen begleitet werden, wie »Hoppe, hoppe, Reiter« oder »Hier hast 'nen Taler«.
Jedes Kind sitzt gern auf Ihrem Schoß und spielt mit, wenn Sie ihm seine Finger vorstellen:

»Das ist der Daumen,
 der schüttelt die Pflaumen,
 der hebt sie auf,
 der trägt sie nach Haus,
 und der Kleinste isst sie alle, alle auf.«

Die kognitive Entwicklung

Der Übergang vom ersten zum zweiten Lebenshalbjahr verläuft in der kognitiven Entwicklung fließend, denn, wie neuere Studien zur frühen kognitiven Entwicklung gezeigt haben, beginnen die grundlegenden Prozesse des schlussfolgenden Denkens und der Aufbau der dazugehörigen Gedächtnisse bereits im ersten Lebenshalbjahr. Die fünf dort genannten kognitiven Prozesse (s. S. 109f.) erfahren eine dramatische Ausweitung, was sich in einer stetigen Zunahme von Kenntnissen über die »Welt« niederschlägt und die Neugier nach neuen und weiteren Erfahrungen hoch motiviert. So werden vor allem neue Prototypen und Kategorisierungen (Einordnung und Zuordnung) neuer Begriffe, Tätig-keiten, Gegenstände, Nahrungsmittel, Obstsorten gebildet, andere, bereits erworbene erweitert und präziser differenziert. Das Gleiche gilt für Personen-, Tier- und etwas später auch Pflanzen- und Sachkenntnisse. Als *Repräsentationen* werden sie in den unterschiedlichen Gedächtnissen festgehalten.

Handlungsschemata werden erweitert, die neu und wirksam zu dem Leben eines Kindes hinzugekommen sind: statt Brust und Flasche jetzt andere Schemata für Brei, später zum Nagen Brot und Gebäckstückchen und ein Handlungsschema für Obst und Gemüse, die gemocht oder nicht gemocht werden. Auch die Badesituation hat sich geändert: Die kleine Badewanne hat ausgedient. Die große Wanne wird benutzt, die viel weniger Sicherheitsgefühle erlaubt oder

Nichts ist besser für das kindliche Gehirn als die guten alten Fingerspiele.

nun schon mal zum Baden mit Vater oder Mutter genutzt wird. Die Vorbereitungen für den Schlaf, für das Einschlafen wechseln vom *Handlungsschema* zum *Ritual*.

Theoriebildungen laufen weiter, worauf wir noch zurückkommen werden (s. S. 139). Starke Lernfaktoren sind und bleiben Nachahmung (Imitation) und analoge Schlussfolgerungen: Wenn das immer so war, wird das Neue auch in gleicher Weise gehandhabt werden können.

Das »Ich« beginnt sich zu regen

Babys begreifen nun, dass sie selbst etwas in Bewegung setzen können, selbst geborene Akteure sind in der realen, aber auch in der psychischen Welt. Sie haben begriffen, dass sie Bausteine – oder auch gefährlichere oder wertvollere Gegenstände – umstoßen oder auf den Boden werfen können oder dass sie an einer Schnur ein Spielzeug zu sich heranzuziehen vermögen. Sie haben aber auch gelernt, einen Gegenstand auf den Boden zu werfen, der dann wieder von jemand anderem aufgehoben wird. Daraus lassen sich Spielchen entwickeln, die so lange wie irgend möglich wiederholt werden. Sie wissen nun auch, wie sie es anstellen müssen, um andere Menschen zu bewegen, etwas Gewünschtes für sie zu tun.

Der Blick in die reale Welt

Am Ende des zweiten Lebenshalbjahres finden Babys Spielzeug, das vor ihren Augen versteckt wurde, prompt wieder. Davor galt das Prinzip: aus den Augen, aus dem Sinn. Jetzt ist die Naturkonstante entdeckt worden: Ein Objekt kann nicht einfach verschwinden, sich nicht in Nichts auflösen. Irgendwo muss es sein, auch wenn ich es nicht mehr sehe. In der Sprache der Entwicklungsspezialisten wird dieser Entwicklungsschritt *Objektpermanenz* genannt.

Kind und Mutter sind nun nicht mehr ausschließlich dialogisch auf sich selbst bezogen. Die Mutter, die Bindungspersonen haben etwa um den neunten Lebensmonat begonnen, angeregt durch die unübersehbare Neugier und Sprachaktivität ihres Babys, auch die Umwelt mit in ihre bisher gepflegte Zweisamkeit einzubeziehen.

Mütter zeigen nun zunehmend mit dem Finger auf Gegenstände, die in beider Leben eine wichtige Bedeutung tragen, und sie geben ihnen Namen, die oft wiederholt werden. Später reicht nur ein Blick, dem das Kind folgt. Mütter und Bindungspersonen nehmen also gezielt Einfluss auf die Aufmerksamkeit ihres Kindes und steuern sie in ihrem Sinne – und in dem Sinne der Kultur, der die Mutter angehört. Auf diese Weise wird Sachwissen über die reale Welt vermittelt und gleichzeitig das kulturelle Wissen weitergegeben.

Aber nicht nur die Mutter öffnet gezielt die Türen zu der äußeren Welt. Auch Babys beginnen, die Blicke und das Interesse der Mutter, ihrer Bindungspersonen auf Dinge zu lenken, die sie interessieren und faszinieren. Dazu benutzen sie ebenfalls den Finger, das Zeigen, oder schauen in die Richtung des Interesses. Die Mutter wird dem Finger, diesem Blick sofort mit ihrem Blick, mit ihrem Finger folgen. Kind und Mutter teilen damit Interessen, die bisher nur geringe Bedeutungen in ihrem Leben besaßen:

ein erster Schritt hinaus in die Welt, die nun nicht mehr nur von Emotionen, vom limbischen System und von der rechten Hirnhälfte abhängig ist.

Die linke Hirnhälfte, verantwortlich für sachliches Lernen, beginnt zunehmend, die Aktivitäten der rechten Hirnhälfte auszubalancieren. Es überrascht daher nicht, dass von diesem Entwicklungsschritt ab Kind und Mutter bzw. Bindungspersonen *gemeinsam* lernen: Kinderverse und Kinderreime, Regeln und Benehmen des täglichen Zusammenlebens, Regeln kleiner gemeinsamer Spielchen, Handlungsabläufe und Fertigkeiten, wie z.B. ein Löffel zu handhaben ist oder wie aus einem Becher getrunken werden kann.

Die soziale Entwicklung

Das Besondere der sozialen Entwicklung im zweiten Lebenshalbjahr ist für ein Baby die Entdeckung, dass es auch fremde Menschen außerhalb der Sphäre seiner engsten Bindungspersonen gibt, mit denen soziale Kontakte sich ergeben oder gar notwendig sind. Dafür ist ein anderes soziales Verhalten zu lernen, das von dem bisherigen sehr verschieden ist. Es sei nur an die sozialen Kontakte erinnert, die sich bei den Vorsorgeuntersuchungen ergeben, bei Besuchen von Verwandten oder Freunden oder beim Besuch einer Eltern- oder Babygruppe.

Fremdeln

Zunächst werden fremde Personen meist noch freudig begrüßt, obwohl bereits das Baby erkennt, dass sie fremd sind. Mit zunehmendem Alter beginnt ein Baby dann zu *fremdeln*. Nur noch bekannte Gesichter werden angelacht. Bei fremden Personen wendet sich Ihr Baby ab, unterbricht oder vermeidet einen Blickkontakt, und im ausgeprägtesten Falle entsteht eine heftige Angst- und Protestreaktion.

Eine Fremdelreaktion ist die Weiterentwicklung des *reaktionalen Lächelns*, denn jetzt hat sich relativ plötzlich, wahrscheinlich innerhalb weniger Tage, die Fähigkeit aufgebaut, die individuelle Charakteristik eines Gesichtes zu erkennen und als typisch für eine individuelle Person zu erinnern.

Beispiel: beiderseits verstörte Begrüßung

Ihnen als Mutter oder enger Bindungsperson kann es sogar passieren, dass Sie nicht mehr erkannt werden, falls Sie in dieser eher kurzen Zeitspanne des Aufbaus des »Gesichtererkennens« nicht anwesend waren.

Sie waren im Urlaub, das Baby bei den ihm gut bekannten Großeltern (noch besser, die Großeltern betreuten das Baby in der Wohnung seiner Eltern), Sie kommen zurück, das Kind schaut Sie entgeistert an und flüchtet zum Großvater, zur Großmutter. Sie sind irritiert, ja gekränkt, weil Sie auf eine begeisterte Begrüßung gehofft hatten.

Eine vorsichtige Annäherung ist nun ratsamer als ein Sichaufdrängen, denn Ihrem Kind ist zwar Ihr Gesicht nicht bekannt, wohl aber Ihre Stimme und Ihr Verhalten, es »traut aber seinen Augen nicht«. Es wird sich rasch wieder an Sie gewöhnen und Ihr Gesicht als neue Repräsentation speichern.

Und bedenken Sie dabei: Ihr Kind hat Sie mit Sicherheit vermisst. Hätte es

Unübersehbares Abwenden von Blick, Kopf und Körper: das typische Fremdeln.

schon fragen können, es hätte nach Ihrem Verbleib gefragt. Vielleicht hat Ihr Kind auch ein frustriertes Verhalten den Großeltern geboten. Sie sind verschwunden, von einem Moment auf den anderen, und plötzlich, wie vom Himmel gefallen, sind Sie wieder da. Ein Baby in diesem Alter hat noch keine Zeitvorstellungen und Zeitbegriffe für die Länge von Abwesenheiten. Eine zweite Verunsicherung, Ahnung, kommt dazu: Könnten die Eltern, die Mutter wieder mir nichts, dir nichts verschwinden und vielleicht überhaupt nicht wiederkommen? Ein Verhalten, das durch die Bindungstheorie (s. S. 95ff.) verständlich wird.

Verständlich wird aber auch, dass Babys nach solchen Erfahrungen für eine län-gere Zeit ihre Mütter nicht mehr aus den Augen lassen, heftigst protestieren, auch wenn ihre Bindungspersonen nur »ganz kurz« verschwinden, um den Mülleimer zu leeren oder zur Toilette zu gehen.

Warum fremdeln Kinder?

Fremdeln und Fremdenangst sind erlernte Reaktionen eines biologischen Warnsystems vor fremden Menschen, das fähig ist, Erfahrungen mit zu berücksichtigen. Fremdeln wird in vielen Entwicklungsbüchern noch als eine notwendige Durchgangsphase der normalen Entwicklung beschrieben. Jedoch, wie Untersuchungen gezeigt haben: Gefremdelt wird sehr individuell.

Fremdeln kann sehr früh, schon in den ersten Lebensmonaten, beginnen oder erst im zweiten Lebensjahr. Nicht alle Kinder fremdeln. Wo keine Fremden sind, entsteht keine Fremdenangst. Fremdeln und Fremdenangst sind außerdem abhängig von der Bindungsqualität an die Bindungspersonen. Weiterhin spielen eine Rolle: die Art des Verhaltens, mit dem die Mutter, der Vater auf eine fremde Person reagiert, und ob die Begegnung mit fremden Personen in vertrauter oder unvertrauter Umgebung stattfindet.

Beispiel: gezielte Kontaktaufnahme

Bis zum Ende des zweiten Lebenshalbjahres hat aber, trotz allem Fremdeln, ein Baby gelernt, von sich aus Kontakt mit anderen Menschen, mit Kindern aufzunehmen, fortzuführen, zu beenden oder auch abrupt abzubrechen.

Ein acht Monate alter Junge sitzt auf der Hüfte seiner Mutter, die im Kreise ihrer Freundinnen und Freunde nach dem Skifahren an der Bar ihres Hotels steht. Von diesem sicheren Ort nimmt er strahlenden Blickkontakt mit den Umstehenden auf, lacht sie an, schaut rasch weg, sucht wieder den Kontakt, kräht vor Vergnügen, wenn er wieder mit jemandem Blicke tauschen kann. Er macht sich und einem Teil der anderen daraus ein für alle Beteiligten vergnügliches Spiel. Seine Mutter bekommt die Situation nicht mit, sie ist in ein Gespräch verwickelt.

Eine junge Frau, die partout die Zuwendung des kleinen Jungen gewinnen will, ignoriert er bewusst, er scheint sie nicht wahrnehmen zu wollen, ihre Aufforderung zu Blickkontakten vermeidet er ausgesprochen geschickt. Aber an ihrem Finger lutscht er vergnügt, wohl nicht ahnend, dass es der Finger der Person ist, die gerne von ihm angeschaut würde und ihn gerne auf den Arm genommen hätte.

Die emotionale Entwicklung

Im zweiten Lebenshalbjahr sind Babys meist emotional ausgeglichen, neugierig und darauf aus, möglichst viel vom Leben, das um sie herum abläuft, mitzubekommen. Manchen Vätern und Müttern wird das zu viel. Hilfen können dann sein, so vorhanden und verfügbar: Großeltern, Babygruppen, Elterngruppen, andere Kinder, begabte Babysitter.

Das nahezu ausschließliche Gebundensein an die engsten Bindungspersonen beginnt gegen Ende des ersten Lebensjahres, sich langsam zu lösen. Indirekt eingeleitet wurde die Ablösung bereits durch das entstehende gemeinsame Interesse von Kind und Mutter an Dingen, Lebewesen und Aktivitäten, die bisher außerhalb ihrer exklusiven Gemeinsamkeit lagen. Deutlich wird diese Tendenz mit dem »nach außen« gerichteten und wachsenden Neugierverhalten Ihres Babys (s. Abb. auf S. 50).

Neugier und Unternehmungen mit Rückversicherung

Kinder mit einem sicheren und stabilen Bindungsverhalten versuchen, ihre Neugier in Aktivitäten umzusetzen. Das gelingt auch, wenn Ihr Kind gelernt hat, sich krabbelnd oder kriechend oder mit seiner noch etwas wackeligen Gehfähigkeit von Ihnen fortzubewegen und Entdeckungszüge zu unternehmen.

Krabbelkinder warten oft auf Bestätigung, dass ihre Expeditionen von Ihnen gutgeheißen werden.

Dabei kann es geschehen, dass Sie aus seinem Blickkontakt geraten, den Ihr Baby während seiner Expeditionen versucht, immer zu halten. Es versichert sich damit, dass Sie noch da sind und, wenn notwendig, rasch zu Hilfe eilen können, aber auch, dass Sie ihm Zustimmung, Ermunterung und Lob für seine Freiheiten signalisieren, die es sich mit seinem Fortbewegen aus einem bisher ganz auf Beidseitigkeit gegründeten Leben nimmt.

Ein höchst ambivalentes Unterfangen für beide, für das Baby, aber auch für Sie, ein gewagter, aber unerlässlicher erster Schritt aus dem bisherigen gegenseitigen Bindungsverhalten heraus. Babys benötigen dann in dieser Phase deutlich mehr Zuwendung und Rückversicherung: Blickkontakt, Berühren, Streicheln, Kuscheln, Anlehnen, Gesten des gegenseitigen Verstehens, Küsschen und dergleichen Bestätigungen des Geliebtseins, der Empathie und Akzeptanz.

Alleine spielen, ohne allein zu sein

Dazu kommt, dass Ihr Baby inzwischen gelernt hat, für kürzere oder längere Zeiten sich selbst zu beschäftigen. Das tut es mit Konzentration und Hingabe, sodass Sie auf die Idee kommen, Sie würden eben mal nicht gebraucht und könnten die Zeit für notwendige andere Arbeiten nutzen. Das tun Sie auch. Wenn Sie dabei den Ort verlassen müs-

Ein Schmusetuch ist kein gewöhnlicher Gegenstand. Er repräsentiert die Mutter.

sen, wo Ihr Baby sich gerade aufhält, rufen Sie gelegentlich seinen Namen, um zu versichern, dass Ihr Kind nicht alleine ist, denn Sie haben schon die Erfahrung gemacht, dass Loslösungsprozesse auch Trennungsängste auslösen. Die können jetzt auch das abendliche Zu-Bett-Gehen schwieriger gestalten.

INFORMATION

→ Donald W. Winnicott, 1896–1971, hat den Begriff der *transitorischen Objekte* geprägt. Der englische Kinderarzt, Säuglingsforscher und Psychoanalytiker verstand darunter Dinge, die transitorisch (= vorübergehend) für eine abwesende Mutter bzw. die wichtigste Bindungsperson stehen und dem Kind symbolische Sicherheit geben, dass die Mutter weiterhin existiert. Winnicott hielt das *Ich* von Geburt an für einen starken Motor der menschlichen Entwicklung.

Phasenweise auftretende Trennungsängste sind auch bei stabil und sicher gebundenen Kindern nicht selten. Sie kennen sie wahrscheinlich: Weinen, Klammern, Schreien, »Szenen«, Zornausbrüche, gelegentlich auch aggressive Töne und Handlungen, wenn Ihr Baby mit allen Mitteln versucht, eine Trennung zu verhindern. Wir werden auf Trennungsängste zurückkommen, da sie auch später immer wieder aktiv werden können.

Schmusetuch und Teddy

Gegen Trennungsängste gibt es seit alters her und in allen Kulturen ein probates Rezept. Es sind die so genannten *transitorischen Gegenstände* oder *Übergangsobjekte*, wie der englische Kinderpsychiater Donald W. Winnicott (s. Kasten links) sie nannte.

Was versteckt sich hinter diesen eher abstrakten Begriffen? Zusammenhänge, die Sie sehr wohl und oft auch sehr gut kennen: Plüschtiere, Puppen, »Schmusetücher«, getragene T-Shirts oder Tops der Mutter, Schnuller oder auch der eigene Daumen und Finger, die den Vorzug haben, dass sie nicht zu verlieren sind. Alle diese »Dinge« stehen für eine abwesende Mutter bzw. für die wichtigste Bindungsperson.

Das deutsche Wort »Gegen-stände« bezeichnet sehr treffend die wirkliche Situation: Die Mutter ist nicht mehr Anteil des Kindes, sie haben sich voneinander getrennt und *stehen* sich jetzt *gegenüber*. Transitorische Gegenstände symbolisieren, dass die Mutter weiterhin existiert, auch wenn sie nicht zu sehen ist.

Kinder suchen sich ihre transitorischen Gegenstände selbst, sie können ihnen nicht aufgedrängt oder angedient werden. Die Wahl mag manchmal erstaunen, ist aber zu akzeptieren. Schmusetücher und Kleidungsstücke der Mutter sind nur wirksam, wenn sie den Geruch der Mutter tragen.

Vorsicht mit transitorischen Gegenständen

Transitorische Gegenstände werden selten, wenn überhaupt, gewechselt. Daher Vorsicht: Der Verlust kann eine kleine oder auch größere Katastrophe auslösen. Eine an sich pfiffige, aktive, sicher gebundene Dreijährige lief bei Freunden ihrer Eltern, wo sie häufig und gerne war, suchend und jammernd durch das Haus: »Meine Mammi! Meine Mammi!« Es dauerte eine ganze Zeit, bis die Freunde begriffen, dass ihr kleiner Gast nicht seine Mutter suchte, sondern das Schmusetuch.

Aus alldem folgt, dass transitorische Gegenstände nicht einfach weggenommen oder weggeworfen werden dürfen: Das würde einen nahezu gleichen emotionalen Schmerz auslösen wie der wirkliche Verlust der Mutter. Ein Schmusetuch darf schon mal, nach Verhandlungen mit dem Kind, gewaschen werden. Nach der »Parfümierung« durch die Mutter wird es dann auch wieder akzeptiert. Unverzichtbar sind transitorische Gegenstände, wenn Kinder ohne ihre Mütter oder Bindungspersonen nicht zu Hause übernachten oder wenn sie in einem Kinderkrankenhaus aufgenommen werden müssen.

Angst auslösende Kopfumrisse

Einen anderen Angst auslösenden Mechanismus dieser Altersgruppe möchte ich nicht übergehen: Es sind

---

INFORMATION

→ Transitorische Gegenstände verlieren erst dann ihre Bedeutung, wenn die Mutter symbolisch fest und sicher im Gehirn als so genannte *Repräsentation* gespeichert ist. Trennungsängste sind dann »kognitiv« bewältigt oder sie existieren nicht mehr, wenn sie nicht mehr als reale oder latente Gefahr erlebt werden.

Tatsächlich bleiben Trennungsängste jedoch das ganze Leben über mehr oder weniger latent. Das zeigen auch die geliebten transitorischen Gegenstände, die oft in das Erwachsenenleben mitgenommen werden und einen bevorzugten Ort, meistens im Schlafzimmer, zugewiesen bekommen.

---

die Angstreaktionen bei einer Kopfumrissvergrößerung.

Diese Reaktionen sind nicht selten, werden aber kaum beschrieben und kaum verstanden.

Sie möchten abends ausgehen und sind dabei, sich dafür schön zu machen. Mit Lockenwicklern im Haar beugen Sie sich über das Bettchen, in dem Ihr Kind geschlafen hat.

Ihr Kind jedoch gerät in eine akute Panik, lässt sich nicht beruhigen, auch wenn Sie es hochnehmen. Im Gegenteil, die Panik wird noch schlimmer. Zum Glück und zu Ihrer Überraschung gelingt es Ihrem Mann, der gerade von der Arbeit zurückgekommen ist, sofort, Ihr Baby zu beruhigen.

Zehn Minuten später kommen Sie ohne Lockenwickler ins Wohnzimmer und treten vorsichtig zu Mann und Kind. Ihr Baby lächelt Sie an, als sei nichts gewesen, und lässt sich ohne Protest auf den Arm nehmen. Keine Spur mehr von dem entsetzt schreienden Kind, das zehn Minuten vorher nicht wiederzuerkennen gewesen war. Ihnen blieb der ganze Vorgang rätselhaft. Ihre Lockenwickler haben die Panik ausgelöst!

Auch Väter können Babys schockieren, wenn sie mit Hut, Schutzhelm, Pelzmütze plötzlich vor sie treten. Kopfbedeckungen, z. B. Kronen, vergrößern den Kopfumriss und wirken damit Achtung gebietend. Wer sie trägt, signalisiert Macht, ja Bedrohung. Auch im Tierreich ist dieser Effekt wirksam, denken Sie nur an die gewaltige Mähne der Löwen. So manche Katzenbesitzerin hat sich schon gewundert, weil ihr Haustier die Flucht vor ihr ergriff, ohne zu ahnen, dass eine Pelzmütze, ein großer Hut, sie bedrohlich erscheinen ließ.

Wie das *reaktionale Lachen* besitzt die Kopfumrissvergrößerung eine biologische Auslösefunktion, die prompt funktioniert, bei Tieren und auch bei Babys und Kindern bis in das vierte und fünfte Lebensjahr hinein.

Beispiele: Reaktion auf verändertes Aussehen

Ein damals fünfjähriger Junge, der öfter in meine Sprechstunde kam, geriet in panikartige Zustände, wie die Eltern berichteten, wenn er Personen, meist Männer, mit Hüten sah.

Erst nach vielem Überlegen und Nachfragen kam heraus, dass die Reaktion auf Kopfbedeckungen nach einer Operation

aufgetreten war. Kurz vor der Narkose hatten sich Anästhesist, Schwestern und die Operateure über ihn gebeugt, aus verschiedenen Gründen, alle aber steckten schon in ihrer Operationsbekleidung und hatten ihre Schutzmützen aufgesetzt.

Schon bei Homer in der Ilias, also in der allerersten abendländischen Literatur, wird sehr anrührend über dieses Phänomen berichtet.

Der in voller Rüstung steckende Held Hektor will sich vor dem Kampf mit Achill, der ihn das Leben kosten wird, von seiner Frau und dem kleinen Sohn verabschieden. Er trägt einen Helm mit wallendem Pferdeschweif auf dem Kopf. Das Kind gerät bei dem Anblick seines Vaters in Panik. Der scheint den Grund der Angst zu kennen oder zu ahnen, denn er versteht und reagiert ohne Verzug:

»Sogleich nahm er herab vom Haupt den Helm, der strahlende Hektor.

Und setzte ihn nieder zu Boden, den hell schimmernden.«

Aber lesen Sie selbst nach, wenn es Sie interessiert: sechster Gesang, ab Zeile 460.

Altersgebundene Besonderheiten

Im zweiten Lebenshalbjahr nimmt die Gefährdung durch Unfälle deutlich zu, weil Babys sich nun viel mehr selbstständig bewegen. Seh- und Hörleistungen haben an Präzision gewonnen, die Schlafzeiten sind deutlich kürzer geworden, aber immer noch lang.

Sehen und Hören

Im zweiten Lebenshalbjahr können Sie aus allen Reaktionen und Aktivitäten Ihres Kindes einen sicheren Eindruck über seine Hör- und Sehfähigkeit gewinnen. Wenn Sie die geringsten Zweifel haben, lassen Sie diese überprüfen, selbst wenn das bereits und vielleicht mehrfach erfolgt sein sollte. Am Ende des ersten Lebensjahres muss die volle Hör- und Sehfähigkeit sichergestellt sein.

Schlafen und Schlafzeiten

Die auf S. 114f. für das erste Lebenshalbjahr beschriebenen Schlafzeiten und Schlafbedingungen sind weiter gültig.

Auf einen Blick:

Gefährdungen durch Unfälle

Zu den auf S. 117 bereits genannten Ursachen für Gefährdungen durch Unfälle im ersten Lebenshalbjahr kommen im zweiten Halbjahr andere und neue hinzu, die vor allem durch die gewonnene Bewegungsfreiheit heraufbeschworen werden.

Gefahren in Haus und Wohnung

◆ Grundsätzlich keine Gehfreigeräte verwenden. Sie tragen ein hohes Risiko für Stürze und Kopfverletzungen: Stürze an Schwellen, am Beginn von Teppichen, Anstoßen an bewegliche Möbel, Treppenstürze.
◆ Vorsicht bei Gitterbetten, an denen sich Kinder zum Stehen hochziehen können. Bei zu niedrigem Gitter: Gefahr, aus dem Gitterbett zu stürzen. Gitterbefestigung muss gesichert sein.
◆ Kinderhochstühle: Sturz aus und mit dem Kinderhochstuhl. Empfohlen werden von Experten Kinderstühle, die am Tisch befestigt werden können.
◆ Vorsicht mit Schränken, deren Türen von krabbelnden oder sich hochziehenden Kindern geöffnet werden können: Inhalte kontrollieren!
◆ Keine Putz- und Waschmittel, keine Medikamente, keinen Pflanzendünger, keine Tabakwaren in Reichweite eines Kindes.
◆ Babys nie in der Badewanne alleine lassen, auch wenn sie schon sicher sitzen können.

Gefahren im Freien und unterwegs

◆ Autotransporte nur nach Vorschrift der Autositzhersteller.
◆ Keine Gartenchemikalien, keine Pflanzenschutzmittel, keinen Pflanzendünger in Reichweite eines Kindes.
◆ Vorsicht mit allen Wassergefäßen, Wassertonnen im Garten oder mit Schwimmbecken, ja sogar mit allen flachen Wasserflächen für Wasser liebende Pflanzen in Ihrem Hausgarten. Die Ertrinkungsgefahr ist sehr groß, da Kinder in diesem Alter sich selbst noch nicht zu helfen vermögen.

Das dritte Lebenshalbjahr: 13. bis 18. Lebensmonat

Teilhaben, Dabeisein, Imitation und Einflussnahme auf die nächsten Bindungsper-
sonen sind Kindern inzwischen zu Selbstverständlichkeiten geworden. Gleichzeitig
sind sie durch ihre Abhängigkeit noch vital auf ihre Bindungspersonen angewiesen.
Daraus wird mit der Zeit ein Konfliktpotenzial entstehen.

Altersgebundene Entwicklung

Zu Beginn dieses Altersabschnittes ist noch einmal darauf zu verweisen, dass auch in diesem Alter die individuelle zeitliche Breite, die Variabilität der einzelnen Entwicklungspfade, weiterhin enorm ist. Die angegebenen Entwicklungsdaten treffen daher auf etwa 50 bis 80 Prozent der Kinder dieses Alters zu. Das heißt, in anderen Worten: Viele Kinder sind schon deutlich weiter in ihrer Entwicklung, manche lassen sich dagegen Zeit. Mit den Grenzsteinen (s. S. 210 bis 223) können Sie nachschauen, ob die Entwicklung Ihres Kindes tatsächlich verzögert ist, wenn Sie dies befürchten.

Die Entwicklung der Körpermotorik

Bis zum 18. Lebensmonat haben alle Kinder, auch Spätentwickler der Motorik, das freie Gehen mit guter Gleichgewichtskontrolle sicher gelernt. Die Arme werden gelegentlich und noch bei dem einen oder anderen Kind als Hilfe zur Balance, leicht abgespreizt, die Schrittfolge, aus dem gleichen Grund, noch etwas breit gehalten. Viele Kinder können in diesem Alter schon schnell gehen und laufen, oft noch mit einem auf den Boden gerichteten Blick, um sich eine freie Bahn zu sichern. Denn das haben sie gelernt: Stürze können schmerzhaft sein, besser ist es, sie zu vermeiden. Wägelchen werden geschoben, wobei Kinder, die noch nicht sicher auf den Beinen sind, sich an dem Rand oder an einem Griff gleichzeitig auch festhalten. Schon

bald, wenn das freie Gehen einigermaßen sicher möglich ist, beginnen Kinder, ihre Lieblingspuppe oder ein Plüschtier mit sich herumzutragen.

Auch an Treppen wagen sie sich jetzt. Beim Hinaufgehen sind sie für eine Handführung durch Erwachsene dankbar. Das Abwärtsgehen scheint zunächst ein gefährliches Unternehmen zu sein, das ist ihnen durchaus bewusst. Zur Überraschung vieler Eltern lernen Kinder in diesem Alter rasch und sehr gekonnt, rückwärts und vorsichtig auf allen vieren die Treppe wieder herunterzukommen. Sie finden die Lösung meist selbst, da ein einfaches Nachahmen selten und nur bei etwa Gleichaltrigen möglich ist. Ihr Kind nähert sich der Treppe. Sie sehen es mit Bangen und stehen bereit. Gerade noch rechtzeitig geht es in den Vierfüßlerstand, dreht sich um und versucht, mit einem Bein die nächste untere Treppenstufe zu erreichen, dann folgt das andere Bein, dann werden die Arme für die nächste Stufe in die richtige Abstützstellung gebracht und so weiter, bis die unterste Stufe erreicht ist. In wenigen Tagen wächst die Geschicklichkeit, mit präziser motorischer Koordination und gleichzeitiger Vorsicht das Treppenproblem zu lösen, zur Verblüffung der Eltern. Denn Ihr Kind ist nicht länger bereit zu warten, bis ihm jemand die Treppe hinunterhilft. Es könnte unten ja etwas versäumen: Der Drang zur Teilhabe bewährt sich wieder einmal als die beste Motivation. Im Übrigen werden Kinder auch versuchen, auf die gleiche Weise eine Treppe zu erklimmen, wenn kein Halt für die Hand eines Kleinkindes erreichbar ist. Sessel, Sofas, Stühle werden erklettert,

Irgendwann wird es auch diesem Kind gelingen, mit dem Löffel den Mund zu finden.

um sich dort breit, aber auch, um es sich dort gemütlich zu machen (Imitation), wenn möglich mit Teddy oder Plüschtier. Hilfe ist allerdings noch notwendig, wenn der Platz in einem Hochstuhl eingenommen werden soll.

Kinder in diesem Alter sind noch ohne Schwierigkeiten fähig, in der Hocke zu spielen oder ein herabgefallenes Spielzeug, Bauklötzchen vom Boden aufzuheben. Auch die nicht ganz leichte Aufgabe, selbstständig aus dem Liegen direkt und ohne Umwege zum Sitzen und Stehen zu gelangen, wird jetzt flüssig und vielleicht noch mit einer geringen Starthilfe der Arme geschafft.

Die Bewegungsentwicklung der Hände und Finger

Mit dem Pinzettengriff, notwendig für eine perfekte Feinmotorik, ist es jetzt möglich, kleinste Gegenstände zu fassen. Gelegentlich, besonders wenn die Möglichkeit der Imitation, wie bei malenden Geschwistern, gegeben ist, wird schon ein Bleistift in die Faust genommen und die ersten Kritzeleien werden produ-

ziert, mit sichtbarem Stolz. Wenn Sie es Ihrem Kind zeigen, stellt es mit vorsichtigem Pinzettengriff zwei Bauklötzchen aufeinander. Eine Tasse wird beidhändig gehalten und aus ihr getrunken. Mit dem Löffel zu essen gelingt noch wenig effektiv. Kinder setzen ihre Zeigefinger ein, um auf Dinge, Bilder, Spielsachen zu zeigen und – mit nun schon präzisen Feinbewegungen – vorsichtig einen Gegenstand, ein Spielzeug, ein Krabbeltier zu berühren, das ihnen nicht ganz geheuer erscheint. Wenn Sie Ihr Kind dazu auffordern: »Gib mir bitte …«, legt es Dinge, die es in der Hand hält, in Ihre Hand.

Die Sprach- und Sprechentwicklung

Im dritten Lebenshalbjahr ist die sprachliche Entwicklung von einer besonders hohen individuellen Variabilität und Vielfalt geprägt. Sie folgt auch weiterhin keiner programmierten, vorhersagbaren Schritt-für-Schritt-Folge. Manche sprachlich unterschiedlichen Durchgangsphänomene sind bei einem Kind kaum zu bemerken, während andere Kinder sie über lange Zeit nutzen, manchmal sogar bis weit in das zweite Lebensjahr hinein. Meistens werden mehrere sprachliche Übergangsformen parallel verwendet, mit Übergängen bis zu den höher entwickelten Sprachfähigkeiten. Neben der bereits dargestellten Silbenverdoppelung und der Symbolsprache (s. S. 123) werden im dritten Lebenshalbjahr eine Art von *Pseudosprache* und eine *Einwortsprache*, manchmal auch schon eine *Zweiwortsprache* (s. S. 138 und S. 147f.) zur sprachlichen Kommunikation benutzt.

Pseudosprache

Sie findet in der Literatur der Sprachentwicklung kaum Erwähnung, obgleich sie, auch für die Eltern, zu den auffälligsten und häufigsten Durchgangsformen der Sprachentwicklung gehört. Charakterisiert wird sie durch eine lebhafte und spontane Artikulation, die sich deutlich strukturiert anhört, als ob ihr eine Grammatik unterlegt wäre. Wer Kindern dabei genauer zuhört, meint, Frage- und Nebensätze zu hören, aber zu verstehen ist diese Sprachform für Erwachsene nicht. Aussprache, Sprachmelodie und Satzbau klingen ähnlich wie die Muttersprache.

Kinder benutzen eine Pseudosprache, wenn sie z.B. mit einem Spieltelefon oder mit einem richtigen Telefon in der Hand telefonieren, in einem nachahmenden Spiel oder während eines wirklichen Gesprächs, z.B. mit den Großeltern. Aber auch Zwillinge unterhalten sich oft in einer Pseudosprache. Zur Verblüffung zuhörender Erwachsener scheinen sich die beiden bestens zu verstehen. Sie lachen miteinander, oder sie scheinen sich ein bisschen zu streiten.

Die Pseudosprache ist meist parallel zu anderen Übergangsformen der Sprachentwicklung zu hören. Manche Kinder scheinen eine Pseudosprache nie genutzt zu haben, einige nur für sehr kurze Zeit, einige ausgiebig und intensiv und einige über längere Zeiträume hinweg.

Das Phänomen der Pseudosprache ist nicht leicht zu erklären. Die für mich einsichtigste Erklärung wäre: Sie ist imitationsbedingt. Kinder ahmen, als eine Form der Teilhabe, des Dabeiseins, die Sprachmelodie und Aussprache der Muttersprache, in der sie aufwachsen, nach. Kinder von Eltern, die ihren Kindern gegenüber keine »Babysprache« benutzen (aus welchen Gründen auch immer, Zitat und Argumentation: »Wir sprechen zu unseren Kindern von Anfang an nur in der richtigen Sprache und nicht in dieser idiotischen und dümmlichen Babysprache!«), scheinen eher geneigt, die Sprache ihrer Eltern zu imitieren, eben mit einer Pseudosprache.

Kinder, die längere Zeit in einer Babysprache geredet haben, wechseln dann ziemlich plötzlich und unvermittelt und ohne wesentliche Sprach- und Sprechschwierigkeiten in die normale Sprachentwicklung der Zwei- und Dreiwortsprache über.

Eine Besorgnis erregende Auffälligkeit in der Sprachentwicklung ist sie jedenfalls nicht.

> ### INFORMATION
>
> ➔ Die Sprachforscherin Hannelore Grimm hat untersucht, welche Worte zuerst gelernt werden: Mama, Papa (natürlich! Aber nicht immer), nein, Hund, Ball, danke, Baby.
>
> Aufgrund unseres Wissens über die Umweltkonditionen, die auch die Sprachentwicklung beeinflussen, wissen wir aber, dass die ersten Worte auch davon abhängig sein werden, welche Wörter in einer Familie häufig gesprochen werden. Es sei nur an das Beispiel der Felsengebirge in den Alpen erinnert, die »repariert« werden müssen (s. S. 93).

Einwortsprache

Die Einwortsprache bedeutet den endgültigen Einstieg in die Ziel- oder Muttersprache. Die einzelnen, jetzt verfügbaren Worte werden in Betonung der Silben und im Rhythmus der Muttersprache korrekt ausgesprochen.

Kinder verwenden jedoch noch einen anderen Sprachtyp als Einwortsprache. Ich habe ihn die *aktionale Einwortsprache* genannt, weil sie für Aktionen und nicht für Subjekte oder Objekte verwendet wird. Einige Beispiele seien genannt: »Heiß« für »Vorsicht, ist heiß« oder »Ist das Essen heiß?«, »Nug« für »genug«, »weg«, »mag nicht mehr«. »Weg« für »weggehen«, »wegnehmen«, »Der oder das soll weggehen bzw. weggenommen werden«. »Ham« für »haben wollen«, »naus« für »Gehen wir raus?« oder »Ich will raus.« – »Auf« für aufmachen, öffnen, »an« für anziehen.

Welche sprachlichen Fähigkeiten Ihr Kind inzwischen auch erworben hat: Sie werden lebhaft genutzt, wo Ihr Kind geht und steht. Sein Stimmchen wird überall in »Haus und Hof« zu hören sein, besonders wenn es ihm gut geht.

Nichtsprachliche Kommunikation

Neben den sprachlichen Entwicklungsfortschritten nutzen Kinder in der Zeit zwischen dem ersten und zweiten Lebensjahr auch Gesten und das Mienenspiel, um sich anderen Menschen verständlich zu machen. Kinder setzen Gesten und Mimik spontan ein, lernen aber auch durch Nachahmung, durch

Gelernte Handlungsschemata werden auf »Als-ob-Spiele« übertragen.

Imitation rasch und perfekt. Eltern übernehmen nicht selten die »Körpersprache« ihres Kindes: Aus einem einseitigen Nachahmen wird ein dialogisches Nachahmen, so wie es bereits an dem Beispiel des Babys geschildert wurde, das, auf der Hüfte seiner Mutter sitzend, Kontakt mit allen ansprechbaren Personen aufnahm, allerdings nur zu denen, die ihm gefielen (s. S 128).

Einige Beispiele: Zusammengepresste Lippen bedeuten: »Satt«, »Genug«. Zeigen mit dem Finger: »Haben wollen«. Abwenden des Kopfes: »Genug«, »Störe, belästige mich nicht weiter.« Hand an die Stirn oder Augen geschlossen: »Müde«. Die Sprachentwicklung wird durch Gesten und Mimik zur Kommunikation nicht verzögert, im Gegenteil. Das zeigen Untersuchungen in den USA: Kinder, die auf diese Weise kommunizierten, erwarben schneller sprachliche Fähigkeiten und einen größeren Wortschatz als andere, die keine nichtsprachliche Kommunikation im Verlauf der Sprachentwicklung nutzten.

Die kognitive Entwicklung

Die Ablösung aus der gegenseitigen starken Abhängigkeit zwischen Mutter und Kind zeigt sich deutlich in der Tatsache, dass Kinder nun fähig werden, für sich und in eigener Regie zu spielen und spielend auf eigene Faust zu lernen. Zuvor lag der Schwerpunkt, lernend zu »forschen«, im Wahrnehmen und Speichern von Stoff- und Materialqualitäten mit »allen Sinnen« und in einem dem Alter entsprechend noch sehr eingeschränkten Ausprobieren, was mit den unterschiedlichsten Dingen getan werden kann und welchem Zweck sie dienlich sein könnten (s. S. 121f.).

Das Bekannte nachspielen

Die eigenen Aktivitäten werden nun darauf gerichtet, was mit den Dingen, den Spielsachen, die inzwischen bekannt sind, wirklich getan werden kann und welche Verwendung sie in der Welt der Erwachsenen finden.

Hier kommen wieder Nachahmung und Imitation ins Spiel. Die stoffliche Beschaffenheit eines Objektes muss nicht mehr mit dem Mund überprüft werden. Sie zu bestimmen reichen nun gelernte *Repräsentationen* und Kategorien im Gehirn, die rasche Zuordnungen von neuen Materialerfahrungen und deren Zwecken erlauben. Die Phase des »Alles-in-den-Mund-nehmen-Müssens« ist damit beendet.

Bauklötzchen werden ein- und ausgeladen, der beladene Wagen hin- und hergeschoben, erste »Als-ob-Spiele«, die auch Nachahmungsspiele genannt werden könnten, erscheinen. Sie werden mit einem vorgegebenen *Schema* oder *Skript*, noch in einfachsten Ausführungen, durchgespielt: Die Lieblingspuppe, ein geliebtes Plüschtier wird gefüttert, gewickelt, gekämmt. Die ersten Bilderbücher werden genau betrachtet, das eine oder andere bevorzugt.

Auch an sich selbst versucht ein Kind auszuprobieren, was an ihm geschieht: Die Haare zu kämmen, Schuhe, Strümpfe auszuziehen, mit dem Löffel zu essen, sich aus Blättern einen Salat, Gemüse zu bereiten, aus einem leeren Behältnis zu trinken, wie aus dem Becher bei den Mahlzeiten.

Am Alltag teilnehmen

Die Wahrnehmung neuer Dinge, Pflanzen und Tiere, deren richtiges Zuordnen in Kategorien, die sinnvolle Verknüpfung neuer Erfahrungen zu größeren Kategorien und Komplexen, geordnet im Gehirn als *Schemata* oder *Skripts*, der Ausbau der Gedächtnisse also, beansprucht in diesem Alter die kognitive Entwicklung Ihres Kindes in ganz besonderem Maße. *Schemata* und *Skripts* nehmen an Umfang und Neuerwerb dramatisch zu, da sich die Teilnahme, besonders an dem Leben der Familie, in dieser Zeitphase erheblich erweitert.

Ihr Kind nimmt viel mehr als bisher an Ihrem Familienleben teil, es sitzt mit am Tisch, es benötigt nicht mehr so viel Schlaf, und es will in dieser gewonnenen Zeit von Ihnen beschäftigt und unterhalten sein.

Es lässt sich auch anders sagen: Ihr Kind wünscht sich von Ihnen Hilfe und Unterstützung, für neues Lernen und für neue Erfahrungen aus dem täglichen Leben, das ihm am nächsten ist, damit es zunehmend kompetenter daran teilzunehmen vermag. Denn das vor allem ist sein erklärtes Ziel.

Die soziale Entwicklung

Das Kind hält mit den bekannten, engeren und weiteren Bindungspersonen vertrauten und verlässlichen Kontakt. Fremde Personen begrüßt es meist mit Zurückhaltung. Sofortige Kontakte sind selten, und wenn, dann nur bei Personen, die eine Begabung besitzen, auf Kinder und ihre Welten besonders gut einzugehen. Erschleichen lässt sich in diesem Alter Vertrauen und Zutrauen eines Kindes nicht. Das elterliche Verhalten zu einer fremden Person beeinflusst auch das Verhalten ihres Kindes.

Kinder dieses Alters bleiben noch nicht ohne Weiteres alleine bei befreundeten Familien. Sie tun dies nur bei ihnen sehr gut bekannten Personen wie z. B. bei Großeltern, die in der Nähe wohnen und ihnen seit Langem bekannt sind. Das »Lange-bekannt-Sein« ist der Schlüsselbegriff: Auch Freunde, Verwandte, eine Tagesmutter, eine Babysitterin oder ein Babysitter können die Betreuung vorübergehend übernehmen, ohne Kinder zu frustrieren oder sie in stumme oder lauthals geäußerte, aber in jedem Fall ernst zu nehmende Verzweiflung zu treiben.

Kinderspielplatz: erweitertes Aktionsfeld

Sie schaffen Ihrem Kind, gerade auf einem Kinderspielplatz, der bei Müttern und Vätern oft gemischte Gefühle auslöst, die notwendige Erfahrung, selbst aktiv werden zu können, sich selber zu beschäftigen, sich mit anderen Kindern auseinanderzusetzen, sich selbst einzuschätzen, selbstständig zu werden und das alles unter Ihren Blicken und mit Ihrer Ermutigung. Auf einem Spielplatz wird Ihr Kind die Chance haben, seine ersten erweiterten sozialen *Schemata* und *Skripts* auszuprobieren und einzuüben, und Sie werden dabei schon früh besondere Charaktereigenschaften Ihres Kindes kennen lernen, die Ihnen sonst noch eine Weile verborgen geblieben wären. Gemeinsame, strukturierte Spiele mit anderen Kindern sind jedoch noch nicht möglich. Kinder in diesem Alter suchen sich ihre Spiele und Aktivitäten selbst.

Sie spielen, wenn sie gleichaltrige Kinder spielen sehen, zwar auch, aber nicht gemeinsam, sondern nebeneinanderher, jedes für sich, aber sie behalten sich im Auge.

Rituale geben Sicherheit

Begrüßungs- und Verabschiedungsrituale bilden dabei besonders wichtige, vertrauensbildende Maßnahmen für alle Beteiligten, nicht nur für Kleinkinder und engere Bindungspersonen: Winken, in den Arm nehmen, Küsschen, Erklärungen, wohin die Mutter, der Vater geht, wann sie wiederkommen werden. Bei diesen Erklärungen kommt es nicht darauf an, ob ein Kind die Bedeutung der Worte zu verstehen vermag. Der emotional vermittelte Inhalt einer Mitteilung wird auf jeden Fall erschlossen und verstanden. Viele Kinder werden, wenn sie sprechen können, mit ernstem Gesicht und wichtiger Miene verkündigen, dass der Vater, die Mutter »bei Arbeit« sind, obwohl sie noch wenig Ahnung davon haben, was das Wort »Arbeit« bedeutet. Dass Arbeit anscheinend etwas im Leben der Familie Wichtiges sein muss, begreifen sie gut, und sie werden ihr Teil dazu beitragen, denn sie nehmen es auf sich, das Getrenntsein möglichst klaglos zu ertragen. Aber sie werden ebenso gut emotional ambivalente Botschaften verstehen und ebenso ambivalent dann auf Trennungen reagieren.

Die emotionale Entwicklung

Emotionen sind oft von sozialen Bedingungen abhängig. So könnte die eben geschilderte Situation der Trennung von

Der Kinderspielplatz ist ein Übungsfeld für Motorik und erste soziale Kontakte.

Eltern, die ein emotionales Verkraften, eine emotionale Kompetenz eines Kindes voraussetzt, auch im Zusammenhang mit der emotionalen Entwicklung angesprochen und abgehandelt werden. Im Gegensatz zu der sozialen, kognitiven und motorischen Entwicklung bleibt die emotionale Entwicklung auf einem am Ende des ersten Lebensjahres erreichten Plateau, einem Plateau, das einem Netz vergleichbar ist, das andere Entwicklungsfortschritte absichern hilft.

Der unerlässliche Ablösungsprozess

Wir sprachen von dem Ablösungsprozess, der im dritten Lebenshalbjahr einsetzt, einem Prozess von großer Ambivalenz für Kind und Mutter. Die emotionale Stabilität eines Kindes zu einer »geschützten« Loslösung bieten Mütter oder andere enge Bindungspersonen, obwohl sie selbst in den Loslösungsprozess eingebunden sind. Sie geben dem Kind eine emotionale Rückendeckung für seine eigenen Unternehmungen, hin zu einer Persönlichkeit.

Verlässlichkeit und Nähe

Körperliche Nähe zur Bestätigung des Schutzes, der Bestätigung des Angenommenseins, Lob, verständnisvolle, aber klare Korrekturen eines nicht akzeptablen Verhaltens, auf dem Schoß sitzend ein erstes Bilderbuch gemeinsam zu betrachten, Kinderverse vorzulesen oder gegenseitig sich mit Fingerspielchen zu erfreuen und dabei Glückshormone wirksam werden zu lassen – das sind die wichtigsten emotionalen Stabilisatoren für Kind und Mutter in diesem Alter. Denn meist gilt: Ist das Kind mit sich und der Welt zufrieden, ist es die Mutter auch. Das immer noch sehr enge Band zwischen beiden, obwohl lockerer werdend, trägt und hält und muss auch noch eine ganze Weile halten.

Trennungsängste drohen, trotz einer guten und stabilen Bindung, immer wieder, mal stärker, mal weniger, mal gut kompensierbar, mal weniger gut kompensierbar. Deswegen hat die emotionale Verlässlichkeit von Bindungspersonen eine so große Bedeutung.

Auch die *transitorischen Gegenstände* (s. S. 130f.) bleiben zur Stabilisierung der Emotionen und als »Talismane« gegen Trennungsängste tagsüber und in der Nacht wichtig.

Erwähnenswert ist in diesem emotionalen Zusammenhang, dass in Frankreich Kinder ab 18 Monaten Gelegenheit haben, für einige Stunden in einen Kindergarten zu gehen, und in dieser Zeit von ihren Müttern getrennt sind.

Altersgebundene Besonderheiten

Sehen und Hören müssen immer wieder überprüft werden. Einschlafrituale erweisen sich als hilfreich. Kinder bewegen sich jetzt selbstständig und frei, womit die Unfallgefährdung wächst.

Sehen und Hören

Schon bis zum Ende des ersten Lebensjahres muss vollkommen sicher sein, dass Ihr Kind gut sieht und hört. Im dritten Lebenshalbjahr könnte eine Sprachentwicklungsverzögerung auf eine Hörbeeinträchtigung verweisen. Hört Ihr Kind Ihnen gut zu? Befolgt es kleine Aufträge, wie »Hol deine Schuhe, deinen Schlafanzug, dein Kuscheltier«? Freut sich Ihr Kind, wenn Sie ihm kleine Kinderreime vorsingen oder zusammen mit ihm versuchen, sie zu artikulieren? Klatscht es dabei in die Hände? Können Sie mit ihm ein Bilderbuch betrachten? Hört es Ihren Kommentaren zu? Versucht Ihr Kind, Ihnen etwas zu sagen, und tut es das auf eine seinem Alter entsprechende Weise? Beschaut Ihr Kind, auch von sich aus, Bilder aus einem Bilderbuch genau, gibt es dazu Kommentare? Kann Ihr Kind Krümel sehen und mit Daumen- und Zeigefingerspitze (Pinzettengriff) fassen? Erkennt Ihr Kind Personen oder, besser noch, leblose Gegenstände in einiger Entfernung drinnen und draußen sicher?

All diese Fragen sollen Ihnen helfen, sicherzustellen, dass kein Verdacht auf eine Seh- oder Hörbehinderung besteht.

Schlafen und Schlafzeiten

Zu Beginn des zweiten Lebensjahres vermindert sich das Schlafbedürfnis. Der Vormittagsschlaf entfällt bald, der Nachmittagsschlaf wird noch eine Weile durchgehalten.

Schmusetuch oder Kuscheltiere bleiben die Begleiter in den Schlaf, und sie begrüßen das Kind, wenn es wieder aufwacht. Weiterhin gelten die Schlafregeln des ersten Lebenshalbjahres (s. S. 113ff.). Meist benötigen Kinder in diesem Alter ein Einschlafritual, das sich in den Familien oft von selbst herausbildet: eine Geschichte, ein Lied oder Gebet, ein Küsschen oder Kombinationen solcher Einschlafhilfen.

Ein nicht zu großes Kopfkissen kann jetzt, wenn gewünscht, benutzt werden. Abgedunkeltes Licht vermindert Ängste. Der Lautpegel in der Wohnung sollte reduziert sein, jedoch nicht bis zur Stille. Kinder schlafen besser ein, wenn sie hören, dass das Leben weiterläuft. Tiefe Stille signalisiert eher, dass etwas nicht stimmen könnte, dass die Eltern vielleicht gar nicht mehr da sind: verständliche Sorgen, die das ruhige Einschlafen eines Kindes eher verhindern als fördern.

Auf einen Blick:

Gefährdungen durch Unfälle

Zu den auf S. 133 für das zweite Lebenshalbjahr genannten Unfallgefährdungen kommen neue Gefahren hinzu.

Gefährdungen durch Hochziehen

- Verbrennungen durch kochendes und heißes Wasser.
- Verbrennungen beim Grillen.
- Festhalten an einer Tischdecke, Herabziehen und Gefährdung durch herabfallendes Geschirr und dessen Inhalt.

Risiken durch freies Bewegen

- Verletzungen durch Werkzeuge.
- Abstürze von ungesicherten Mauern, Kanten, Höhenunterschieden.
- Ertrinken in Wassertonnen, Schwimmbecken oder flachen Gartenteichen. Selbst in einer Badewanne mit nur 5 cm Wassertiefe können Kleinkinder ertrinken!
- Stürze aus dem Fenster.

Vergiftungsgefahren

- Neben den auf S. 133 genannten Gefahren gibt es neue durch Wildfrüchte, Zierfrüchte. Checken Sie zunächst Ihren Garten, Ihr Blumenfenster etc. auf Giftpflanzen!
- Die meisten solcher Unfälle ereignen sich allerdings auf fremdem Gelände, bei Freunden, Verwandten oder Nachbarn!

Das vierte Lebenshalbjahr: 19. bis 24. Lebensmonat

Der zweite Geburtstag wird von den meisten Eltern als Abschluss der Babyzeit erlebt. Ein gewisses Entwicklungsplateau ist erreicht. Kinder dieses Alters verfügen nun über eine gewisse Selbstständigkeit. Diese Freiheit wird aber auch als Bedrohung der noch sehr engen Bindungen erlebt, auf die Kinder weiterhin ganz und gar angewiesen sind.

Altersgebundene Entwicklung

Ihr Kind ist jetzt Teil der Familie geworden. Es hat sich nun auch als Persönlichkeit endgültig eingebracht und nimmt ganz selbstverständlich teil. Es gehört einfach dazu.

Ein Baby ist es nicht mehr, auch nicht nach seiner ganz persönlichen Meinung! Das macht sich in Ihrer veränderten Haltung zu Ihrem Kind bemerkbar. Sie umsorgen, pflegen und behüten Ihr Kind nicht mehr – Sie sollten das auch nicht mehr tun – wie ein Baby, es ist nicht mehr in dieser direkten Weise auf Sie angewiesen. Manchen Müttern fällt dieses Übernehmen ihres Kindes in den Familienablauf nicht leicht. Jedoch: Ihr Kind hat inzwischen an Persönlichkeit gewonnen, es weiß, was es will, meint auch oft, es könne viel mehr, als es tatsächlich kann, und das bestimmt seine Vorstellungen vom Leben mit anderen.

Mit dieser Konstellation ist auch ein Konfliktszenarium vorprogrammiert, das gegen Ende des zweiten Lebensjahres zu heftigen Auseinandersetzungen mit Vater und Mutter oder auch mit Geschwistern führen wird. Das so genannte Trotzalter, ein emotionales Ausdrucksphänomen, wird uns daher in diesem Lebensalter besonders beschäftigen müssen (s. S. 154–162).

Die Entwicklung der Körpermotorik

Gegen Ende des zweiten Lebensjahres haben alle sich gesund entwickelnden Kinder, auch die, die im Entwicklungspfad Körpermotorik sich etwas langsamer vorwärtsbewegen, das freie Gehen sicher gelernt: Manchmal mit großen Mühen und Anstrengungen und immer wieder mit neuer, unerschöpflicher Motivation und mit meist ungebrochener guter Laune. Unter ähnlichen Bedingungen könnten wir Erwachsenen kaum so vergnügt bleiben. Woher Kinder ihre Motivation, Ausdauer und gute Laune beziehen, ist uns inzwischen klar: Lernen und Teilhaben, in welchen Entwicklungspfaden auch immer.

Aber nicht allein das freie Gehen mit sicherer Gleichgewichtskontrolle – das erste Ziel der Menschheitsentwicklung – wurde erreicht. Kinder haben nun auch gelernt, rasch und ohne große Vorbereitungen »in den Gang zu kommen«, ihn aber auch wieder abrupt zu stoppen, ohne dabei das Gleichgewicht zu verlieren. Sie meiden und umgehen inzwischen geschickt Hindernisse, die in ihrem Weg liegen. Aus dem Liegen und Sitzen kommen sie schnell und ohne größere Hilfen zum Stehen.

Im Gegensatz zu uns sind sie noch fähig, über geraume Zeit in der Hocke sich mit Spielzeug auf dem Boden zu beschäftigen oder kleine Tiere oder Pflanzen zu betrachten oder mit Steinchen zu spielen. Kleine Puppenwagen und ähnliche rollende Wägelchen mit und ohne Inhalt müssen und können hier- oder dorthin geschoben werden. Watschelenten, andere Tiere auf Rädern zieht Ihr Kind hinter sich her und zielgerichtet dorthin, wo es damit spielen möchte. Meistens trägt Ihr Kind auch eine Puppe, einen Teddy mit sich herum, es sind so gut wie immer seine *transitorischen Objekte.*

Sichere Orientierung im Raum

Ihr Kind hat in diesem Alter auch gelernt, seine Bewegungen dem Raum anzupassen, in dem es sich gerade befindet. Seine Körpergröße versteht es nun in richtigem Verhältnis zu dem Mobiliar. Es wird nicht versuchen, an Gegenstände heranzukommen, die es offensichtlich nicht zu erreichen vermag. Sofas, Stühle, Sessel und auch sein Kinderstühlchen erklettert Ihr Kind nun gewandt und schnell, auch auf den Boden zurückzukommen ist in diesem agilen, erfindungsreichen Alter kein Problem mehr.

Das Erklettern von Möbeln dient nun einem Zweck: aus dem Fenster zu schauen, etwas zu erreichen, sich zu einer Bindungsperson zu setzen, einen Überblick zu gewinnen, sich zur Vorbereitung auf ein Essen schon mal zu platzieren.

Treppen werden aufrecht gehend angegangen. Das gelingt allerdings nur mit einem Geländer, an dem Ihr Kind sich festhalten kann.

Das Hinauf- und Herabsteigen geschieht mit einem *Nachstellschritt*, das bedeutet, dass Ihr Kind immer erst mit zwei Beinen auf jeder Stufe steht, bevor die nächste Stufe darüber oder darunter angegangen wird.

Bobbycars, Dreirädchen und ähnliche Fahrgeräte animieren Ihr Kind zum Aufsteigen und Fahren. Das Lenken will aber erst gelernt sein, was die einen sehr schnell, andere hingegen erst mit vielem Probieren schaffen, wie das Treten von Pedalen auch.

Zweijährige Kinder stoßen sich zunächst noch und vorerst mit den Beinen vom Boden ab.

Die Bewegungsentwicklung der Hände und Finger

Der Pinzettengriff ist inzwischen zur Gewohnheit geworden. Geschickt wird er eingesetzt, ohne dass Vorbereitungen dazu notwendig wären: Das Kind dreht Buch- oder Heftseiten einzeln und, wenn verlangt, auch vorsichtig um, baut aus sechs bis sieben kleinen Bauklötzchen einen Turm, packt Bonbons oder kleine Schokoladetäfelchen aus.

Malstifte werden nun mit den ersten drei Fingern gefasst. Die Malkünste beschränken sich noch aufs Kritzeln, allerdings wird begonnen, verschiedene Farben für ein »Bild« auszuwählen. Das geschieht spontan oder auch auf Vorschlag, mal eine andere Farbe zu probieren.

Die Sprach- und Sprechentwicklung

Die meisten Bücher zur Sprachentwicklung und viele Elternbücher gehen davon aus, dass Kinder am Ende des zweiten Lebensjahres etwa 50 »richtige Wörter« sprechen würden und sollten, ja sogar müssten, weil andernfalls ein hohes Risiko einer Sprachentwicklungsstörung bestehen würde.

Diese Aussage bezieht sich auf verschiedene, bis in das Jahr 1928 zurückreichende Studien, die eine plötzlich eintretende Explosion gelernter neuer Wörter beschreiben, die im Alter zwischen 18 und 24 Monaten zu beobachten ist. Als Grund für die Explosion wird angegeben: ein *Symbolbewusstsein* (Wörter sind ja Symbole für etwas Wirkliches oder Erdachtes), demzufolge Kinder plötzlich begriffen hätten, dass alles, dem sie begegnen, einen Namen trägt und alle Dinge in Kategorien eingeordnet werden können, wozu jedes von ihnen einen Namen benötigt.

Diese Argumentation missachtet jedoch zwei Tatsachen. Erstens ist es nicht gleichgültig, ob ein Kind vermehrt Namen (Nomen) lernt, also Hauptwörter, oder die viel komplizierteren Zeitwörter (Verben). Zum anderen gibt es Studien und Hinweise, dass bei zwanzig Monate alten Kindern der aktive Wortschatz zwischen zehn und fast 450 Wörtern variiert, ohne dass eine gravierende Sprachentwicklungsstörung besteht. Die Sprachentwicklung verläuft offenbar weit komplizierter, als bisher angenommen. Denn auch Kinder, die in ihrer Sprachentwicklung langsamer sind, können sich sprachlich unauffällig entwickeln.

Verstehen geht vor Sprechen

Kinder verstehen sehr viel mehr Wörter, als sie sprechen können. Denn: Verstehen geht vor Sprechen. Auch hier wieder eine Bestätigung unserer Erkenntnis, dass Kinder in allen Entwicklungsbereichen sich individuell, variabel und adaptiv entwickeln. Nichtsdestotrotz bleibt die statistische Aussage richtig, dass Kinder um das zweite Lebensjahr vor allem eine deutliche Zunahme ihres Wortschatzes für sich verbuchen dürfen. Ist eine rapide Vergrößerung des Wortschatzes in Gang gekommen, werden täglich, rein rechnerisch natürlich, zwei bis drei neue Wörter in die aktive Sprache, acht bis zehn Wörter in die aktivpassive Sprache übernommen, anders gerechnet, alle zwei Stunden in den Wachphasen ein neues Wort, bis hin zum sechsten Lebensjahr.

Ein- und Zweiwortsätze

Grammatikalisch gesehen, ist die Sprache der Zweijährigen eine Sprache mit Ein- und Zweiwortsätzen. Damit ist bereits eine sehr effektive Kommunikation möglich, für Situationen, Bedürfnisse, Befindlichkeiten und Aktivitäten, eine Sprache für das »Jetzt und an diesem Ort«. Auch die notwendigen sozialen Kontakte lassen sich mit den beiden Satzformen bewälti-

Sprache entwickelt sich im »Dialog«. Anfangs geht das auch ohne Worte.

gen: »Nein«, »Ja«, »Tschüss«, »Bitte«, »Danke«, »Hallo«. Zweiwortbeispiele wären: »Mama domm« (Mama komm) oder »Papa Auto«.

Aus dem Zusammenhang muss und kann von den Bindungspersonen sicher entnommen werden, ob ein Kind meint, Papas Auto und damit: Der Papa kommt, ob ein anderes Auto Papas Auto gleicht oder ob das Kind mit Papas Auto mitfahren möchte.

Nützlich ist ein solcher Satztyp auch in Kombination mit einer aktionalen Einwortsprache: »Heia nein« = nicht schlafen gehen, »Mama Ahm!« = Mutter soll Kind auf den Arm nehmen, »Gleich wieder« = nochmal.

Grammatikfehler korrigieren Kinder selbst

Wir werden im Kapitel über die Dreijährigen auf S. 166f. erfahren, dass Kinder, wenn sie damit beginnen, die Grammatik zu erlernen, vor allem mit Annäherungen, Analogien und Versuch-Irrtum-Strategien arbeiten.

Das tun sie auch schon beim Aussprechen mancher für sie schwierig zu übernehmender Wörter. Hier einige Beispiele vorübergehender, transitorischer Wortschöpfungen wie:

Pagagei,

Paulquappe,

probstdem = trotzdem,

Maschmaschine,

pitte = bitte,

tanke = danke,

Lappwaschen = Waschlappen,

momal = nochmal,

Vamamilleeis = Vanilleeis.

Annäherungen über Silbenstrukturierungen, die den gehörten ähneln, sind bis

in das vierte und fünfte Lebensjahr zu hören. Es ist nicht notwendig, sie zu korrigieren, Kinder tun das mit der Zeit von selbst, weil ihr Gehör sie auf die richtige Hörspur leitet.

Wenn Sie Schwierigkeiten haben, sich solche Wortschöpfungen immer wieder anhören zu müssen, können Sie ganz nebenbei das Wort richtig aussprechen, z. B. mit der deutlich gesprochenen, aber nicht überbetonten Frage, ob Ihr Kind nochmal etwas von dem Vanilleeis haben möchte.

Kinder sprechen in diesem Alter in längeren Monologen mit sich selbst, oft in einer Art von Pseudosprache und oft wenig verständlich.

Wer ist »Ich« und »Du«?

Sich selbst benennen Kinder noch nicht mit »Ich«, sie verwenden ihren eigenen Namen oder den Namen, der für sie in der Familie üblich ist: »Das ist dem Andi sein (Spiel-)Auto.«

Dem »Ich« trauen sie noch nicht über den Weg, da sich andere Menschen ebenfalls als »Ich« bezeichnen. Daraus könnte vielleicht doch eine Verwechslung entstehen. Der eigene Name genannt, das schließt jegliche Verwechslungsmöglichkeit aus. Sie begreifen auch noch nicht, dass sie selbst mit dem Wort »Du« von anderen genannt werden.

Die geschilderte Situation der Unsicherheit der eigenen Person, am Beispiel des eigenen Namens, öffnet nebenbei ein kleines Fenster mit einem Blick auf die noch nicht stabile Selbstidentifikation und auf die noch labile Selbstwertbewusstheit in diesem Alter.

Ihr Kind ist im vierten Lebenshalbjahr durchaus fähig, kleine Aufträge zu verstehen und sie zu befolgen: »Hol bitte deine Schuhe«; »Wir wollen in die Stadt, einkaufen, hol bitte schon mal deine Jacke«; »Sag dem Papa, das Essen ist fertig.«

Die kognitive Entwicklung

Die bereits im dritten Lebenshalbjahr begonnene und dort auf S. 139 geschilderte dramatische Ausweitung kategorial erweiterter Erfahrungen über Dinge (bleibend, voraussagbar) und Lebewesen (beweglich, nicht bleibend, unberechenbar) erfährt eine weitere Zunahme, je größer das Erfahrungsfeld eines Kindes aktiv, aber auch passiv erlebend ist.

Größen- und Mengenbegriffe werden bedeutsam, z. B. groß gegen klein, viel gegen wenig, dick gegen dünn. Durch die sich mehrenden sozialen Kontakte entstehen neue *Schemata* und *Skripts*, die bereits erworbenen werden erweitert, präzisiert, und sie werden raffinierter in der Qualität ihrer sozialen Anwendungsmöglichkeiten.

Unstillbare Neugier, sortiertes Speichern

Einen mengenmäßig und qualitativ deutlichen Schub erfährt die Bildung von Kategorien und Ordnungshilfen durch die jetzt drastische Erweiterung der Sprach- und Sprechfähigkeit.

Kaum kann Ihr Kind sicher gehen, zieht es Dinge hinter sich her, die ihm am Herzen liegen. Oder es trägt sie mit sich herum.

Hauptwörter taugen in besonderer Weise zur Einordnung in Gruppen und Kategorien (Pflanzen, Bäume, Blumen, Gräser), Eigenschaftswörter dienen zur näheren Festlegung von Eigenschaften (rote oder gelbe Blume, schmaler hoher Baum, kleiner breiter Baum).

Dazu kommen andere Erfahrungen, die sich zu Netzwerken verdichten lassen: Hühner legen Eier, Kühe geben Milch, Blumen und Blüten bieten Bienen die Gelegenheit, Honig zu sammeln, werden zu viele Kirschen gegessen, bekommt man Bauchschmerzen. Aus den Blüten werden Früchte, die gegessen werden können. Enten können unter Wasser schwimmen, aber auch fliegen.

Alle diese Informationen wird Ihr Kind mit großem Interesse hören und in seinem *Wissensgedächtnis* als Grunderfahrungen speichern, denen dann neue, zusätzliche Informationen zugeordnet werden können. Die unstillbare Neugier auf neue Erfahrungen und Informationen ist aber auch der Anlass, dass viele Kinder schon in diesem Alter unentwegt nach Namen von Dingen, Lebewesen und Personen fragen, die in ihren Erfahrungskreis eingetreten sind.

Umgekehrt ist Ihr Kind jetzt aber auch in der Lage, auf die Frage »Wo ist deine Nase, dein Mund, dein Ohr, deine Hand?« oder »Wo ist deine Puppe, dein Schuh?« korrekt mit Zeigen zu beantworten. Das gilt natürlich nur für Dinge, die Ihrem Kind geläufig sind.

Nachspielen von Grunderfahrungen

Besondere Grunderfahrungen, die nachspielbar sind, werden in »Als-ob-Spielen« nochmal erinnert und als *Skript* übernommen. Im Alter von 24 Monaten sollte Ihr Kind fähig sein, sich für 15 bis 20 Minuten in eine Spielsituation, in ein Betrachten, Betasten, Ausprobieren zu vertiefen und selbst zu beschäftigen, konzentriert und ohne gleich abgelenkt zu sein. Das kann auch geschehen mit Einräumen, Ausräumen, Beladen, Hin-und-her-Fahren von Autos, Aufbauen von Tieren, Spielautos oder mit den Plüschtieren, die Ihrem Kind gehören.

Die soziale Entwicklung

Nach dem, was bisher zu der Entwicklung im vierten Lebenshalbjahr gesagt worden ist, wird nachvollziehbar, dass auch die sozialen Handlungsfähigkeiten und Kompetenzen eine große Erweiterung erfahren, zunächst einmal in der Familie. Ihr Kind wird teilhaben wollen an Ihrem Leben. Es begleitet Sie überall im Haus, in der Wohnung und möchte alles das auch tun, was Sie gerade tun. Das kann stressig werden, wenn Sie selber sich sputen müssen, Ihren Zeitplan einzuhalten.

Erinnern Sie sich in solchen Situationen, dass Ihr Kind sich Ihnen nicht aus Langeweile so eng anschließt oder dass Sie nur ihm Ihre Zeit widmen sollen. Nein, es sucht Ihre Nähe, weil …

- ♦ das gegen Trennungsängste hilft, worauf wir gleich zurückkommen werden (s. S. 152),
- ♦ Ihr Kind an Ihrer Arbeit teilhaben möchte und
- ♦ es bestimmt ist durch den Drang, das, was Sie gerade tun, nachzuahmen, zu imitieren, perfekt und genau, wie Sie es auch tun.

Drei Gründe, die immer wieder mit den Forderungen jedes neuen Tages in Einklang gebracht werden müssen.

Einpassen in Familiengewohnheiten

Im sozialen Netzwerk der Familie sind für ein Kind zunehmend Verhaltensregeln zu lernen und zu beachten. Wie steht es mit dem Benehmen am Tisch? Was lässt sich noch nicht ändern, was muss jetzt sein und kann auch von einem zweijährigen Kind erwartet werden? Welche Rituale beim An- und Ausziehen dürfen noch eine Weile bleiben, welche nicht mehr?

Übernimmt Ihr Kind die volle Regie, das Regiment, oder lernt es stetig mit einer gewissen Konsequenz und mit Ihrer Hilfe, sein Verhalten in Übereinstimmung zu bringen mit den Notwendigkeiten und Bedürfnissen seiner Eltern?

Für die Einpassung in die Familie stellt der Verlauf des vierten Lebenshalbjahres wichtige Weichen. Ihr Kind hat durch seine Freiheiten in der Motorik und in der Sprache ein erhöhtes Selbstbewusstsein. Sein Drang zur Teilhabe will sich ausleben. Konflikte können sich in Trotzverhalten entladen. Latente Trennungsängste komplizieren die Situation. Es gibt keine Patentrezepte für dieses Alter, trotzdem einige Hinweise:

- ◆ Die neuen Freiheiten schaffen Trennungsängste. Emotional bestätigender Rückhalt ist angebracht. Rituale sind eine Hilfe.
- ◆ Ihr Kind braucht Gelegenheiten, Ihnen nahe zu sein und sich zu beteiligen. Ist in der Küche ein Eckchen, wo es mit Küchenutensilien werkeln kann? Gibt es andere Möglichkeiten?

- ◆ Kann Ihr Kind schon kleine Aufträge übernehmen? Aufräumen, etwas tragen, beitragen, was ihm zu Lob, zu Bestätigung verhilft?
- ◆ Bei ungebremstem, anhaltendem Trotzverhalten sind oft kurze Auszeiten hilfreich, die allerdings nicht den Charakter einer Bestrafung haben sollten.

Andere Kinder: Imitationspersonen, noch keine Partner

Andere Kinder sind Ihrem Kind eigentlich immer willkommen, zu Hause oder draußen, meist auf einem Spielplatz. Zwar kommt es immer noch nicht zu einem gemeinsamen Spielen. Das wird besonders deutlich auf Spielplätzen. Kinder und ihre Aktivitäten sind ein großer Anreiz und eine ergiebige Quelle der Nachahmung, der Imitation für Ihr Kind. Das lässt sich in Spielplatzsituationen direkt beobachten. Ihr Kind wird mit großem Interesse anderen Kindern beim Spielen, Rennen, Sich-Jagen und Arbeiten mit Sand zuschauen und genau verfolgen, wie und was dabei geschieht. Was Ihr Kind gesehen und was ihm Eindruck gemacht hat, wird es gleich zu imitieren versuchen, auch wenn es alleine und für sich seinen eigenen Beschäftigungen nachgeht: mit seinem Schäufelchen im Sand graben, ein Lastauto beladen oder sich doch lieber weiter auf dem Spielplatz umschauen, nach Spiel- und Kontaktmöglichkeiten, die er sonst noch zu bieten hat.

Ihr Kind wäre jetzt aber auch fähig, heftig zu protestieren, wenn ihm ein anderes Kind seine Besitztümer, wie Schäufelchen und Eimer oder seinen mitgebrachten *transitorischen Gegenstand*, streitig machen würde.

Erste »Als-ob-Spiele«

Zu Hause, aber auch auf einem Spielplatz, sind Gelegenheiten zu »Als-ob-Spielen« gegeben. Mit Förmchen für den Sandkasten wird Ihr Kind einen Kuchen backen, einen Pudding bereiten, Sie zu einer Mahlzeit einladen, die mit Gemüse und Salat garniert ist, gewachsen als Blätter auf einem Strauch oder abgezupft von einer nahen Wiese.

Gegen Ende des zweiten Lebensjahres ist Ihr Kind dann fähig, aus eigenem Antrieb den sozialen Zugang selbst zu finden, zu fremden Kindern und Personen, die ihm nicht bereits aus dem engeren Kreis der Familie bekannt sind. Kindern, die ältere Geschwister haben, gelingt dieser Kontakt meist deutlich früher.

Küchenutensilien, Teller und Becher eignen sich besonders gut für die ersten »Als-ob-Spiele« eines Kindes.

Die emotionale Entwicklung

Trennungstendenzen, auch wenn sie gewünscht oder notwendig sind, werden stets als bedrohlich empfunden, so auch von einem Kind gegen Ende des zweiten Lebensjahres.

Energisch und mit Lust möchte es seine erworbenen Fähigkeiten und Freiheiten leben und mit Erfahrungen füllen. Eine innere Stimme mahnt Ihr Kind jedoch zur Vorsicht und schürt heimlich und versteckt die Angst, auf diese Weise vielleicht den Schutz und die Sicherheit der Bindung an die Mutter, an die engsten Bindungspersonen aufs Spiel zu setzen. In diesem Alter lebt es sich noch nicht gut mit der Vorstellung, ohne Bindungspersonen zu sein. Kein Wunder, dass auch bei bestem Bindungsverhalten immer wieder Phasen der Trennungsangst zu bewältigen sind.

Hänschen klein: jedoch nicht wohlgemut

Daher gerät zu Ende des zweiten Lebensjahres Ihr Kind noch einmal, aber noch nicht zum letzten Mal (s. S. 191f.), in eine labile Phase von Trennungsängsten, die mehr oder weniger stark von einzelnen Kindern erlebt werden: auf der einen Seite der zunehmende Drang nach Autonomie, den Ihr Kind erlebt, auf der anderen Seite die Angst, Sie könnten ihm deswegen Zuwendung und Schutz entziehen und ihm seine sichere emotionale Basis aufkündigen, die es braucht.

Ihr Kind gerät in einen inneren Motivationskonflikt: Was will ich, was kann ich, was darf ich? Dass diese Fragen von

Ihrem Kind oft anders beantwortet werden als von Ihnen, vom Vater oder von anderen Bindungspersonen, bedarf keines Kommentars.

Argumente und doch keine Moral

Eskaliert dieser Konflikt, könnte Ihr Kind versucht sein, Ihre Zuwendung zu erpressen.

Vernunft, Fairness, moralische und ethische Gründe sind für Kinder in diesem Alter keine Gegenargumente. Ihr Kind wird sie schlicht noch gar nicht verstehen.

Warum nicht? Moral, Sitte, Fairness, Vernunft setzen die Funktion des Stirnhirns als eines kritischen Zensors voraus. Wie wir aber wissen (s. S. 44f.), reifen die Funktionen des Stirnhirns erst spät, nach dem dritten Lebensjahr.

Deshalb ist es noch lange nicht nutzlos oder eine vergebene Liebesmühe zu versuchen, Ihr Kind mit Begründungen zu überzeugen.

Vertrauen Sie jedoch nicht allzu sehr auf die unwiderlegbare Logik Ihrer Argumente: Eher ist es die Zuwendung, die Sie Ihrem Kind zuteil werden lassen, der emotionale Hintergrund Ihrer Stimme: »Ich verstehe dich« oder »Jetzt reicht's aber« oder die nahe Aussicht auf ein erfreuliches Ereignis, z. B. was miteinander getan werden könnte.

Mit Versprechungen von Belohnungen (Süßigkeiten, Matchbox-Auto, Kunststofftier u. Ä.) für ein erwünschtes oder verlangtes Verhalten sollten Sie dagegen sehr vorsichtig sein: Denn ohne dass Sie es so recht gemerkt haben, sind Sie wieder einmal erpresst worden.

Besser ist zu wissen, dass ein Kind am Ende des zweiten Lebensjahres sich bei Aufregungen über alltägliche Ärgernisse innerhalb von etwa fünf Minuten beruhigt und beruhigen lässt, wenn es keine Trotzreaktion aufbaut.

Allein spielen ja, aber nicht auf Kommando

Und eine andere Information sollte Ihnen ebenfalls hilfreich sein: Zweijährige Kinder sind durchaus in der Lage, sich bis zu einer halben Stunde alleine zu beschäftigen, mit allem, was sie besonders interessiert. Wichtig ist dabei aber, dass Ihr Kind weiß, wo Sie sich aufhalten, und dass es Sie erreichen kann. Durch gegenseitige Zurufe gelingt es leichter, die nicht mehr über die Augen gehende Verbindung aufrechtzuerhalten.

Nur eines funktioniert nicht so gut: Wenn es Ihnen gerade gelegen käme, dass Ihr Kind sich alleine selbst und intensiv beschäftigt, wird es sich dazu noch kaum überreden lassen. Später gelingt das leichter, weil Ihr Kind gelernt hat, mit seinen Trennungsängsten besser und meist schon alleine zurechtzukommen.

Altersgebundene Besonderheiten

Das vierte Lebenshalbjahr wird vor allem bestimmt durch Konflikte zwischen Kind und seiner Familie. Die Konflikte werden einer Trotzphase angelastet, die die meisten Menschen für naturgegeben halten.

Aber gibt es die Trotzphase überhaupt?

Trotzverhalten: häufig, aber nicht unvermeidlich und keine Spezialität von Zweijährigen.

Die »Trotzphase«

Hier ist nun die Entwicklung eines Kindes in ein Stadium gekommen, das zwingt, sich mit dem Trotz und dem von vielen Eltern gefürchteten Trotzverhalten auseinanderzusetzen. Nicht umsonst wird das Trotzalter im zweiten und dritten Lebensjahr verankert. Im US-amerikanischen Jargon wird daher auch von den *Terrible Twos* gesprochen, den *schrecklichen Zweijährigen*, weil die Meinung vorherrscht, das Trotzalter sei ein gottgegebenes Schicksal, das nun mal Kinder und Eltern gemeinsam zu überstehen hätten, sehr viel mehr sei dazu nicht zu sagen. Im Übrigen müssten Kinder eine solche Phase ihrer Reifung durchlaufen, um zu lernen, sich zu bescheiden und sich einzuordnen. Ohne glücklich überstandene Trotzphase: kein reifer, geläuterter Mensch. Nur Widerstand (gegen den Trotz) schaffe starken Charakter (eines Kindes). Die Reifephase des puren *Egozentrismus*, wie sie Piaget (s. S. 59) genannt hat, müsse schließlich in eine Phase der sozialen Anpassung einmünden.

Solche Argumentationen sind auch in vielen Elternratgebern, pädagogischen Schriften und entwicklungspsychologischen Lehrbüchern zu finden. In einem Lehrbuch findet sich sogar der ominöse Satz: »Trotzalter: die berüchtigten Tendenzen zur Selbstbehauptung der Zweijährigen.«

Kürzlich las ich in einer Tageszeitung: *Trotzköpfchen mit Besonnenheit begegnen:* »Trotzphasen sind wichtige Entwicklungsschritte im Alter zwischen zwei und drei Jahren und müssen von Eltern und Kindern ausgehalten werden, sagt die Expertin. Es ist die Phase, in der Kinder die Bedeutung des Wortes ›Ich‹ begreifen. Sie empfinden ihr ›Ich‹ als allmächtig und werden wütend, wenn ihnen Grenzen gesetzt werden oder wenn sie scheitern.«

Kann eine solche Deutung der Trotzphase richtig sein, wird sie den Zweijährigen gerecht, oder werden sie damit nur diskriminiert, vielleicht sogar verleumdet?

Trotzphase oder Trotzverhalten?

Nach meiner Überzeugung kann von einer Trotz*phase* keine Rede sein, eher schon von einem Trotz*verhalten*. Zwischen den beiden Begriffen liegen Welten. Eine Trotzphase als unerlässliche Stufe der menschlichen Entwicklung wäre weder biologisch, evolutionär noch sozio-emotional sinnvoll. Im Hinblick auf die Teilhabe, zu der Kinder geboren und angetreten sind, halte ich das Festhalten an einer Trotzphase und die daraus abgeleiteten Konsequenzen für ganz und gar unangemessen, ja diskriminierend gegenüber Kindern dieser Altersgruppe.

Meine Kritik wird nur gestützt, wenn ich in einem Psychologielehrbuch die schematische Angabe finde, die Trotzphase werde vom 2,6. bis 3,6. Lebensjahr durchlaufen.

Typisches Trotzverhalten

Welches Verhalten ist für eine Trotzphase typisch?

- Hartnäckiges Bestehen eines Kindes auf seinen eigenen Absichten und Aktivitäten,
- hartnäckige Ablehnung einer ihm zugedachten »Wohltat«,
- Eigensinn, »trotzige«, anhaltende Verstimmungen, Tobsuchtsanfälle,
- »Wegbleiben«, Schreien, Strampeln, Sich-zu-Boden-Werfen,
- physische Aggression gegen Kleidungsstücke, transitorische Objekte, Spielzeug, zufällig greifbare Objekte und
- die körperlichen Symptome einer maximalen Stressreaktion: gerötetes Gesicht, unkontrolliertes Verhalten, schnelle Atmung, erhöhte Pulsfrequenz und Schweißausbrüche, dazu
- die nicht sichtbaren Kreislaufreaktionen, bedingt durch die Ausschüttung von Stresshormonen.

Insgesamt gesehen, eine sehr unökonomische Investition an Energie und Emotionen, mit allen Zeichen einer massiv negativen Reaktion der *Mandelkerne* des *limbischen Systems*, s. S. 41. Alle Beteiligten, nicht nur das Kind, sondern auch Mutter, Vater und andere Bindungspersonen sind am Ende einer solchen Konfrontation ratlos, frustriert und mit ihren physischen und emotionalen Kräften am Ende.

So etwas kann nicht sinnvoll sein. Rückkehr zur Normalität ist das Beste.

Mandelkernfunktionen: von Geburt an aktiv

Geraten aber nicht auch schon sehr viel jüngere Kinder in solche *Mandelkernreaktionen*, allerdings mit altersspezifischen Symptomen?

Ein drei Monate altes Baby kann sich nicht auf den Boden werfen, wohl aber lautstarke Mandelkernreaktionen demonstrieren. Erinnern Sie sich an Pauline, die sich weigert, von ihrer Mutter die Flasche zu akzeptieren (s. S. 106)?

Ein Kind von wenigen Wochen weiß bereits, nach entsprechenden Erfahrungen, wo es lieber schläft, in einem Bettchen alleine oder bei der Mutter, und wird sich über seine unerfüllten Wünsche beschweren in einer Mandelkernreaktion, wir könnten auch sagen, mit einer Trotzreaktion: lautstark, lang anhaltend und mit völligem Verlust der emotionalen Balance über das ihm angetane »Unrecht«, über die Missachtung seiner Persönlichkeit.

Beispiel: Trotz eines Babys?

Solche Reaktionen sind schon während des ersten Lebensjahres relativ häufig für diejenigen zu sehen, die vorurteilslos zunächst nur Verhaltensphänomene wahrnehmen und beobachten.

Ein Beispiel: Ein schöner, warmer Frühlingstag in den Gärten des Topkapi-Palastes, des alten Sultanpalastes in Istanbul. Flanierende Familien mit ihren Kindern. Ein etwa acht Monate alter Junge wird aus seinem Buggy genommen und darf an der Hand des Vaters einige Schrittchen gehen und auf niedrigen Stufen umherkrabbeln. Seine etwas älteren Geschwister jagen sich über den Rasen, hüpfen und rennen, rollen sich auf dem Boden im Gras. Der kleine Bruder schaut ihnen genau zu und scheint sich über die Aktivitäten seiner Geschwister zu freuen. Nach einiger Zeit will die Familie den Park verlassen. Der Vater versucht, seinen Jüngsten wieder in den Kinderwagen zu setzen, was ihm jedoch kaum gelingt. Der Kleine wehrt sich mit aller ihm zur Verfügung stehenden Kraft, und das mit großem Geschick.

Er macht sich steif, wirft den Kopf zurück, schreit, schlägt um sich und versucht dabei noch, dem Wagen zu entkommen.

Soll das keine »Trotzreaktion« sein, nur weil das Kind die »Trotzphase« altersgemäß noch nicht erreicht hat?

Beispiel: Trotz mit 15 Monaten?

Ein anderes Beispiel: in einer Großstadt, Einkaufspassage, Menschenmengen sind unterwegs.

Auf einer Bank sitzt eine Mutter mit einem etwa 15 Monate alten Mädchen, das dringlich nach einer Mahlzeit verlangt.

Darauf ist sie vorbereitet. Sie öffnet ein Gläschen, dessen Inhalt sie ihrer Tochter zu füttern beginnt: Löffelchen auf Löffelchen, schnell, schnell, um möglichst rasch die Angelegenheit hinter sich zu bringen.

Das Mädchen greift jedoch immer wieder zum Löffel, um ihn selbst in den Mund zu schieben. Das gelingt jedoch noch nicht so gut. Statt im Mund verteilt sich die karottengelbe Nahrung auf dem Kleidchen des Kindes. Die Mutter wird nervös, ungeduldig, verwehrt dem Kind, den Löffel selbst in die Hand zu nehmen.

Damit gerät die Situation außer Kontrolle. Das Mädchen produziert einen typischen Trotzanfall, der in der Öffentlichkeit immer höchst unangenehm ist und außerdem Aufsehen und gute Ratschläge von wohlmeinenden Mitmenschen automatisch auslöst.

Ist es aber die »Trotzphase«, was das Mädchen demonstriert? Sie ist noch keine zwei Jahre alt!

Beispiel: verzögerter Trotz?

Salome, die wir schon auf S. 78f. kennen gelernt haben, hat eine Trotzphase als solche kaum gezeigt. Sie wusste schon immer, was sie wollte, das versuchte sie jedoch eher mit Charme und Diplomatie durchzusetzen, gelegentlich auch mal mit einem eher milden Trotzverhalten. Im Alter von fünf Jahren fing sie plötzlich an, »Szenen« zu machen. Sie warf sich auf den Boden, schrie und schlug um sich. Die fassungslosen Eltern versuchten, sich mit ihr zu verständigen, sie kannten ihre Tochter bei einem solchen Trotzverhalten nicht wieder.

Ihr Vater nutzte die Gelegenheit, mit ihr auf einem Sofa kuschelnd, sie nach den Ursachen solcher Trotzanfälle zu fragen. Salome war das sehr unangenehm. Sie wand sich, drehte sich ab, schaute zum Fenster hinaus, wurde motorisch unruhig, wollte sich dem weiteren Gespräch durch Flucht entziehen. Ihr Vater blieb jedoch geduldig und versuchte immer wieder, vorsichtig das Gespräch in Gang zu halten.

Schließlich konnte sich Salome überwinden, auf das Gespräch einzugehen. Sie erzählte, weiterhin peinlichst berührt und hin und her zappelnd, dass ein Mädchen im Kindergarten eine solche Szene geboten habe. Ein klassisches Beispiel einer verzögerten Imitation!

In diesem Beispiel ist wichtig, dass Salome bereits in einem Alter war, in dem Sprache zur Konfliktlösung eingesetzt werden kann, von beiden Seiten. Und schließlich: Treiben uns Erwachsene nicht auch gelegentlich Trotzphasen um, die wir (meistens) gut zu verstecken gelernt haben oder die in einem Wutausbruch abreagiert werden?

Imitation, Teilhabe und Trotzverhalten

Das klassische Beispiel zur *Imitation* ist die Einkaufssituation in einem Supermarkt.

Wir alle kennen diese Szene. Zunächst wollen Kinder dort in einem der Einkaufswagen sitzen und, mit bestem Überblick, an der Einkaufstour teilnehmen. Einmal genießen alle Menschen das Fahren und Gefahrenwerden, und andere Kinder sitzen ja auch in einem Einkaufswagen. Die Mutter greift in die Regale und holt, was sie benötigt.

Imitierend will auch ein Kind zugreifen, teils dem Zufall überlassen, teils gezielt nur das, was ihm selbst wichtig erscheint (Ihr Kind kennt inzwischen aus Erfahrung die Regale, in denen Süßigkeiten zu finden sind), anders kann ein Kind nicht handeln, und anders kann es auch nicht sein.

Ein Kind erwartet jetzt aber ein Lob für seine *Teilnahme* und *Teilhabe*, jedoch die Mutter geht darauf nicht ein. Sie kommt gar nicht auf die Idee, wie sollte sie auch, wenn sie von einer »Trotzphase« ausgeht und nach dem Rat von Expertinnen und Experten handelt?

Die sind der Meinung, nur die Ruhe und Gelassenheit würde Sie die Trotzphase überleben lassen. Und Ihr Kind könne nun einmal wegen seiner Reifungsphase nicht anders als trotzen.

Jedoch die kindliche »Theorie«, die Erwartungen einer gelingenden Imitation werden nicht erfüllt, sie gehen nicht auf. In dem enttäuschten Kind entstehen Frustrationsgefühle, die in ein Trotzverhalten münden und sich auch so manifestieren und entladen.

Auf einen Blick:

Was ist ein Trotzverhalten?

Die Beispiele auf S. 156f. zwingen zu einem anderen Verständnis des Trotzverhaltens.
- Eine reifungsnotwendige Trotzphase gibt es nicht.
- Trotzverhalten ist ein Teil menschlichen emotionalen Erlebens.
- Trotzverhalten beginnt schon in den ersten Lebenswochen und begleitet unser Leben bis ins Alter. Es fehlt auch bei alten Menschen nicht.
- Ein Trotzverhalten hat immer Ursachen und Gründe.

Ursachen für Trotzverhalten

Bei der Frage nach den Ursachen eines Trotzverhaltens brauchen wir nicht weit zu suchen und keine nebulösen, abstrakten Vorstellungen und Theorien zu bemühen. Die Ursachen sind uns bis auf eine bereits bekannt. Es sind:
- Theoriebildungen zu den eigenen Wahrnehmungen:
  Wir wissen inzwischen (s. S. 51f.), dass Kinder vom ersten Tag ihres Lebens an beginnen, ihre Erfahrungen in *Schemata*, Theorien und Erklärungsmodellen einzuordnen. Diese Fähigkeit hat Babys den Ehrentitel »Forscher in Windeln« eingebracht. Theorien generieren jedoch Erwartungen. Die können sich erfüllen, was eine dopaminerge, emotionale, stabilisierende Reaktion im limbischen System auslöst und nach Wiederholung verlangt, oder sie werden enttäuscht. Eine Mandelkernreaktion des limbischen Systems ist die Folge, mit leichten bis sehr schweren Störungen des emotionalen Gleichgewichtes.
- Nachahmungsverhalten (Imitation):
  Kinder sind durch ihre menschliche Biologie gezwungen nachzuahmen (s. S. 74f.). Sie können gar nicht anders. Daraus ergeben sich in unserer Zivilisation Konflikte, für die Beispiele bereits auf S. 76 genannt wurden. Auf noch andere werden wir gleich zu sprechen kommen.
- Durchsetzung eines ritualisierten Verhaltens:
  Kinder lieben Rituale, vor allem Kinder, deren Emotionen leicht durcheinanderzubringen sind, deren Selbstwertbewusstsein noch nicht sehr stabil oder, z. B. durch die Konkurrenz mit Geschwistern, gefährdet ist. Auch hierzu folgen Beispiele auf S. 160ff.

Beispiel: Einkauf in einem Glasgeschäft

Ein Vater erzählt, wie er diese Situation einmal in einem vornehmen Glasgeschäft in Paris, wo die Familie lebte, hautnah mitbekam. Er nahm aus einem Regal eine Vase heraus, sein dreijähriger Sohn, der neben ihm stand, griff prompt in das Regal und war dabei, eine teure Glasschale herauszuholen. Eine vornehm gekleidete Verkäuferin stürzte sich sofort auf seinen Sohn (offenbar wusste sie aus Erfahrung, wie Kinder sich in einem Glasgeschäft verhalten), um ein größeres Unglück zu verhindern. Sie war über die Lässigkeit

des Vaters entsetzt, und über die Unge-
zogenheit seines Sohnes auch.

Das Kind begriff gar nicht, warum sein
doch gut gemeintes Tun des Imitierens
eine solche Aufregung auslöste. Zu
einem Trotzanfall kam es in dem Ge-
schäft zum Glück nicht, aber sein Sohn
war noch lange irritiert und verstört.

Rituale und Trotzverhalten

Rituale sind für Kinder festgelegte
Skripts, an die sich alle Beteiligten strikt
zu halten haben. Das Nichteinhalten
wird als empfindliche Frustration, als
Kränkung, als persönliche Missachtung
erlebt, so verarbeitet und im *Lebensge-*
dächtnis (s. S. 55ff.) gespeichert.

Beispiel: Begrüßungsritual

Julian, ein knapp Dreijähriger, wartet
auf seinen Vater, der bald an der Haustür
klingeln wird, laut, lange und mehrmals,
das weiß er. Er wird die Tür öffnen,
wird den Vater begrüßen, in einer strikt
festgelegten Weise, die ihnen beiden
Vergnügen bereitet.

Der Vater lässt auf sich warten. Julian
nutzt die Zeit, im Garten mit dem Dreirad den einen oder anderen Slalom zu
fahren. Der Vater klingelt, Julian stürzt
aus dem Garten herbei zur Haustür.
Inzwischen hat jedoch schon die Mutter
die Tür geöffnet, der Vater hat das Haus
bereits betreten. An die zeremonielle Begrüßung mit seinem Sohn hat er nicht
gedacht. Er will seinen Sohn auf den
Arm nehmen. Der wendet sich abrupt
ab, weint, schreit, wirft sich auf den Boden und demonstriert einen veritablen
Trotzanfall, der nicht zu stoppen ist.
Die Mutter begreift intuitiv die Ursache
des Verhaltensumschwungs. Sie öffnet

die Haustür wieder, bittet den Vater, vor
die Tür zu treten und, wie sonst üblich,
laut und anhaltend zu klingeln. Die Tür
wird geschlossen, der Vater tut, wie ge-
heißen.

Obwohl beschäftigt mit seinem Wut-
und Trotzanfall, hat Julian mitbekommen, dass sein Vater das Haus wieder
verlassen hat, er hört das gewohnte Läu-
ten an der Haustür. Er steht auf und ab-
solviert sein Ritual mit seinem Vater, als
sei nichts zuvor geschehen. Auch stört

Begrüßungsrituale wirken emotional
stabilisierend. Sie dürfen nicht ausfallen.

er sich nicht daran, dass die ganze Szene für ihn extra inszeniert wurde, was er sehr wohl mitbekommen hatte. Der Haus- und Abendfrieden ist gerettet, denn Julian kann sehr nachtragend sein. Er bleibt jedoch für den Rest des Abends ein ausgeglichener und vergnügter Junge.

Beispiel: als Erste einsteigen

Immer die oder der Erste sein zu wollen kann sich ebenfalls zu einem Ritual auswachsen. Karoline, sechsjährig, bestand darauf, immer als Erste in das Auto einzusteigen, wenn die ganze Familie wegfahren wollte.

Saß schon jemand vor ihr im Auto, eines der beiden jüngeren Geschwister, die Mutter oder der Vater, blieb diesen, um den Familienfrieden zu retten, nichts anderes übrig. als auszusteigen. Dann stieg Karoline alleine in das leere Auto – mit der Haltung einer Prinzessin!

Beispiel: als Erster da sein

Paulchen, vier Jahre alt, liebt Tiere und sammelt auch Plastiktiere, neben seinen Matchbox-Autos. Wildgehege, vor allem mit Wildschweinen, faszinieren ihn. Ist er bei seinen Großeltern zu Besuch, wünscht er sich immer einen Ausflug zu einem nahe gelegenen Gehege.

Er fährt im Auto seines Großvaters auf den dortigen Parkplatz, zehn Minuten sind dann noch durch den Wald zu Fuß zu gehen. Paulchens Mutter will mit ihrem Auto nachkommen, sie hat zunächst noch einige Besorgungen zu erledigen. Alles verläuft wie geplant und gewünscht, die Wildschweine zeigen sich und verschmähen auch nicht die mitgebrachten Äpfel. Die Mutter kommt dazu.

Auf dem Weg zurück wird immer in einem kleinen Gasthof im Grünen eingekehrt, wo Paulchen eine Cola trinken möchte oder sich ein Eis spendieren lässt. Paulchen fährt wieder im Auto seines Großvaters, die Mutter für sich mit ihrem Auto.

Am Gasthof wartet die Mutter schon auf ihn. Anstatt sich zu freuen, bleibt Paulchen in seinem Kindersitz wie versteinert sitzen, wendet den Kopf ab, schließt die Augen – wie um ein Unglück nicht sehen zu müssen – und wird stumm, was er zuvor keineswegs war. Dann bricht er in Tränen aus, schreit, tobt, gebärdet sich wild und will nicht aus dem Auto steigen.

Großvater und Mutter rätseln und können sich den plötzlichen Stimmungsumschwung nicht erklären.

Mühsam lässt er sich zu seiner ansonsten selten gewährten, aber doch geliebten Cola überreden. Stumm, schmollend sitzt er auf seinem Stuhl, die Stimmung ist gekippt, bei allen dreien. Dann muss er Pipi machen. Sein Großvater geht mit ihm auf die Toilette und versucht dabei herauszubekommen, was ihn bedrückt und ihn in ein so plötzliches Trotzverhalten gebracht hat.

Mühsam genug gelingt es ihm zu sagen: Er wollte als Erster an dem Gasthof sein, noch vor seiner Mutter. Er wollte sie dort überraschen, und er wollte im schnelleren Auto sitzen, das alle anderen überholt.

Daran hatte der Großvater nun zuallerletzt gedacht. Er war betroffen. Das Ritual hätte ja wiederholt werden können, aber dazu war es nun zu spät geworden. Paulchen hat's verkraftet, aber er musste doch eine für ihn schwere Kränkung seines Selbstwertgefühls verdauen, die ihm sein Großvater und seine Mutter gerne erspart hätten.

Beispiel: Wer hält es länger aus?

Alexander, eben drei Jahre alt, begleitet gerne seinen Vater, wenn der in einer Buchhandlung nach Büchern sucht. Dort fasziniert ihn ein großes Feuerwehrauto aus Holz. Beliebt ist der Fahrersitz mit Lenkrad. Außen am Auto ist ein Telefon befestigt. Wer es bedienen will, muss den Fahrerplatz verlassen. Der Vater hat seine Suche beendet. Er setzt sich auf einen Stuhl und schaut dem Kind noch eine Weile zu, dann will er gehen. Alexander tut, als höre er nichts, klettert vom Fahrersitz, nimmt das Telefon und führt demonstrativ wichtige Gespräche. Der Vater ruft noch einmal. Alexander klettert wieder geschäftig auf den Fahrersitz. So geht das hin und her, bis es dem Vater schließlich zu bunt wird. Er nimmt seinen sich heftig wehrenden Sohn unter den Arm und trägt ihn trotz Protestgeschrei, verfolgt von vielen Blicken, zum Ausgang. Vor der Buchhandlung ist eine Bushaltestelle. Die Wartenden reagieren teils irritiert, teils amüsiert. Der Bus kommt, der Bus fährt los. Alexander sitzt auf dem Schoß seines Vaters, am Fenster. Ein Tatü-tata-Krankenwagen fährt plötzlich vorbei. Er ist fasziniert! Und plötzlich ist er wieder der vergnügte, leicht zu habende, wissbegierige Alexander, der auch seinem Vater nichts mehr nachträgt.

Wie entsteht Trotzverhalten?

Trotzverhalten entsteht aus enttäuschten Erwartungen – auch bei Erwachsenen. Immer kommt es dabei zu emotionalen Verletzungen, zu den negativen Folgen

Unter Trotzverhalten leiden alle Beteiligten. Verständnis und Trost sind angebracht.

von Mandelkernreaktionen im limbischen System, die im Lebensgedächtnis gespeichert werden und damit auch zu Kränkungen des Selbstwertbewusstseins. Nichts haftet dauerhafter als erhofftes Lob oder ungerechtfertigte Kränkungen.

Das erklärt, warum bei Trotzreaktionen alle Beteiligten so stark emotional involviert sind, denn auch Bindungspersonen fühlen sich in ihrem Engagement für ihr trotzendes Kind gekränkt.

Trotzverhalten und deren Folgen sind ein Minusgeschäft im Haushalt der Emotionen, sie sollten daher möglichst schon im Entstehen verhindert werden oder so schnell wie möglich zu einem guten Ende kommen.

Trotzverhalten kann in jedem Alter *konditioniert* werden. Ein Kind hat dann gelernt, mit einem Trotzverhalten seine Wünsche und Forderungen durchzusetzen. So weit sollte es nicht kommen.

Warum Trotzverhalten gerade bei Zweijährigen?

Die Häufung des Trotzverhaltens im zweiten und dritten Lebensjahr findet eine leichte Erklärung: In diesem Alter können Kinder alle Kräfte, die sie besitzen, unkontrolliert in einer Trotzreaktion ausleben. Nichts hindert sie daran. Der Zensor im Stirnhirn (s. S. 44) wird erst in den nächsten Jahren die Regie über das Leben und Ausleben der Emotionen übernehmen.

Die Häufigkeit von Trotzphasen nimmt daher nach dem dritten Lebensjahr kontinuierlich ab. Die Abnahme ist einmal der zunehmenden Kontrolle des Stirnhirns gutzuschreiben, noch mehr jedoch der zunehmenden Fähigkeit, sprachlich über die eigenen emotionalen Zustände reden und Argumente aufnehmen zu können. Denn das Leben im Jetzt und Hier, dem die Emotionen ebenso unterstellt sind wie die Sprache, wird im Laufe der weiteren Entwicklung bis zum fünften, sechsten Lebensjahr in ein Leben in der Gegenwart mit Blick zurück (erlebte Vergangenheit) und mit einem Blick nach vorne (erhoffte Zukunft) übergehen, die auch sprachlich bewältigt werden können.

Trotzverhalten: Ursachen suchen

Mit der Darstellung des Trotzverhaltens habe ich versucht zu zeigen, dass Trotzverhalten nicht einfach vom Himmel auf ein Kind fällt und die Eltern zunächst wenig damit zu tun haben.

Immer – möchte ich behaupten – existieren Gründe und Ursachen, die keineswegs auch bei jeder Gelegenheit aufgedeckt und verstanden werden können. Es lohnt sich aber, danach zu suchen. Werden die Ursachen erkannt, ist es viel leichter, dem unliebsamen Geschehen gegenzusteuern.

Ein weiterer Vorteil ist, dass sich Ihr Kind in seiner Persönlichkeit verstanden fühlt, statt sich und seine Welt und seine Vorstellungen ignoriert zu erleben. Das kann ihm helfen, selbst seine außer Rand und Band geratenen Emotionen ohne Gesichtsverlust wieder unter Kontrolle zu bekommen. Niemand erlebt dabei stärkere Erleichterung als das Kind selbst.

Wird ein Trotzverhalten Ihres Kindes zu einem Dauerproblem für das Kind und für die Familie, werden Sie nach Hilfe und Beratung suchen müssen, die weiterhelfen können.

Sehen und Hören

Für das vierte Lebenshalbjahr gilt weiterhin, was auf S. 142 für das dritte Lebenshalbjahr über Sehen und Hören gesagt worden ist.

Schlafen und Schlafzeiten

Die Aussagen des dritten Lebenshalbjahres über Schlafen und Schlafzeiten gelten auch für das vierte Lebenshalbjahr.

Auf einen Blick:

Gefährdungen durch Unfälle

Die für das dritte Lebenshalbjahr aufgeführten Gefährdungen und Unfälle (s. S. 143) sind auch im vierten Lebenshalbjahr die häufigsten Gefahrenquellen.

Neue Gefahrenquellen im Freien

◆ Es kommen Gefahren hinzu, die durch Unfälle mit Kinderfahrzeugen entstehen, meist durch die altersbedingte Unsicherheit, solche Fahrzeuge steuern und wieder stoppen zu können. Umkippen, unbeabsichtigtes Anstoßen oder zu schnelle Geschwindigkeit lösen dann Unfälle aus.

◆ Die gewonnene Bewegungsfreiheit nutzen Kinder, wenn sie gelernt haben, schnell zu laufen, um sich plötzlich der Aufsicht zu entziehen. Unversehens sind sie verschwunden, geraten auf einen Gehweg oder auf die Straße und sind dort vom Verkehr gefährdet.

Obwohl Ihr Kind mit seinem Fahrzeug bereits gut zurechtkommt, drohen ihm Gefahren.

Das dritte Lebensjahr: 25. bis 36. Lebensmonat

Die so genannte magische Phase bestimmt die emotionale und kognitive Entwicklung der Dreijährigen. In der Sprachentwicklung beginnen sie, mit der Grammatik zu experimentieren. Die sozialen Kontakte mit Gleichaltrigen werden differenzierter: Sie beginnen, sich aufeinander abzustimmen.

Altersgebundene Entwicklung

Dreijährige sind selbstbewusst, experimentierfreudig und unternehmend. Sie wissen aber genau, dass sie noch sehr abhängig von ihren Eltern, ihren Bindungspersonen sind, weswegen die Nähe zu ihnen immer für sie sicher sein muss. Trennungsängste können durch die Kindergartenaufnahme erneut entstehen. Andere Ängste drohen durch die *magische Phase*, s. S. 173–179.

Die Entwicklung der Körpermotorik

Ihr Kind wird in diesem Altersabschnitt seine Sicherheit, sich frei zu bewegen, ausbauen. Dabei versäumt es aber nicht, sich an neue, motorische Fertigkeiten zu wagen. Treppen werden jetzt mit einem Wechselschritt erstiegen, Ihr Kind hält sich dabei weiterhin am Geländer fest. Der Abstieg wird sicherheitshalber noch mit einem Nachstellschritt angegangen.

Hüpfen, Rennen und Fahren

Die letzte Stufe wird Ihr Kind bald als Absprung benutzen, um auf beiden Füßen wieder auf dem Boden zu landen. Kinder tun das sehr gerne, und mit einem Blick lässt sich sehen, wie weit die motorische Geschicklichkeit Ihres Kindes fortgeschritten ist. Hüpft Ihr Kind steif und vorsichtig ab, oder hüpft es schon ganz lässig und federt beim Aufspringen geschickt in den Knien und den Hüftgelenken nach? Hindernisse versteht Ihr Kind – selbst wenn es rennt – souverän zu umsteuern,

sogar wenn es einen großen Ball, eine Babypuppe in seinem Arm hält oder ein Wägelchen schiebt. Ein größerer Ball wird geschickt mit beiden Händen und mit dem Körper aufgefangen, er kann auch kräftig gekickt werden, saust aber selten in die anvisierte Richtung.

Bis zum Ende des dritten Lebensjahres hat Ihr Kind begriffen, wie ein Kinderfahrzeug, mit oder ohne Pedale, in Fahrt gebracht und wieder gestoppt werden kann. Manche Kinder haben jedoch damit Schwierigkeiten. Sie lernen das Bewegen und Lenken von Fahrzeugen langsamer als andere Kinder, was aber noch wenig über ihre körperliche Geschicklichkeit jetzt und später aussagt.

Die Bewegungsentwicklung der Hände und Finger

Die Konstruktion von Türmen aus Bauklötzchen mit etwa drei bis vier Zentimeter Kantenlänge gelingt mit alleiniger Hilfe von Daumen und Zeigefinger. Etwa acht bis zehn Bauklötzchen werden jetzt zu einem Turm aufeinandergestapelt.

Größere Holzperlen lassen sich mit einem Schuhband auffädeln.

Malen und Kommentieren

Ihr Kind nimmt nun einen Stift nahezu korrekt mit den ersten drei Fingerspitzen in die Hand und führt ihn mit schon recht guter Kontrolle. Ein vorgemaltes Kreuz, ein Kreis werden nachgemalt. Ansätze eines gestaltenden Malens erscheinen, obwohl Kritzeln immer noch überwiegt. Den Versuch, ein »Männchen« zu malen, verfolgen Sie mit Interesse: eine Art Körper mit Kopf, und vielleicht Ansätze von Armen, Beinen, Haaren, Fingern. Selbst wenn nur gekritzelt wird, kommentiert Ihr Kind, was es malt und was es gemalt hat. Manche Kinder mögen schon in diesem Alter mit Fingerfarben oder Wasserfarben großflächig und farbig malen. Sie benutzen dazu auch mit korrektem Griff einen langen Farbpinsel.

Die Finger und Hände arbeiten jetzt geschickt und schnell. Buch- und Heftseiten werden einzeln korrekt und, wenn dazu angehalten, vorsichtig umgeblättert. Das Handhaben von Löffel und Gabel bereitet gegen Ende des dritten Lebensjahres keine Probleme mehr.

Rechts oder links?

Bei den meisten Kindern ist die dominante Hand inzwischen festgelegt: Sie sind sichere Rechts- oder Linkshänder. Bei einigen Kindern entscheidet sich die Dominanz einer Hand aber deutlich später, erst im fünften oder gar sechsten Lebensjahr.

Die Sprach- und Sprechentwicklung

Mit Drei- bis Fünf-Wort-Sätzen hat sich die sprachliche Ausdrucksfähigkeit jetzt erheblich erweitert. Gröbere Aussprachefehler sollten dabei nicht zu hören sein. Die verlängerten Sätze verlangen nach einer grammatikalischen Strukturierung.

Das Erlernen der Grammatik erfolgt in den nächsten zwei bis drei Jahren über eine Versuch-Irrtum-Strategie. Kinder probieren jedoch auch mit Analogien und Verallgemeinerungen, grammatika-

lische Regeln in den Griff zu bekommen (Butzkamm und Butzkamm): Das Gegenwort zu *Dunkelheit* müsste nach Kinderlogik *Hellheit* heißen und nicht *Helligkeit*, oder *Dunkelheit* müsste eigentlich *Dunkelkeit* lauten.

Bei Verallgemeinerungen wird versucht, eine einmal begriffene Regel auf möglichst viele ähnliche Situationen anzuwenden.

Die Lernstrategie des Ausprobierens von Sprache und Grammatik können Sie bei Ihrem Kind gut hören. Die richtige Aussprache ist nicht immer leicht zu lernen, zunächst einmal reichen ähnlich klingende Worte, wie Pagagei, Maschmaschine, probstem (trotzdem), momal (nochmal), Vamamilleeis (Vanilleeis), Lappwaschen (Waschlappen), um sich zu verständigen. Aufforderungen zur richtigen Aussprache schaden mehr, als sie nützen. Ihr Kind korrigiert seine Fehler mit dem Ohr unbewusst selbst. Sie können, wenn Sie wollen, so nebenbei, wie zur Bestätigung, das Wort richtig gesprochen wiederholen.

Beispiele: Bewältigung von zeitlichen und logischen Abläufen

»Ich gehe jetzt heute, gestern in den Garten.«

»Ich habe heute Nudeln mit ohne Ketchup gegesst.« Was hat der Peter nun gegessen? Natürlich die Nudeln diesmal ohne Ketchup.

»Ich bin heute mit ohne niemand zum Kindergarten gegangen.«

»Ich habe ganz laut an der Haustür geläutet, damit das Haus schon mal weiß, dass ich komme.«

Dieser Satz sagt, nebenbei bemerkt, sehr viel über das kindliche Denken und Sprechen aus.

Meret sitzt in einer sonnigen Winterlandschaft auf einem Schlitten. Ein sehr schöner großer Hund geht an ihr vorbei. Als er in sicherer Entfernung gerade noch zu sehen ist, sagt Meret: »Den Hund streichle ich aber erst morgen, wenn er keine Zähne mehr hat.«

»Ich war im Schlafanzug, war aber gerade angezogen.« Frank wollte sagen, dass er sich eben erst angezogen hatte.

Geschehnisse in der Vergangenheit:
Ein Kind beklagt sich: »Und dann hat er mit einem Stein geschmeißt.«
»Weil du bist gekommen gebist.«
»Da hat der Peter aber laut geschreit.«
Mathis stutzt nach dem Satz: »Chiara hat mir gehelft«, und verbessert sich: »Chiara hat mir gehelfen.« Das Wort »hat« und die Vorsilbe »ge-« hat er bereits als notwendige Konstruktion für die Vergangenheitsform begriffen, noch nicht jedoch die Konjugationsform des Verbs.

➔ Wie Kinder Grammatik lernen, soll für das dritte Lebensjahr an zwei Gruppen von grammatikalischen Schwierigkeiten gezeigt werden (s. linke Textspalte). Wir halten fest: Kinder tun dies individuell kreativ und in einer Art künstlerischer Freiheit des Übernehmens und mit einem mehr oder weniger zeitlich ausgedehnten Prozess des selbstständigen Korrigierens.

Oder, wie es die Sprachwissenschaftler Wolfgang und Jürgen Butzkamm auf den Punkt bringen: »Kinder agieren in einer grammatikalischen, kreativen Unordnung, der sie durch ein ›über den Daumen gepeiltes‹ Ausprobieren *selbst erkannter* Regeln und mit dem Versuch, mit Generalisierungen zu arbeiten, beizukommen hoffen.«

Originalton im Echoton

Direkt nachgeahmt und detailgetreu imitiert werden die engsten Bindungspersonen in ihrem Dialekt, in Sprachmelodie, Sprachrhythmus und Sprachduktus: eine Art »Echoton«.

Dabei kann es zu grotesken Situationen kommen.

Ihr Kind spricht Ihnen zum Beispiel einen Satz nach, so präzise, dass es Ihnen schon fast peinlich ist, wenn Sie Ihren Satz aus seinem Mund nachgesprochen hören: Unkorrektheiten in der Aussprache, Räuspern, geräuschvolles Atemholen, Ungereimtheiten, Ihren Dialekt, alles werden Sie zu hören bekommen.

Verblüfft stellen Sie jedoch fest, dass Ihr Kind die Bedeutung des Satzes überhaupt nicht verstanden hat, es hat ihn schlicht nur imitiert.

Auch ganze Sentenzen, die Kinder gehört und eindrucksvoll gefunden haben, werden imitiert, nicht immer bei den zutreffenden Gelegenheiten: zum Bären: »Moment, ich komme gleich.« Ein erbostes »Was ist das schon wieder für eine Sauerei!« Andere Beispiele s. S. 72. Sprache in ihrer grammatikalischen Struktur lässt sich jedoch nicht durch Nachahmung lernen. Imitiert werden nur, wie gezeigt, ganze Ausdrucksphänomene der Sprache und der Aussprache.

Auf weitere Phänomene der kindlichen Sprachentwicklung werden wir im Kapitel über das vierte Lebensjahr auf S. 183 zurückkommen.

Mehrsprachigkeit

Unbestritten ist, dass Kinder in den ersten drei Lebensjahren eine zweite oder dritte Sprache fast nebenher lernen, wie die Muttersprache auch.

Erste Bedingung ist jedoch, dass Vater oder Mutter diese zweite Sprache perfekt beherrscht. Ist diese Voraussetzung gegeben, sollte der Elternteil, der eine zweite Sprache beherrscht, schon sehr früh, möglichst ab der Geburt, in ihrer bzw. seiner Sprache mit dem Kind reden. Der

Kinder im Vorschulalter lernen fremde Sprachen leicht.

andere nur in seiner Sprache. Das gilt auch, wenn Vater oder Mutter die Sprache des anderen nicht oder nur ungenügend beherrscht.

Hat ein Elternteil Probleme mit der Sprache des Landes, in dem er lebt, bekommt ein Kind unvermeidlich eine fehlerhafte Sprache zu hören. Es wird Schwierigkeiten haben, die Landessprache korrekt und richtig über sein Gehör zu lernen.

Beispiel: gelungene Mehrsprachigkeit

Ein Beispiel: Ein deutscher Vater hat über seine italienische Mutter früh Italienisch gelernt. Die Mutter wollte, dass ihr Sohn sich, auch sprachlich, ganz in ihre italienische Familie integrieren konnte. Der wiederum heiratete eine deutsche Frau. Sie bekamen eine Tochter. Mit ihr sprach der Vater von Geburt an Italienisch, die Mutter Deutsch.

Er wurde beruflich mit seiner Familie nach Frankreich versetzt. Dort kam die Tochter, wie üblich, mit etwa 18 Monaten in einen Kindergarten, zunächst nur stundenweise. Im Kindergarten lernte die Tochter ganz nebenbei und ohne gezielte Nachhilfe ein perfektes Französisch.

Beispiel: gefährdete Mehrsprachigkeit

Ein deutscher Ingenieur, der in Afrika arbeitete, heiratete eine Tochter des Königs eines westafrikanischen Stammes. Sie sprach neben ihrer Stammessprache fließend Französisch, er selbst Deutsch und Englisch. Später lebten sie in einer deutschen Großstadt. Die Prinzessin begann, Deutsch zu lernen, da die Familie in Deutschland bleiben wollte.

Ihr fünfjähriger Sohn wurde schließlich wegen einer erheblichen Sprachentwicklungsstörung in der deutschen Sprache in unserer Abteilung vorgestellt. Das Gespräch mit den Eltern ergab folgende Situation: Da die Eltern in Deutschland bleiben wollten, sprach der Vater mit seinem Sohn Deutsch. So weit, so gut. Die Mutter sprach mit ihm ihr noch mangelhaftes Deutsch, aber auch Französisch, was der Vater wiederum nur unzureichend verstand. Außerdem sprach sie auch immer wieder zu ihm in ihrer Stammessprache, weil sie relativ häufig, auch aus beruflichen Gründen, für Wochen nach Afrika zu ihren Eltern und in deren Wohnort zurückkehrte und ihren Sohn immer dorthin mitnahm.

Mit den Eltern wurde abgesprochen: Der Vater spricht weiterhin nur Deutsch mit ihm, die Mutter nur Französisch. Im Gespräch mit den Eltern gingen wir gemeinsam davon aus (was dann auch zutraf), dass der Sohn die afrikanische Stammessprache »nebenher« in seiner afrikanischen, großelterlichen Familie lernen würde.

Die Sprachentwicklungsstörung war in einem Jahr aufgeholt, mit dem Ergebnis, dass der Sohn fließend drei Sprachen spricht.

Die kognitive Entwicklung

Im dritten Lebensjahr erfährt die kognitive Entwicklung einen enormen Zuwachs an Informationen und kognitiver Handlungsfähigkeit, angeschoben durch die wachsenden sprachlichen Ausdrucksmöglichkeiten. Die Erfahrungswelt lässt sich mithilfe der Sprache und mit den

Jetzt erfahren Kinder das Zusammenspiel mit anderen Kindern. Ihre »Als-ob-Spiele« werden komplizierter und bieten Rollen für jedes Kind.

sprachlichen Hilfen der Eltern viel besser und genauer in Kategorien ordnen. Das reine Sachwissen Ihres Kindes über seine Welt, in der es lebt, ob in der Stadt, ob auf dem Land, auf einem Bauernhof oder in einem Handwerksbetrieb, wächst fast schon exponentiell.

Kinder tun das ihrige dazu. Sie fragen nach allem, um die Neuigkeiten und zusätzlichen Informationen in ihre *Schemata* und *Skripts* einordnen zu können. Deren Richtigkeit wird jedes Mal neu überprüft. »Wer? Warum? Wieso? Woher? Welche?« sind die meist gestellten Fragen, die Eltern zu hören bekommen und die sie selbst an den Rand ihres Wissens führen. Warum ist der Mond mal rund und mal nicht rund? Die gesammelten Schätze an Spielautos, an Spieltie-

ren, an Bilderbüchern werden immer wieder überprüft und gesichtet.

Beispiel: Vorlesen und Zuhören

Beglückt werden Besucher, die Ihr Kind kennt, in Beschlag genommen. Das Buch zum Vorlesen ist schnell gewählt und schon bei der Hand. Leonhard wartet nur darauf, dass er gefragt wird, »Wo ist …?«: die Katze, der Traktor, die Hexe im Bilderbuch. Er zeigt sie prompt und freut sich selbst an seinem Können.

Nebenbei lernt er, kleinere und größere Mengen zu erfassen: Viele Tiere sind auf einem Bauernhof, aber nur ein Hund; viele Autos sind zu sehen, aber nur ein Polizeiauto und nur ein Krankenwagen, beide aber machen tatü-tata, tatü-tata:

Leonhard zögert nicht, zu demonstrieren, dass er die Signale kennt und weiß, was sie bedeuten.

Beispiel: Zusammenhänge verstehen

Marit beobachtet seit Längerem und gerne die auf einem blau blühenden Lavendelbusch an- und abfliegenden Bienen, die sich außerdem an den Blüten zu schaffen machen. »Was tun die da?« Marit liebt ein mit Honig bestrichenes Brot. Die Mutter erklärt ihr, dass die Bienen Honig für Marit aus den Blüten sammeln und in ihr Bienenhaus bringen, wo der Honig geholt und abgefüllt werden kann.

Große Verblüffung. So hat sich Marit die Herkunft des Honigs nicht vorgestellt. Sie hat damit auch deshalb gewisse Schwierigkeiten, weil sie weiß, dass Bienen wie Wespen stechen können, was sie fürchtet. Bienen sind ihr deswegen nicht unbedingt sympathisch.

»Als-ob-Spiele«

In jetzt deutlich differenzierteren »Als-ob-Spielen«, alleine oder mit anderen Kindern, werden die neuen Erwerbungen an Wissen, an Erlebnissen, an sozialen Kontakten, an menschlichen Situationen durchgespielt, wiederholt, verinnerlicht und – wenn sie wichtig für das weitere Leben werden könnten – auch zu *Schemata* und *Skripts* ausgebaut und im *Gedächtnis für Handlungsabläufe* gespeichert.

Alles muss ausprobiert werden!

Das Malen von Bildern geht nun über in den Bereich einer beabsichtigten und gewollten Gestaltung (s. S. 183).

Gleichzeitig ist das Interesse an technischen Dingen gewachsen.

Jeder Schalter muss ausprobiert werden, die Wirkung wird genau verfolgt. Ein Faxgerät beginnt plötzlich zu rattern und Seiten auszuspucken, die noch nie zu sehen waren.

Aus dem Küchenradio, bei dem Sonja auf dem Küchentisch saß, um Tätigkeiten von Mutter oder Vater besser überblicken zu können, ertönt plötzlich um Mitternacht Musik, weil das Kind beim Herumfingern auf den Tasten zufällig einen Weckertermin eingestellt hat. Die ganze häusliche Umwelt ist zum Versuchsfeld für ein selbstständiges Lernen geworden, das allerdings einer Überwachung bedarf, da unerwartete Folgen sich plötzlich als gefährlich oder kostenintensiv herausstellen könnten.

Die soziale Entwicklung

Kinder sind im dritten Lebensjahr meist spontan, selbstbewusst, selbstständig und ausschließlich auf sich bezogen. Sie erwarten die Erfüllung ihrer Wünsche sofort. Alles soll gleich geschehen, gleichgültig, welchen Beschäftigungen ihre Bindungspersonen gerade nachgehen. Große Auseinandersetzungen mit Mutter oder Vater entstehen, wenn ihr Kind plötzlich darauf besteht, nur diese Unterhose, nur dieses Hemd oder Kleid, gerade diese Strümpfe anzuziehen, obwohl die vielleicht gerade in der Wäsche sind. Auch mit dem Essen werden sie wählerisch, obwohl Kinder in diesem Alter alles andere als anspruchsvolle Esser sind. Alles wollen sie alleine machen: »Ich auch, ich auch«, mit häufig voraussehbaren Ergebnissen.

Helfenlassen zahlt sich aus

Und trotzdem sind sie bereit, an den Aktivitäten ihrer Mütter und Väter teilzunehmen, ihnen zu helfen, was jede Würdigung verdient. Doch eine wirkliche Hilfe sind sie selten.

Als Eltern brauchen Sie sich jedoch nicht zu wundern, wenn Kinder später nicht mehr bereit sind zu helfen, sich nicht mehr als teilhabend an der Familie fühlen, weil ihre zunächst an das Alter gebundene Bereitschaft, dabei zu sein und mit Hand anzulegen, damals nicht ernst genommen und nicht in die Familie eingebunden werden konnte. Daher wird sich der jetzt aufgebrachte Zeitaufwand später als eine hochverzinste Investition erweisen.

Faszination Rollenspiel

Gemeinsame Rollenspiele mit anderen Kindern werden ab dem dritten Lebensjahr die Regel, anfangs noch über nur kurze Zeitabschnitte von etwa zehn bis 15 Minuten, bald aber verlängert auf eine Stunde, Stunden oder ganze Vor- oder Nachmittage.

Gleichzeitig sind diese selbstbewussten energiegeladenen Zwerge immer wieder höchst anlehnungsbedürftig. Sie benötigen die Fürsorge und Zuwendung ihrer Bindungspersonen noch in hohem Maße.

Bald reif für den Kindergarten?

Am Ende des dritten Lebensjahres werden die meisten Kinder so weit entwickelt sein, dass sie bereit sind, in den Kindergarten zu gehen. Das setzt allerdings voraus, dass ein Kind jetzt gelernt hat, sich von seinen Bindungspersonen für einige Zeit, für einen Vormittag trennen zu können. Das kann für manche Kinder eine zunächst nicht so sehr gewünschte oder erfreuliche Situation bedeuten, da sie viel emotionale Energie benötigen, um ihre Trennungsängste unter Kontrolle und in der Balance zu halten.

Die emotionale Entwicklung

Zwei Problemfelder der emotionalen Entwicklung bestimmen das dritte Lebensjahr: Die auf S. 152f. bereits angesprochenen Trennungsängste, die – kei-

Lassen Sie Ihr Kind jetzt teilnehmen, später wird es Ihnen willig helfen.

neswegs obligatorisch – die Aufnahme in einem Kindergarten begleiten, und eine altersgebundene Auseinandersetzung mit bestimmten Ängsten in der so genannten *magischen Phase* (s. S. 173–179).

Altersgebundene Besonderheiten

Im Verlauf des dritten Lebensjahres erscheint ein besonders auffälliges, transitorisches (vorübergehendes) kindliches Verhalten: Die so genannte *magische Phase*. Außerdem kann die im Gehirn erfolgende (zentrale) Verarbeitung von Hör- und Sehinformationen erstmals Auffälligkeiten zeigen, die sich später, in der Schule, als eine Lese-Rechtschreib- oder Rechenschwäche manifestieren.

Die magische Phase

Diese Phase, die alle Kinder dieser Welt in ihrer Entwicklung durchlaufen, findet, im Gegensatz zu der Trotzphase, in der Entwicklungsliteratur kaum Erwähnung. Das ist erstaunlich, da das kindliche Verhalten in dieser Zeit ohne Kenntnis der magischen Phase kaum zu verstehen und damit vielen Fehldeutungen ausgesetzt ist.

Die magische Phase beeinflusst das Denken und Handeln von Kindern besonders in der Altersgruppe zwischen dem dritten und fünften Lebensjahr. In diesem Alter werden die *eigenen Gedanken* und *Handlungen* von einem Kind als eine wichtige Ursache vieler Geschehnisse angesehen und erlebt. Kinder ahnen gleichzeitig, dass auch andere

> **INFORMATION**
>
> → Die amerikanische Kinderpsychologin Selma Fraiberg, 1918–1981, war Sozialarbeiterin, bevor sie eine der großen Kinder-Psychoanalytikerinnen des 20. Jahrhunderts wurde. Sie beschrieb erstmals 1959 die »magischen Jahre«. Ihr Buch *Die magische Phase* ist mehrmals auch in deutscher Übersetzung erschienen.

Kinder, Erwachsene, Eltern, aber auch Tiere, Hexen, Zauberer, Feen und Zwerge solche Fähigkeiten besitzen könnten. So geraten einerseits Omnipotenzgefühle, andererseits Ängste über die Gefährdung der eigenen Person in ein Spannungsverhältnis und in einen Widerstreit. Deutlich strukturierte, altersgebundene Ängste entstehen in diesem Zusammenhang.

Beispiel: Tim ärgert sich

Tim hat sich über seine Mutter geärgert. Sie hatte ihn ausgeschimpft, weil er, entgegen ihrem Verbot, mit einem Messer hantiert und sich dabei verletzt hatte. Mit einem Heftpflaster konnte Tim geholfen werden. Er wünscht, dass seine Mutter sich auch einmal so richtig an einem Messer schneiden solle. Dieser Wunsch ist ihm aber nicht so ganz geheuer, weil er seine Mutter eigentlich sehr gern hat, ja sie geradezu liebt und sie einmal auch heiraten will.

In der Nacht hat es dann geschneit und es wurde kalt. Morgens wollte Tims

Mutter Schnee schippen, rutschte aus und brach sich den rechten Unterarm. Sie musste in die Klinik gebracht werden.

Tim war geschockt und fassungslos, weil er der Meinung war, das Unglück seiner Mutter sei durch ihn und seine »bösen« Wünsche ausgelöst worden. So weit sollte seine Wünschmächtigkeit nun doch nicht gehen.

Mit seinen Schuldgefühlen ist die Geschichte jedoch noch nicht beendet, denn Tim muss sich sorgen, dass seine Mutter oder sein Vater herausfinden könnten, wer das Unglück letztendlich verschuldet hat, und dass er nun dafür auch noch bestraft wird.

INFORMATION

→ Kinder in der magischen Phase haben noch keine richtigen Vorstellungen oder gar Sicherheiten …

- über die Ursachen und Wirkungen der Welt, in der sie leben, und was sie miteinander zu tun haben,
- vom Verhältnis ihrer Körpergröße zu anderen Größen und Abmessungen,
- wer sie sind und was sie möchten – das wechselt fast täglich, je nachdem, welche Tiere, »Helden«, Vorbilder sie gerade beeindrucken,
- ob sie nun endgültig und unveränderlich ein Mädchen, ein Junge sind,
- dass es so etwas wie moralisch-sittliche Grundbegriffe gibt. Sie existieren kaum als Repräsentationen in ihren Gedächtnissen.

Magie durchdringt alles

»Märchenfiguren« aller Art, Drachen, Ungeheuer, Hexen, Räuber, Zauberer, Zwerge sind Kindern im magischen Alter nicht geheuer, da auch sie Kindern Schaden zufügen könnten. Viele Kinder glauben in diesem Alter, durch Heirat von Vater oder Mutter die notwendige und schutzverbürgende Bindung für immer sichern zu können. In etwa werden solche Vorstellungen heute in der *Theorie der Alltagspsychologie*, der *Theory of mind*, aufgegriffen. Für unsere Zwecke ist jedoch die Theorie der magischen Phase fruchtbarer und sehr viel verständlicher darzustellen.

Wir wissen bereits, dass Kinder von Anfang an nach Theorien und Erklärungen für die Geschehnisse suchen, die sie erleben. In der magischen Phase suchen sie nach *magischen* Theorien zu Ursachen, zu denen sie selbst Anstoß gegeben haben, oder nach anderen, für sie unerklärlichen Kräften.

Magische Logik führt zu magischem Erleben, aber auch zu magischen Vorstellungen über die Ursachen von Ängsten, Bedrohungen, Befürchtungen, allerdings auch über die erfreulicher Ereignisse, wie die Weihnachtsgeschenke und wer dafür verantwortlich ist: der Weihnachtsmann, das Christkind, oder was der Osterhase mit den versteckten Ostereiern oder anderen Ostergeschenken zu tun haben könnte.

Übergangsfunktion der magischen Phase

Die magische Phase ist ein unerlässliches Durchgangsstadium der kognitiven, sozialen und emotionalen Entwicklung hin zu einem Aufbau eines Lebens in einer realen Welt, zu einer separierten *Ich-Struktur* trotz eines sozialen Verbundes, zur Akzeptanz, dass manche Lebensbedingungen vorgegeben und nicht mehr zu ändern sind, zum Aufbau einer stabilen Selbstwertbewusstheit und schließlich auch zur Aneignung von Gewissensinstanzen und Moralvorstellungen, wie sie die Kultur fordert, in der ein Kind aufwächst.

Als Konsequenz baut sich ein zunehmendes Verständnis in den Kindern auf, welche negativen Konsequenzen aus den eigenen Wunschvorstellungen für andere entstehen können.

Was soll mit dem Vater geschehen, wenn Tim seine Mutter heiraten möchte? Er begreift bald, dass das »Wegwünschen« keine gute Lösung ist, da er seinen Vater ja liebt und ihn auch behalten will. Ein alterstypisches, sehr großzügiges Angebot lautet dann: »Und du bleibst einfach wie Besuch bei uns, so lange du möchtest.«

Der Ödipuskomplex

An dieser Stelle versäumt kaum ein Ratgeber oder Entwicklungsbuch, auf den Ödipuskomplex zu verweisen.
Ödipus, eine griechische Sagengestalt, ein thebanischer Königssohn, heiratete seine Mutter, ohne zu wissen, dass sie seine Mutter ist. Sein Vater, den er nicht als seinen Vater kannte, war zuvor von ihm erschlagen worden, bei einer Begegnung, die nichts mit seiner Mutter zu tun hatte.
Ich meine, dass die ganze Ödipusgeschichte wenig mit der Situation gemein hat, der ein Kind sich gegenübersieht, wenn es vorübergehend meint, seine Mutter, seinen Vater heiraten zu wollen. Mordabsichten hat ein Kind in diesem

Alter gewiss nicht. Ganz im Gegenteil. Es gerät viel eher in einen schmerzhaften Konflikt, weil es beide, Vater und Mutter, liebt und beide gerne behalten und keinen verlieren möchte.

Verhalten in der magischen Phase

An Beispielen soll die magische Phase für Sie gut nachvollziehbar werden. Bis zum fünften Lebensjahr wird sie uns begleiten (s. S. 189ff. und S. 199f.). Zum besseren Verständnis werde ich die Beispiele danach ordnen, aus welchen Gründen, aufgrund welcher »Theorien« Kinder in dieser Phase agieren oder ihre Schlüsse daraus gezogen haben.

Beispiele: unverstandene Größenverhältnisse

Die Unfähigkeit, die eigene Größe und die anderer Lebewesen und Objekte einzuschätzen.
Bei Selma Fraiberg (s. S. 173) findet sich dazu ein klassisches Beispiel:
Eine Mutter badet ihre dreijährige Tochter jeden Abend in der Badewanne, was das Kind gerne und ausgiebig genießt. An einem Abend wollte die Mutter abends noch weg, weshalb die Badefreuden verkürzt werden sollten. Sie forderte ihre Tochter auf, die Badewanne zu verlassen, worauf das Kind nicht einging. Schließlich zog die Mutter den Stöpsel aus der Abflussöffnung. Die Tochter beeindruckte dies wenig. Als sie jedoch sah, wie das Wasser im Abflussbereich zu kreiseln begann, hatte sie es eilig, die Badewanne zu verlassen.
Warum? Sie bekam Angst, mit dem Wasser in dem Abflussrohr zu verschwinden, weil sie die Größe ihres Kör-

Dramatisch, aber auch Angst auslösend:
Wie kommt ein Elefant auf das Dach?

pers noch nicht mit dem Durchmesser
des Ablaufrohres in Beziehung setzen
konnte.

Übrigens auch eine Angst von Kindern,
wenn sie über einen Holzsteg, eine
Holzbrücke gehen sollen und zwischen
den Ritzen der Balken das Wasser unter
sich rauschen sehen und nun in Panik
geraten, sie könnten durch die Ritze
in den Fluss fallen und mitgerissen
werden.

In ähnliche Richtungen gehen die Ängste
vor Staubsaugern, die Ängste, auf einer
Toilette zu sitzen, wobei mit großem
Geräuschaufwand Teile vom Kind selbst
in irgendwelche Tiefen gespült werden.
Da könnte ein Kind leicht mitgerissen
werden. Aus diesen Tiefen könnten aber
auch gefährliche Ungeheuer hervorkom-
men. Aus dieser Sicht erbringt ein Kind
eine ganz beachtliche Leistung der Überwindung seiner Ängste, wenn es vom
Töpfchen zur Toilette wechselt.

Ein zweites Beispiel:
Ein dreijähriges Mädchen, im Urlaub an
der See, soll abends schlafen. Es weiß,
dass die Eltern unten in der Gaststube
sitzen und nicht weggehen werden. Auf
einer nahen Weide grasen friedvoll
Kühe. Es ist jedoch nicht bereit, alleine
in dem Schlafzimmer zu bleiben, in dem
auch die Betten der Eltern stehen. Einer
müsse bei ihm bleiben, denn die Kühe
könnten doch zu ihm durchs Fenster in
das Zimmer kommen.

Es glaubt *wirklich*, dass die Kühe plötzlich im Zimmer stehen könnten, ich
kann es Ihnen versichern. Die allermeisten Erwachsenen missverstehen eine solche Argumentation als gezielten Versuch
des Kindes, nicht zu schlafen, sondern
bei den Eltern zu bleiben, gerade dann,
wenn die Eltern darauf drängen, endlich
auch zu sich selbst zu kommen.

Drittes Beispiel:
Rolf, dreieinhalb Jahre alt, spielt gerne
mit Tieren. Er besitzt einen Bauernhof
mit Haustieren. Wildtiere gehören ebenfalls zu seiner Sammlung und eine Ar-
che Noah. Über die Lebenswelt der
Tiere ist er für sein Alter schon gut in-
formiert.

Eines Morgens im Winter kommt er zu
seiner Mutter in die Küche, wo er, auf
dem Küchentisch sitzend, seine Tasse
Kaba trinkt. Er schaut zum Fenster hinaus und erstarrt. Er traut seinen Augen
nicht, dann bricht es aus ihm heraus,
fassungslos: »Auf dem Dach steht ein
Elefant!« Er kommt vor Aufregung ins
Stottern: »Ein Elefant, ein Elefant,
dort!« Die Mutter lacht ungläubig und
hält es nicht einmal für nötig, aus dem
Fenster zu schauen. Da Rolf nicht zu

beruhigen ist, stellt sie sich neben ihn, und beide schauen zu dem Dach hinüber, auf das Rolf zeigt. In der Tat: Dort steht ein Elefant auf dem Dach. Die Mutter versucht zu erklären, wie das Bild des Elefanten zustande kommt, aber für Rolf zählt das im Augenblick nicht viel: Er sieht doch den Elefanten! Also ist er da. Wegen des aufregenden Ereignisses hat die Mutter den Elefanten für ihn fotografiert.

Und ein letztes Beispiel:
Stefan, dreijährig, spielt mit seiner Freundin Antonia im Sandkasten. Sie bewerfen sich ab und zu mit Sand. Plötzlich hat Antonia die Idee, Sand und Steinchen in die Luft zu werfen, »in den Himmel«.
Stefan ist entsetzt, da würden doch die Sonne, der Mond, die Sterne getroffen werden und kaputtgehen. Verzweifelt fällt er Antonia in die Arme: »Das darfst du nicht, das darfst du nicht!« Später erzählt er entrüstet seinem Vater von der Freveltat Antonias.

Beispiele: wörtliches Missverstehen

Ein Beispiel von Selma Fraiberg (s. S. 173): Ein dreijähriges Mädchen hat panische Angst vor Ameisen, jedoch keine vor anderen Tieren. Woher kann die Angst kommen? Nach langen, fast schon detektivischen Recherchen konnte die Entstehung der Angst geklärt werden: Die Großmutter hatte Ameisen im Küchenschrank gefunden und ausgerufen: »Die Ameisen sind wieder da, sie werden alles (das Kind verstand ›uns alle‹) auffressen!«
Meret will ihren dritten Geburtstag mit einer kleinen Party feiern. Es ist ihr erster Geburtstag, den sie mit vollem Bewusstsein begeht. Sie spricht in den Wochen davor fast nur noch von ihrem Geburtstag. Zufällig schaut sie sich mit ihrer Großmutter ein Buch an, in dem eine Mutter ein Baby im Arm hält. Meret kommentiert mit einer bewusst babyhaften Stimme, wie schön es ist, wieder ein Baby zu sein, ein Fläschchen zu bekommen und immer von der Mutter getragen zu werden. Aber leider, leider bekomme sie dann nichts zum Geburtstag.
Die Großmutter stutzt und fragt nach. Meret hatte das Wort »Geburtstag« ganz wörtlich verstanden: Sie werde an diesem Tag wieder geboren werden. Meret war über die »Aufklärung« sehr erleichtert, aber aus dem Blick, mit dem sie das Bild von der Mutter mit ihrem Baby noch einmal sich anschaute, war auch eine Spur von Bedauern herauszulesen.

Jenny liebt Süßigkeiten, sie ist aber wählerisch und nicht zu bestechen. Einmal waren so genannte Schweinsohren in der Auswahl, die ihr älterer Bruder genüsslich verzehrte und köstlich fand. Meret lehnte mit Entrüstung ab, Schweinsohren esse sie nicht. Vierzehn Tage später baute sie sich vor ihrer Mutter auf und verkündetet, dass sie Schweinsohren inzwischen liiiebe!!
Was war geschehen? Obwohl das Gebäck keineswegs wie Schweineohren aussah, nahm Meret den Namen wörtlich. Erst durch die Nachhilfe ihres Bruders begriff sie, dass Schweinsohren nicht Schweineohren sein müssen, und fand, nach vorsichtigem Versuchen, Geschmack an ihnen.

Beispiele: Ängste

Ein Nussknacker, der auf dem Schrank steht, mit grimmigem Gesicht und mit einem gewaltig aufklappbaren Mund, und auf Dreijährige herabschaut, kann ein Gefühl der Bedrohung auslösen. Ein Neunjähriger (!) erzählte, er habe, »wie er noch klein war« und es nicht umgehen konnte, an dem Schrank vorbeizugehen, auf dem der Nussknacker thronte, sich ganz klein gemacht und sei immer ganz schnell gerannt, weil er Angst davor gehabt habe, der Nussknacker stünde plötzlich vor ihm und würde ihn fressen.

Ein Nussknacker hat ein großes Maul.
Ob er kleine Kinder verschlucken kann?

Die gleichen Effekte kann eine kleine Hexe mit einem wahren Hexengesicht auslösen, die in einem Bücherregal zufällig steht, den Eltern ein harmloses Andenken.

Bei einem Kind in der magischen Phase löst sie jedoch so große Ängste aus, dass es den Raum nicht mehr oder mit allen Zeichen der Angst und Vorsicht betritt. Das Kind wird nicht sagen und wahrscheinlich auch nicht sagen können, warum das Zimmer mit der Hexe im Bücherregal ihm unheimlich ist.

Unverstandene Verse

Auch Gedichte und Verse lösen immer wieder einmal Angsteffekte aus. Nicht bei jedem Kind, aber doch öfter, als von Eltern wohl wahrgenommen wird. Verse lassen Hanno Buddenbrook, dem letzten Spross von Thomas Manns Roman-Familie, im 3. Kapitel des 8. Buches keine Ruhe. Seine Kinderfrau weiß: »Er hat sie in diesen Tagen lernen müssen, und über das mit dem Männlein hat er viel gesprochen … Dies bucklige Männlein steht überall, zerbricht den Kochtopf, isst das Mus, stiehlt das Holz, lässt das Spinnrad nicht gehen, lacht einen aus … und dann, zum Schluss, bittet es auch noch, man möge es in sein Gebet einschließen! Ja, das hat es dem Jungchen nun angetan. Er hat tagein, tagaus darüber nachgedacht. Weißt du, was er sagte: Zwei-, dreimal hat er gesagt: ›Nicht wahr, Ida, es tut es nicht aus Schlechtigkeit, nicht aus Schlechtigkeit! … Es tut es aus Traurigkeit und ist dann noch trauriger darüber … Wenn man betet, so braucht es das alles nicht mehr zu tun.‹ Und heute Abend noch, als seine Mama ihm gute Nacht sagte …, hat er sie gefragt, ob er auch für das bucklige Männlein beten solle …«

Da gibt es das Lied, oft mit einem dem Kind nicht ganz geheueren Bild vom Bi-Ba-Butzemann, von der kleinen Hex', die morgens früh um sechs schon beginnt, ihr Unwesen zu treiben, oder das Märchen vom Rumpelstilzchen, mit dem ominösen Vers, mit dem sich Rumpelstilzchen selbst versichert, »dass *niemand* weiß, dass ich Rumpelstilzchen heiß«.

Erwachsene und die magische Phase

Eltern und Erwachsene wissen mit der magischen Phase meist nichts mehr anzufangen, sie können deren eigene Gesetzlichkeiten nicht mehr nachvollziehen. Die Folge: Kinder erfahren, dass sie nicht ernst genommen werden, sie genieren sich, über ihre »Theorien«, Gedanken und Ängste zu reden. Das wird ihnen auch schnell nahezu unmöglich gemacht, mit Verweisen wie »zu viel Fantasie«, »nimmt es mit der Wahrheit nicht so genau«, »lügt schon in so jungem Alter«, »neigt zu Übertreibungen« oder, ganz schlimm: »Stell dich doch nicht so an!«

Einmal auf die magische Phase aufmerksam geworden, werden Sie erstaunt sein, wie häufig sie Ihnen bei Kindern im Alter von drei bis fünf Jahren begegnet.

Sehen und Hören

Obwohl sichergestellt sein sollte, dass Ihr Kind gut sieht und hört, sollten Sie sich immer wieder versichern, dass das auch weiterhin zutrifft. Im Laufe der Entwicklung können doch Augen und Ohren in ihrer Funktion durch Krankheiten oder angeborene Störungen beeinträchtigt sein.

Nicht so ganz selten sind, bei ganz unauffälliger Funktion der Augen und Ohren, Schwierigkeiten in der *schnellen* Verarbeitung der Seh- und Hörinformationen im Gehirn, weil sie dort, wie im Kapitel über das fünfte Lebensjahr beschrieben, nur verzögert weiterverarbeitet werden können. Da das im Gehirn, in der »Zentrale«, geschieht, spricht man von Störungen der zentralen Informationsverarbeitung. Das sind Schwächen des Gehirns bei der Aufnahme und bei der Verarbeitung der einlaufenden Sinneswahrnehmungen, die dort zu bewusster Wahrnehmung (ich weiß, was ich sehe oder rieche) oder zu Handlungen verarbeitet werden.

Geht Ihr Kind zu nahe mit den Augen an ein Bild, an ein Spielzeug, beim Kritzeln an das Papier heran? Mag es nicht konzentriert Bilder betrachten, alleine oder mit Ihnen, z. B. in einem Bilderbuch? Mag Ihr Kind nicht weiterspielen, wenn es dazu ein Spielzeug, Klötzchen genauer betrachten muss?

Was Ihnen auffallen könnte

Hört Ihr Kind Ihnen gerne und konzentriert zu, wenn Sie ihm etwas erzählen, ihm etwas erklären wollen? Oder haben Sie den Eindruck, Ihr Kind höre nicht genau hin, was Sie ihm sagen, erzählen, erklären wollen? Wird es dabei unruhig und unkonzentriert? Das sind Kinder immer wieder einmal.

Auffällig ist nur, wenn solche Konzentrationsschwächen beim Sehen oder Hören oder bei beidem zur Regel geworden sind (s. S. 142).

Schlafen und Schlafzeiten

Der Vormittagsschlaf ist von den meisten Kindern aufgegeben worden. Manche halten auch nichts mehr von einem Nachmittagsschläfchen, vor allem dann, wenn sie meinen, dadurch Aktivitäten in der Familie zu versäumen. Dieser Meinung sind sie vor allem und mit Recht, wenn sie ältere Geschwister haben.

Mütter und enge Bindungspersonen sehen die Reduzierung der Schlafzeiten mit gemischten Gefühlen. Die Zeit, in der sie etwas für sich, für die Familie tun konnten, während ihr Kind schlief, wird dadurch deutlich eingeschränkt und reduziert.

Mit einem Kuscheltier lässt es sich gut und sicher schlafen.

Einschlafprobleme

Einschlafprobleme und nächtliches Aufwachen sind häufig. Wie störend das für Eltern tatsächlich ist, hängt davon ab, ob sich daraus ein Stressverhalten entwickelt, unter dem alle Beteiligten leiden, oder ob kurze Schlafunterbrechungen gelassen genommen werden können, weil Kind und Eltern (meist die Mütter) bald wieder zum Einschlafen kommen können.

Es gibt immer wieder Zeiten – und dies nicht nur, wenn Kinder krank sind –, in denen Mütter, auch solche Väter soll es geben, meinen, nie mehr in ihrem Leben durchschlafen zu dürfen.

Die Meinung, ein Kind müsse eine bestimmte Zeit schlafen, um gesund und munter zu sein, ist weit verbreitet. Aber auch für das Schlafen gilt: Die gesamte Schlafenszeit eines Kindes ist individuell sehr unterschiedlich. Und: In aller Regel holen gesunde Kinder sich den Schlaf selbst, den sie benötigen, um munter zu bleiben. Die Schlafgewohnheiten mediterraner Länder sind hier sehr viel flexibler an die Lebensgewohnheiten angepasst.

Damit soll jedoch nicht der Meinung das Wort geredet werden, den Kindern die Schlafzeiten selbst zu überlassen. Das Einhalten gewisser Schlafzeiten plus/minus gibt einen Rahmen im Tagesablauf vor, der auch von Ihrem Kind eingehalten werden sollte. Das gilt auch für die Schlafrituale, die Sie gemeinsam gefunden haben, denn sie bieten Ihrem Kind die Sicherheit, dass es über die Nacht gut und sicher aufgehoben ist.

Auf einen Blick:

Gefährdungen durch Unfälle

Für das dritte Lebensjahr gelten die Hinweise auf die Gefährdungen, wie sie für das zweite Lebensjahr auf S. 143 und S. 163 aufgeführt worden sind.

Neue Gefahren auf der Straße

◆ Mit der gewonnenen Mobilität gelingt es Kindern leichter, sich der Aufsicht zu entziehen. Plötzlich sind sie auf die Straße oder in andere gefährliche Situationen geraten: Radfahrer, Autos, ein großer, frei laufender Hund.

◆ Wenn Sie mit Ihrem Kind ausgehen wollen, sollten Sie als Erwachsene sich fertig machen, bevor Sie das mit Ihrem Kinde tun. Zum Ausgehen angezogene Dreijährige werden mit Windeseile das Haus, die Wohnung hinter sich lassen, wenn die Haustür nicht abgeschlossen ist. Halb im Mantel, noch nicht in den Schuhen, haben Mütter und Väter alle Mühe, ihrem davonstürmenden Kind nachzueilen, das es noch nicht einmal für notwendig hält, auch nur einen einzigen Blick zurückzuwerfen, und auch auf keinen noch so lauten und befehlenden Ruf reagiert.

Das vierte Lebensjahr: 37. bis 48. Lebensmonat

Die vielfältigen sozialen Erfahrungen, die ein Kind im Kindergarten macht, prägen dieses Lebensjahr. Noch einmal wird das eine oder andere Kind von Trennungsängsten geplagt. Frühe Lernstörungen können die Entwicklung beeinträchtigen. Die magische Phase ist noch nicht abgeschlossen.

Altersgebundene Entwicklung

Die Erfahrungen im Kindergarten machen einem Kind bewusst, dass in den Familien der Freundinnen, der Freunde ganz anders als in der eigenen gelebt wird. Eltern erkennen beim Vergleichen mit anderen Kindern, dass auch ihr Kind dem Gesetz der Vielfalt von Begabungen und Anlagen unterworfen ist. Manches kann ihr Kind sehr gut, mit manchem kommt es ganz zufriedenstellend zurecht, bei manchem tun sich plötzlich Schwierigkeiten auf, die vielleicht Anlass zu Sorgen geben, z. B. die Symptome früher Lernstörungen.

Die Entwicklung der Körpermotorik

Die Körpermotorik Ihres Kindes ist im häuslichen Bereich und im Freien flink, zielstrebig und sicher, mit guter Bewahrung des Gleichgewichts. Die Bewältigung von Treppen bietet keinerlei Schwierigkeiten mehr. Das Fahren, Pedaletreten, Steuern von Kinderfahrzeugen gelingt sicher, geübt, schnell und mit raschen Wechseln der Fahrtrichtungen.

Auf einem Mäuerchen, auf einem liegenden Baumstamm im Wald kann Ihr Kind balancierend entlanggehen. Bälle werden von ihm sicher gefangen, geworfen und gekickt. Auf den Zehen kann Ihr Kind für einen Moment stehen. Auf einem Bein einige Hopser zu versuchen tut es auch. Absprungen von den *beiden* letzten Treppenstufen gelingt sicher und federnd.

Die Bewegungsentwicklung der Hände und Finger

Ketten mit kleinen Perlen werden geschickt aufgefädelt.

Mit einer Kinderschere gelingt es Ihrem Kind ziemlich genau, an einer Linie entlangzuschneiden. Mit Bausteinen werden kompliziertere Konstruktionen ausgeführt, die eine sichere Hand benötigen.

Ein Männchen, ein Haus, ein Baum, vielleicht noch ein Garten, die Sonne und einige Wolken und der eine oder andere fliegende Vogel gehören zu den Grundformen des Malens Ihres Kindes. Ihr Kind kündigt nun an, was es malen möchte, bevor es anfängt. Zuvor erfolgten die Erklärungen immer erst, wenn ein Gemälde fertig gestellt war.

Beim Malen und Zeichnen wird der Stift korrekt zwischen den ersten drei Fingerspitzen gehalten. Sichere Handhabung von Löffel und Gabel werden nun selbstverständlich.

Die Sprach- und Sprechentwicklung

Drei Arten von Schwierigkeiten beim Erlernen der deutschen Grammatik haben Kinder neben den schwierigen Regeln der Beugung von Zeitwörtern (Verben) zu lernen:

- die richtigen bestimmten Artikel, also *der*, *die*, *das*,
- die Veränderungen eines Hauptwortes in der Mehrzahl,
- die korrekte Verwendung von Verhältniswörtern (Präpositionen) und
- die Verwendung der persönlichen Fürwörter.

Anpassungsstrategien, bis die Sprache stimmt

Den richtigen Artikel zu treffen probieren Kinder zunächst nur aus:

»Der Papi und der Mami sind weggegeht.«

»Die Biene holt Honig aus die Blume.«

Butzkamm und Butzkamm meinen, dass clevere Kinder das Problem der richtigen Wahl mit dem Allzweckshilfsartikel *de* umgehen.

Die Mehrzahlformen der Hauptwörter sind schwierig:

Die *Blume*, die *Blumen*,

das *Feuer*, die *Feuer*,

das *Kind*, die *Kinder*,

das *Haus*, die *Häuser*,

der *Berg*, die *Berge*,

das *Mädchen*, die *Mädchen*,

um nur einige Beispiele zu nennen, die dem Lernvermögen eines vierjährigen Kindes ein Achtung gebietendes Zeugnis ausstellen.

Verhältniswörter (Präpositionen) sind in vielen Sprachen schwierig zu lernen. Für ein vierjähriges Kind sind vor allem die Verhältniswörter *an*, *auf*, *hinter*, *neben*, *bei*, *in*, *vor*, *zwischen* besonders wichtig, um präzisere Aussagen machen zu können. Auch mit ihnen wird zunächst versuchsweise gearbeitet: »Sie wohnen bei Afrika«, antwortete ein Vierjähriger zeitweise, wenn er nach seinen Großeltern gefragt wurde, die tatsächlich in Südafrika leben. Er selbst wohnte *bei* (in) Hamburg.

Beispiel: ich und du, mein und dein

Mit persönlichen Fürwörtern haben Kinder ihre besonderen Schwierigkeiten, da sie *ich* und *du*, *mein* und *dein* nur schwer auseinanderhalten können. *Ich* sagt ja ein anderer von sich selbst, und *du* bin daher, mit der altersbedingten kindlichen Logik, ich selbst. Um ganz sicherzugehen, nennen Kinder daher ihren eigenen Vornamen und bevorzugen die dritte Person Einzahl: »Das ist dem Andi sein Ball«, »Das sind der Mammi seine Schuhe.«

Ein kurzer Dialog zwischen Vater (V) und seinem Sohn (K) demonstriert drastisch die besonderen Schwierigkeiten des gegenseitigen Verstehens.

K: »Das ist *mein* Feuerwehrauto!«

V: »Ja, das ist *dein* Auto.«

K, irritiert: »Nein, das ist *mein* Feuerwehrauto!«

V: »Klar doch, es ist *dein* Feuerwehrauto.«

K, weiter irritiert, gerät in Aufregung, schreit schon fast: »Nein! Das ist *mein* Feuerwehrauto, gehört mir.«

V, nun auch irritiert über die sich anbahnende heftige Kontroverse, zu der er keinerlei Anlass erkennen kann: »Ja, freilich, es ist doch dein Auto!«

K, jetzt völlig außer sich, schreit verzweifelt heraus: »Aber das ist doch *mein* Feuerwehrauto!«

V versteht plötzlich und intuitiv, wo das Problem liegt. Er antwortet jetzt ruhig, aber mit einer gewissen Überwindung: »Ja, doch, tatsächlich, du hast Recht, es ist *mein* Auto.«

Daraufhin schlagartiger Abbau der ganzen Aufregung. Die Sache ist für den Sohn klar, er verhält sich sofort, zur Verblüffung des Vaters, als wäre überhaupt nichts geschehen.

Dieses Beispiel zeigt auch eindringlich, wie aus puren Missverständnissen ein *Trotzverhalten* entstehen kann, das dem Kind mehr schadet und es tiefer kränkt, als die beteiligten Erwachsenen ahnen (s. S. 154–162). Kinder in diesem Alter *können* oft gar nicht verstehen, warum eine Eskalation überhaupt entstanden ist. Nach ihrer Meinung haben sie doch alles richtig gemacht.

Lust am Experimentieren

Kinder experimentieren mit der Sprache sehr individuell, variabel, immer mal wieder anders und sehr adaptiv an die Gegebenheit angepasst, bei der sie eine verbale Kommunikation beginnen oder darauf antworten.

Eva kann es sich nicht verkneifen, wenn sie vom Rolf im Kindergarten erzählt, ihn mit *Rolfi-Schnolzi* zu benennen. Sie sehen: Die Fähigkeit, Sprachformen auszuprobieren, hat durchaus eine lustvolle Komponente. Das ist nicht so überraschend, wenn wir uns erinnern, wie unverdrossen und mit unverwüstlich guter Laune Kinder immer wieder eine Fertigkeit üben, die sie um der Teilnahme willen unbedingt erlernen möchten.

Kinder reagieren spontan und sehr emotional auf krasse Laut- und Reimfolgen, auf »Quatschausdrücke« und auf stark akzentuierte Rhythmen:
»Ri-ra-rutsch,
wir fahren mit der Kutsch!«
»Es tanzt ein Bi-Ba-Butzemann in unserm Haus herum.«
»Kathrine, Kathrane,
was macht der Hahne?
Er sitzt auf der Zinn'
und ruft Kathrin, Kathrin!«
»Robinson, Robinson
fuhr in einem Luftballon
in die Höh', in die Höh'
mit der Jungfer Salome.«
Einen Überraschungseffekt lösen Sie aus, wenn Sie statt der *Kathrin* oder *Salome* den Namen Ihres Kindes einfügen.

Wilhelm Buschs Max und Moritz waren die vergnüglichen Veränderungen der Sprache auch nicht unbekannt:
»He, heraus, du Ziegen-Böck!
Schneider, Schneider, meck, meck, meck!«

Auch Max und Moritz, die Lausbuben von Wilhelm Busch, spielen mit der Sprache.

Unerwartete Reimänderungen haben ihre besonderen Reize:
»Wir wünschen allen einen guten Appetit,
nichts verläppert, nichts verschütt',
jeder esse, was er kann,
nur nicht seine . . . Nebenfrau.«
Perplexe Stille, dann Begeisterung. Gespannt warten Kinder das nächste Mal darauf, wer nun diesmal nicht gegessen werden soll.

Beispiele: »Verbotene« Wörter!

Entzücken lösen aber auch schon etwas dubiösere Verschen aus:
»Hallihallo,
ich bin so froh,
mich beißt ein Floh
an meinem Po
und anderswo.«
Oder die Frage: Warum heißt Pip(p)i Langstrumpf nicht Popo Langstrumpf? Verblüffung und Erstaunen, dass ein Erwachsener wagt, eine solche Frage zu stellen, die doch eher dem geheimen Wunsch eines Kindes entspräche, ein Tabu zu übertreten.
Simon fuhr mit seinen Eltern in die Ferien nach Frankreich. Sie übernachteten unterwegs in einem kleinen ländlichen Hotel. Zum Hotelzimmer gehörte ein großes Bad, *Salle de Bain* genannt, das bei Simon einen besonderen Eindruck hinterließ.
Da er gerade Pipi machen musste, sagte der Vater zu ihm: »Dann geh halt in den Salle de Pipi!« (Letzte Silbe betont.) Die zunächst nur scherzhaft gemeinte Bemerkung löste bei Simon eine unerwartete Begeisterung aus. Er konnte es für Tage nicht lassen, immer wieder auf den *Salle de Pipi* zurückzukommen.

Die kognitive Entwicklung

Die kognitive Entwicklung wird jetzt neben der Vergrößerung des Allgemeinwissens von logischen und sprachlichen Zuordnungsprozessen bestimmt: Grundfarben werden erkannt und benannt, einander in ihren Farbabstufungen zugeordnet. Größen- und Längenvergleiche werden in Konstruktionsspielen und im Sortieren der eigenen Schätze präzisiert. Kleinere Mengen bis drei werden mit einem Blick erfasst.
Gegensätze sind geläufig, wie z. B.: Im Winter ist es kalt, im Sommer heiß, oder: Ein Stein ist hart, ein Kissen ist weich. Oberbegriffe werden bewusst wahrgenommen und richtig verwendet: Die Unterscheidungen von Obst und Gemüse, von Tieren, Insekten, Fischen, Unterscheidungen von Formen wie Kreis, Quadrat, Dreieck.
Solche Unterscheidungen setzen *Repräsentationen* voraus, die bereits ihren festen Platz im Gehirn gefunden haben. So wird ein Kind erst ein Haus, ein Männchen, einen Baum malen können, wenn es eine Vorstellung davon hat, wie sie aussehen und welche Teile und Zugehörigkeiten sie charakterisieren.
Aus Kinderzeichnungen ist daher leicht zu entnehmen, welche Repräsentationen zu einem Männchen z. B. bereits fest im Gehirn verankert sind und welche noch nicht.

Die soziale Entwicklung

Im Kindergarten sind soziale Kontakte nicht zu umgehen. Kinder reagieren unterschiedlich darauf. Die einen haben nur darauf gewartet, andere halten sich eher zurück, bevorzugen die Freundschaft mit einem Kind mit ähnlichen Neigungen. Sie spielen eher für sich in einer Bastel- oder Puppenecke, lautem Geschrei und Herumtoben gehen sie aus dem Wege. Es sind keineswegs ausschließlich die Mädchen, und unter den Lauten sind auch Mädchen zu finden. Trotz verschiedener Ansprüche und Bedürfnisse lernen Kinder doch, sich in einer sozialen Gemeinschaft zu bewegen und sich deren Regeln anzueignen. Der Morgenkreis, die Kreisspiele, das gemeinsame Essen, ein kleiner Ausflug in die Natur, die Zusammenarbeit auf dem Spielplatz, im Sandkasten geben bei vielfältigem Austausch dazu Gelegenheit.

Andere sind anders

Ein anderer Aspekt scheint mir jedoch fast genauso wichtig zu sein. Der Vergleich mit anderen Kindern bringt ein Kind auch dazu, sich Gedanken darüber zu machen, dass andere Kinder anders sind und andere, geschätzte oder wenig geschätzte Eigenschaften besitzen als es selbst. Mit beidem ist zu leben: Andere sind anders, ich selbst bin, wie ich bin. Das führt letztendlich dazu, mich annehmen zu können, wie ich nun einmal bin, oder es erweckt in einem Kind den Wunsch, einem anderen Kind ähnlich oder gleich zu sein, oder ihm wird bewusst, dass es ausgeschlossen wird oder sich nicht integrieren kann, aus vielfältigen Gründen.

Wie dem auch sei: Die sozialen Situationen im Kindergarten erzwingen so etwas wie ein weitgehend unbewusstes Adjustieren, Beschäftigen und Auseinandersetzen mit dem eigenen Ich, mit dem eigenen Selbst.

Soziale Spielregeln lernen

Kinder lernen in diesem Jahr zu teilen. Sie lernen Spiele kennen, die nach bestimmten Regeln verlaufen, wie Brett- oder Kartenspiele, Memory, Würfelspiele, und es fällt ihnen schwer zu verlieren. Kinder beginnen nun auch zu begreifen, falls sie es nicht schon zu Hause gelernt haben, dass es besser ist, nicht alles zu sagen, was sie wirklich denken.

Es ist ihnen inzwischen klar geworden, dass andere Kinder, ebenso wie sie selbst, Absichten und Unternehmungen im Kopf haben, die sie verschweigen, oder dass andere, wie sie selbst auch, täuschen können und täuschen wollen.

Ein solches, sehr menschliches Verhalten wird heute mit dem Begriff *Theory of*

So starkes Interesse für eine Schnecke:
Ob er einmal Naturforscher wird?

Mind umschrieben. Dabei geht es um die Theorie dessen, was Menschen bei sozialen Kontakten so im Kopfe haben oder, einfacher gesagt, die Theorie der Alltagspsychologie.

Soziale Kontakte führen immer wieder zu Kränkungen und emotionalen Verletzungen: Ein Kind fühlt sich oder ist ausgeschlossen, gehört nicht zur Freundinnengruppe, nicht zur »Bande«, wird nicht gewählt, wenn es um Gruppenspiele geht, ist nicht eingeladen zu einem Geburtstag, bei dem es gerne dabei gewesen wäre.

Emotionale Kränkungen sollten verarbeitet und nicht verdrängt werden. Gut, wenn das mit der Unterstützung von zu Hause geschieht.

Info

INFORMATION

➡ **Im Kindergarten auch sich selbst erfahren**

Kinder gehen in den Kindergarten, um dort soziales Verhalten zu lernen. Sie lernen dabei aber auch, wer sie selber sind:

◆ Was besitze ich an eigenen Neigungen und Begabungen?

◆ Was tue ich gerne, was nicht?

◆ Was kann ich gut, was nicht?

◆ Meine eigene Meinung lässt mich Freundinnen, Freunde gewinnen.

◆ Meine eigene Meinung kann mich isolieren, kann mir Spott, Ablehnung bringen.

◆ Zu manchen will ich dazugehören.

◆ Zu anderen will ich nicht dazugehören.

◆ Warum ist das so bei mir?

Die emotionale Entwicklung

Kinder können im Alter von vier Jahren ihre frustrierenden oder freudigen Emotionen bei alltäglichen Ereignissen schon ganz gut regulieren. Eine gewisse Frustrationstoleranz hat sich mit der Hilfe der Familie aufgebaut.

Nehmen die emotionalen Herausforderungen größere Dimensionen an (s. S. 189), ist Hilfe und Unterstützung von Bindungspersonen nötig. Das müssen nicht unbedingt die Eltern sein. Großeltern sind dazu, wenn sie greifbar sind und das Vertrauen ihrer Enkel genießen, hervorragend geeignet, da sie meist nicht direkt involviert sind.

Beispiel:
Jungen und Haarspangen

Kinder wissen jetzt genau, dass sie Mädchen oder Jungen sind, und oft verhalten sie sich auch danach: Also wird der Sohn der Mutter vorschlagen, ihn später einmal zu heiraten, die Tochter den Vater. Aber nicht immer.

Die folgende Geschichte habe ich in einem *Geo*-Artikel von 1999 gefunden, mit dem Titel: *Die Entdeckung der anderen Art*.

Ein Vierjähriger kommt eines Morgens aus Spaß mit einer Spange im Haar in den Kindergarten. Er wird von den anderen Kindern ausgelacht: »Du bist ja ein Mädchen.« Entrüstet zieht er seine Hose aus, damit alle sehen können, dass er ein Junge ist. Das überzeugt jedoch nicht alle: »Einen Penis hat schließlich jeder«, antwortet ihm ein aufgeklärter Junge, »aber Haarspangen tragen nur Mädchen!«

Altersgebundene Besonderheiten

In diesem Abschnitt werden wir die Auf-fälligkeiten der frühen Lernstörungen vorstellen und näher auf sie eingehen. Die *magische Phase* (s. S. 173–179) be-stimmt weiterhin das kindliche Verhalten und Denken, vor allem aber die Theorie-bildung als Erklärung für Geschehnisse, die einem Kind nicht durchschaubar und nicht erklärbar sind. Sie können auf die verschiedenste Art auch Angst auslö-sende Wirkungen haben. Anlässe für Trennungsängste existieren weiterhin. Die Unfallgefahren verschärfen sich mit den zunehmenden Aktivitäten der Kin-der dieser Altersgruppe.

Frühe Lernstörungen

Frühe Lernstörungen werden bestimmte Auffälligkeiten in der Entwicklung im Vorschulalter genannt, die Hinweise auf spätere schulische Schwierigkeiten geben können, wie eine Lese-Rechtschreib-Schwäche oder eine Rechenschwäche.

Was Ihnen auffallen könnte

Kinder mit frühen Lernstörungen sind oft beim Gehen, Laufen, Sichbewegen, beim Dreirad- oder Rollerfahren moto-risch ungeschickt und lernen diese Fer-tigkeiten nicht so leicht und schnell. Sie zeigen oft eine Verzögerung der Sprach-entwicklung, verstehen nicht immer, was ihnen gesagt wird, sind unkonzentriert beim Zuhören, beim Betrachten von Bil-dern. Sie sind ungeschickt mit ihren Händen und Fingern. Sie malen und basteln nicht gerne und spielen wenig mit Konstruktionsspielen. Sie können sich Kinderreime und Kinderverschen nicht so gut merken, vergessen leicht, was sie gelernt haben.

Die angeführten Auffälligkeiten müssen keineswegs immer alle bei einem Kind zu finden sein, manchmal gibt es nur die eine oder die andere Auffälligkeit.

Kinder kennen ihre Schwachstellen

Kinder mit frühen Lernstörungen »wis-sen« um ihre Schwierigkeiten. Sie versu-chen, sie zu umgehen oder zu verstecken, was ihnen oft ganz gut gelingt. Sie haben häufig ein reduziertes Zutrauen zu ihren eigenen Fähigkeiten. In den Kindergar-ten gehen sie zögerlich, manchmal aus-gesprochen ungern. Ihr Verhalten ist eher zurückhaltend und wenig auffällig, im Gegensatz zu Kindern mit einem so genannten Aufmerksamkeits-Defizit-Hyperaktivitäts-Syndrom, auch ADHS genannt, die schon durch ihren starken Bewegungsdrang auffallen. Beide Auf-fälligkeiten sollten sauber auseinander-gehalten werden.

Wenn Sie den Verdacht haben, Ihr Kind könnte eine frühe Lernstörung ent-wickeln, sollten Sie Ihre Kinderärztin, Ihren Kinderarzt um weiteren Rat und Untersuchungen bitten. Eine Hilfe bei frühen Lernstörungen ist möglich und mindert die Auswirkungen einer schuli-schen Lernschwäche.

Weiter wirksam: die magische Phase

Für das gesamte Fühlen, Erleben und Handeln Ihres vierjährigen Kindes ist die *magische Phase* (s. S. 173–179) weiter-hin das bestimmende Element.

Wilhelm Busch stellt anschaulich dar, wie Kinder sich das Körperinnere vorstellen.

Theoriebildungen: Beispiel Körper

Kinder sind der Meinung, ihr Körper sei so etwas wie ein Sack. Oben kommt Nahrung hinein, unten kommen die Reste wieder heraus. Wilhelm Busch hat die magische Vorstellung seines kindlichen Malers Klecksel beispielhaft dargestellt. Wer diese Vorstellung ernst nimmt, versteht die entsetzte Reaktion von Kindern in der magischen Phase auf kleinste Hautverletzungen, aus denen es ein bisschen blutet. Sie geraten in Panik, als wären sie in akuter Lebensgefahr. Die Verletzung steht in keinem vernünftigen Verhältnis zu dem Panikanfall. Ein kleines Heftpflaster darüber, und

schon ist das Leben gerettet. Die Retterinnen und Retter sind dagegen perplex, weil sich das eben noch ausgeflippte Kind verhält, als wäre überhaupt nichts geschehen.

Kinder machen sich viele Gedanken darüber, wo sie waren, bevor sie geboren wurden. Und überhaupt, wie lebt denn ein Kind im Bauch seiner Mutter und wie ist es dort hineingekommen? Was hat der Vater damit zu tun?

Eine Vierjährige, die sich darüber Gedanken macht, überrascht ihre Mutter mit der Frage, ob der liebe Gott die ungeborenen Kinder wickelt.

Ein Junge belehrt seine kleinere Schwester: »Im Bauch trinkt man nicht aus dem Busen.«

Xenia, dreijährig, erklärt ihrer Mutter, die gerade wieder schwanger ist: »Mama, ich möchte auch gern mal wieder in deinen Bauch. Den Schnuller und mein Kissen nehme ich aber mit.« Zum Aufenthalt *in* der Mutter nimmt Xenia doch lieber ihre *transitorischen Objekte* (s. S. 130f.) mit.

Theoriebildungen: Beispiel Religion

Auch die Religionsunterschiede geben Kindern Anlass zur Theoriebildung. Bianca, sechs Jahre alt, verkündigt ihre Beobachtungen: »Man erkennt einen Katholischen am länglichen Kopf, einen Evangelischen am runden.«

Martin, Pfarrerssohn, war bei katholischen Nachbarn zum Mittagessen eingeladen. Er kam zurück mit der Erkenntnis: »Das katholische Sauerkraut schmeckt genauso gut wie unseres.«

Diese Geschichten sind amüsant zu lesen, aber lassen Sie sich dadurch nicht täuschen. Sie beschreiben die magische Welt der Kinder, die in ihr ihre *realen* Erfahrungen machen und versuchen, die neuen Erfahrungen in ihre bisherige Lebens- und Erfahrungswelt einzuordnen und zu integrieren.

Nikolausgeschichten bieten offenbar Kindern einen besonderen Anlass, ihren Drang nach Theorien anzuregen.

Der katholische Pfarrer, den die Kinder gut kennen, mimt im katholischen Kindergarten den Nikolaus. Alles läuft zur Zufriedenheit der Kinder und des Nikolaus. Nach seinem Auftritt teilt ein besonders aufmerksamer Junge den staunenden Kindern mit, dass der Nikolaus die Schuhe vom Herrn Pfarrer angehabt habe. Aber, schließt er weiter, der Nikolaus habe seine Schuhe sicher vergessen gehabt, da habe der Herr Pfarrer ihm seine Schuhe geliehen.

Lügengeschichten?

Beim Anschauen eines etwa zehn Zentimeter großen goldenen Weihnachtsengels, der an einem Ästchen des Weihnachtsbaumes schwebt, fragt Konrad seinen Großvater, ob der Engel ein Junge oder ein Mädchen sei.

Der antwortet, er habe noch keinen Engel gesehen, Engel seien weder Jungen noch Mädchen.

Konrad wird energisch: Er habe schon einen Engel gesehen, wie er mit dem Flugzeug durch die Wolken geflogen sei und aus dem Fenster geschaut habe, und der sei ein Junge gewesen.

Der Großvater gibt sich sehr beeindruckt: »Du hast schon einen Engel gesehen, in deinem kurzen Leben, und ich, der ich schon so lange lebe, habe noch nie einen gesehen?«

Da kommt Konrad erst richtig in Fahrt. Er habe dann auch noch einen anderen Engel gesehen, der sei ein Mädchen gewesen, und dann nochmal einen, und der sei ein Kind gewesen!

Florian kommt nach Hause und berichtet seiner Mutter aufgeregt: »Wie ich gerade heimgelaufen bin, hat die Sonne so durch die Wolken geschienen, und da habe ich den lieben Gott gesehen, wie er zu mir runtergelacht hat. Da bin ich zwar ganz erschrocken, aber ich habe dann doch auch zu ihm hinaufgelacht.«

Noch einmal: Trennungsängste

Trennungsängste, auch bei an sich stabil und sicher gebundenen Kindern, entstehen noch einmal in der Kindergartenzeit, ein emotionales Ungleichgewicht zwischen Autonomie und Sicherheitsbedürfnis bei längeren Trennungen durch Kindergruppen und durch den Kindergarten. Sie können es einem Kind schwer machen, täglich und regelmäßig und vergnügt in den Kindergarten zu gehen.

Kinder verkraften Trennungen besser, wenn sie ihre Erlebnisse kognitiv und aktiv verarbeiten können, z. B. in Rollenspielen, wenn sie bereits über eine Art von Zeitverständnis verfügen, wenn sie ein eigenes, gutes Selbstwertgefühl besitzen oder wenn sie von Geschwistern, Freundinnen und Freunden begleitet werden.

Dazu ein Beispiel:
Lena, eine gut Vierjährige, die nicht immer begeistert von ihrem Kinder-

garten ist, darf gelegentlich mit ihrem Vater zu Hause frühstücken anstatt im Kindergarten. Die Mutter ist bereits in ihrem Büro, die Brüder schon in der Schule. Der Vater hat seinen Arbeitsplatz zu Hause. Lena nimmt die Gelegenheit des gemeinsamen Frühstücks als Auszeichnung, die das gegenseitig gute Verhältnis von Vater und Tochter krönt. Sie schmatzt laut und mit Behagen an ihrem Croissant, bestrichen mit Butter und mit der selbst eingekochten Marmelade ihrer Großmutter. Der Vater, der Wert auf gutes Benehmen bei Tisch legt, kritisiert ohne besondere Strenge das Geschmatze und die Kleckereien seiner Tochter. Die Antwort kam schnell: »Wenn man mich hier nicht essen lässt, wie ich will, dann kann ich ja gleich im Kindi frühstücken.«

Nicht allein das Bild der Hexe macht Angst.
Könnte sie plötzlich vor mir stehen?

Angstauslöser Fernsehen

Einer der häufigsten Auslöser kindlicher Ängste ist das Fernsehen, auch in seinen eher harmlosen Produktionen für Kinder, wie *Der König der Löwen*, *Heidi*, *Der Wolf und die sieben Geißlein*, *Schneewittchen*, *Rotkäppchen*, um nur ein paar zu nennen.
Dabei geht es weniger um die Geschichten selber, sondern wiederum um eine magische Konstellation, die ich selber erlebt habe.

Beispiel: Hänsel und Gretel

In der Vorweihnachtszeit sollte die Oper *Hänsel und Gretel* von Engelbert Humperdinck im Fernsehen gezeigt werden, zu einer spätnachmittäglichen Stunde. Einige Kinder aus der Nachbarschaft waren gekommen, im und kurz über dem Alter der magischen Phase, wie auch meine eigenen Kinder. Ich hatte mich in den Hintergrund gesetzt, weil mich die Musik interessierte.
Mit Spannung wurde der Verlauf verfolgt. Im weiteren Fortschreiten der Handlung rückten die Kinder mir immer näher, sie saßen zuvor über den Raum verteilt auf dem Boden. Die Kleinsten saßen mir plötzlich auf dem Schoß, die anderen versuchten über andere Teile meines Körpers Kontakt mit mir zu halten.
Zunächst glaubte ich, ein so netter Vater zu sein, zu dem gerne Kontakt gehalten wird. Bis ich plötzlich begriff, was hier vor sich ging. Die Kinder hatten vor dem Erscheinen der Hexe Angst, und nicht nur das, sie waren sich nicht sicher, ob die Hexe nicht plötzlich aus dem Fern-

seher kommen und im Raum stehen würde. Da war es doch ratsamer, sich in nächster Nähe zu einem Erwachsenen zu halten.

Magie und Identifikation

Zwei Schlüsse können aus der Konstellation *magische Phase* und Fernsehen gezogen werden: Kinder sind sich nicht sicher, ob die Bösewichter, der Wolf, die Hexe, der Zwerg doch plötzlich aus dem Fernseher herauskommen könnten und real dann vor ihnen stehen würden. Ein Gedanke, der ihnen die Haare zu Berge stehen lässt.

Auf der anderen Seite bietet kein Medium so viele Möglichkeiten der Identifikation eines Kindes mit einem Kind wie *Heidi* oder mit der *Mickymaus* oder mit dem *König der Löwen*, dass ihr ganzes Tun und Trachten und ihr Spielen zeitweise von solchen Idolen besetzt ist, denen sie nachzueifern versuchen (s. S. 72f.).

Prinzipiell gilt das auch für vorgelesene Geschichten, besonders für Märchen, wohl aber doch nicht auf diese so eindringliche Weise, wie es dem Fernsehen möglich ist.

Sehen und Hören

Für das vierte Lebensjahr gelten die Hinweise, die auf S. 179f. für das dritte Lebensjahr gegeben wurden.

Die Hinweise sowie der Abschnitt über die frühen Lernstörungen auf S. 189 können Ihnen helfen, sich über die volle Seh- und Hörfähigkeit Ihres Kindes zu versichern oder bestimmte Probleme des Hörens und Sehens dingfest zu machen.

Schlafen und Schlafzeiten

Kinder sollten eigentlich, nach der Meinung von Experten, mit vier Jahren fähig sein, alleine und für sich in einem Bett zu schlafen, vielleicht auch noch mit einem Geschwisterkind im gleichen Zimmer.

So weit, so gut. Wir haben gerade die magische Phase und die Trennungsängste beschrieben und gelernt, wie schwierig diese Phase von Kindern zu bewältigen und zu verstehen ist. Auch über den Einfluss des Fernsehens auf die Fantasien eines Kindes habe ich berichtet.

Nimmt es wunder, dass Kinder, die noch in der magischen Phase leben, mehrmals in der Nacht aufwachen und Schutz, Rettung, Nähe und Geborgenheit im Bett ihrer Eltern suchen? Wo sonst?

Zurück ins eigene Bett

Die Frage, wie Kinder dazu gebracht werden, wieder in ihre eigenen Betten zurückzukehren, ist nicht so leicht zu beantworten. Aber gemeinsam mit dem Kind immer wieder darüber zu reden, auch über die Gründe, sollte nicht vergessen werden.

Kinder verstehen ganz gut, dass der jetzige Zustand kein Dauerzustand sein kann, weil auch die Eltern ihren Schlaf benötigten, dass es richtiger ist, wenn jeder und jede in seinem eigenen Bett schläft, und dass kein Ungeheuer ihm, ihr auflauern werde. Diese Gewissheit sollte immer wieder bestärkt werden.

Es sind aber auch Lösungen denkbar, die es Kind und Eltern ermöglichen, geruhsame Nächte zu verbringen, vielleicht nicht alle in einem Bett, aber, wenn es denn sein muss, im gleichen Zimmer.

Auf einen Blick:

Gefährdungen durch Unfälle

Kinder beginnen mit dem vierten Lebensjahr, sich selbstständiger in ihrer Wohngegend zu bewegen. Sie werden mitgenommen zum Einkaufen, zum Metzger und zum Bäcker, wo für sie meist auch etwas abfällt.

Die Gefahren werden damit auch größer, vor allem durch den Verkehr. Und bald haben Kinder sich so gut an ihre nähere Umgebung gewöhnt und wissen sich dort zu bewegen, dass sie nun selbst sich auf den Weg machen wollen, wie eben die Mutter, der Vater auch.

Das Wissen um Gefahren ist aber nicht in gleicher Weise gewachsen. Also muss Ihr Kind auf besondere Gefahren hingewiesen werden.

Gefahr Nummer eins: der Straßenverkehr

Ihr Kind folgt Ihrem Beispiel. Das ist wichtiger als alle Anweisungen.

- ◆ Welcher Weg ist der sicherste zum Kindergarten?
- ◆ Nie zwischen parkenden Autos auf die Straße treten!
- ◆ Wenn schon eine Straße überquert werden muss: nur an markierten Fußgängerüberwegen! Bevor er betreten wird: Anhalten, genau die Straße auf und ab schauen, dann erst gehen!
- ◆ Die Ampeln müssen beachtet werden und ihre Signale.
- ◆ Warten Sie nie auf der anderen Straßenseite darauf, dass Ihr Kind die Straße überquert, um zu Ihnen zu kommen. Sie selbst müssen über die Straße zu ihm gehen.
- ◆ Am besten ist es, Sie üben das Verhalten Ihres Kindes im Verkehr ganz systematisch mit ihm.
- ◆ Zeigen Sie ihm, dass auch Kinder durch Zeichengeben mit der Hand sich sichern können, auch auf einem Zebrastreifen.

Nach wie vor am häufigsten: Unfallquellen zu Hause

- ◆ Bei Hochbetten muss das oberste Bett mit Seitenschutz abgesichert sein.
- ◆ Auch Werkzeuge und Geräte werden jetzt interessant, da Ihr Kind, Sie nachahmend, gerne mitarbeiten würde.
- ◆ Zeigen Sie ihm, wie Messer, Scheren, Streichhölzer richtig zu gebrauchen sind.
- ◆ Ziehen Sie elektrische Stecker immer sofort nach Gebrauch heraus, und halten Sie Bohrmaschinen, Sägen, Elektrosägen, Rasenmäher von Kindern fern, auch Ihren Gartengrill.

Solche Vorsichtsmaßnahmen gelten, weil Vierjährige überall dort, wo auch Erwachsene tätig sind, dabei sein und mittun wollen: »Kann ich auch!« – »Will ich auch!« Warum sie sich so verhalten müssen, haben Sie bereits auf S. 65 und S. 74f. gelesen.

Gefahren in Garten und Freizeit

◆ Machen Sie Ihr Kind aufmerksam auf die heimischen giftigen Früchte und Beeren.

◆ Wenn Sie sich selber darüber nicht im Klaren sind, aber gerne in Wald, Flur und Wiesen unterwegs sind, lohnt es sich, ein kleines Jackentaschenbuch über Giftpflanzen und Giftpilze zu kaufen und auf die Wanderwege mitzunehmen.

◆ Aber es gibt auch Giftpflanzen in den Anlagen und um Spielplätze in der Stadt, im Dorf, die heute eigentlich nicht mehr in Pflanzungen verwendet werden dürfen.

◆ Wenn irgend möglich, sollte Ihr Kind so früh wie möglich schwimmen lernen. Es ist der beste Schutz vor Ertrinkungsunfällen.

Kinder sollten jede Möglichkeit wahrnehmen können, im Freien zu spielen.
Aber ohne Aufsicht und Vorsichtsmaßnahmen geht es nicht.

Das fünfte Lebensjahr: 49. bis 60. Lebensmonat

Im fünften Lebensjahr durchläuft die kindliche Entwicklung einen Prozess der Konsolidierung, vor allem in der Sprachentwicklung, der Zunahme der sozialen und emotionalen Kompetenz, in der Selbstständigkeit und schließlich auch in der Entwicklung des Selbst. Das ist nicht zufällig, wie wir sehen werden.

Altersgebundene Entwicklung

Der Prozess der Konsolidierung, nicht der einer Beendigung, ist der Grund, warum für Generationen von Kindern in aller Welt seit Jahrtausenden die Kindheit mit ihren Vorrechten mit Erreichen des fünften Lebensjahres weitgehend beendet war.

Von ihnen wurde und wird »Teilhabe« nun auch wirklich erwartet und eingefordert, als Beitrag zur Lebenssicherung der Familie und des Kindes selbst: Geschwister tragen und betreuen, Vorräte sammeln und konservieren, Vieh hüten, Spuren lesen, Jagdbegleitung, Aneignung der notwendigen handwerklichen Fertigkeiten. Die Liste wäre leicht zu erweitern.

Schulreife ist nicht alles

In unserer Kultur sind Kinder mit dem fünften Geburtstag meist fähig, in die Schule zu gehen.

Welche Fähigkeiten dazu vorhanden sein müssen, ist im Abschnitt über die altersgebundenen Besonderheiten auf S. 206ff. nachzulesen. Wir erinnern uns aber, wie groß trotzdem die zeitliche Streuung der schulbezogenen Fertigkeiten bei Schulbeginn ist: Plus bzw. minus zwei Jahre (s. S. 33f.).

Immer noch wird zur Begründung des Beginns der Schulpflicht von einem Reifekonzept der Entwicklung ausgegangen und ein Termin festgelegt, an dem sie für ein Kind, abhängig von seinem Geburtstag, da ist.

Auf die große Variabilität der kindlichen Entwicklung einzugehen, wie es bei einem Großteil der gut abschneidenden PISA-Länder geschieht, darauf warten Kinder in Deutschland weiterhin vergebens.

Ein hoher Anteil an Schulproblemen, an Frustrationen, Demütigungen und Kränkungen würde damit für viele Kinder entfallen.

Die Entwicklung der Körpermotorik

Mit sicherem Gleichgewicht lässig und sicher zu gehen, zu laufen und zu rennen ist nun zu einer alltäglichen Fertigkeit geworden, für die von dem Kind keinerlei gesonderte Aufmerksamkeit mehr aufgebracht werden muss. Treppen werden schnell und sicher auf- und abwärts bewältigt.

Auf einer Linie am Boden entlanggehend, gelingt es dem Kind, Fuß vor Fuß setzend, nicht das Gleichgewicht zu verlieren.

Auf Spielplätzen und bei anderen Gelegenheiten klettern, rutschen, schaukeln, balancieren und springen Fünfjährige herab, mit guter Bewegungsflüssigkeit und ohne viel Zögern und Ängstlichkeiten.

Für zehn Sekunden kann sicher auf einem Bein balanciert, aber auch ein paar Mal gehüpft werden.

Was jetzt zusätzlich gelernt wird, sind motorische Fertig- und Geschicklichkeiten, ganz nach dem Willen und Können eines individuellen Kindes: Einstiege in eine Sportart, wie Tennis, Schlittschuhlaufen, Fußballspielen, Schwimmen, Artistik und Akrobatik bei Zirkuskindern, Geräteturnen, um nur einige zu nennen.

Die Bewegungsentwicklung der Hände und Finger

Sichere Handhabung eines Stiftes ist selbstverständlich geworden. Die ersten Buchstaben und Zahlen, die wahrgenommen und als solche erkannt werden, fordern zum Nachzeichnen auf. Besonders motivierend ist dabei, seinen eigenen Namen schreiben zu können, wenn auch manchmal mit Mühe, mit starkem Druck auf den Stift und gelegentlich mit spiegelbildlichen Ergebnissen bei dem einen oder anderen Buchstaben.

Malen hilft, Lesen und Schreiben zu lernen

Viele Fünfjährige malen schon sehr differenzierte Bilder mit ganzen Geschichten.

Jetzt wird Bauen nach Plänen erst richtig interessant.

Mit Stiften zu arbeiten, gleichgültig ob zum Malen und Zeichnen verwendet oder zum Malen eines erzählenden Bildes, ist eine gute Vorbereitung zur Bildung von *Repräsentationen* im Gehirn: wie ein Gegenstand, ein Baum, ein Haus, ein Mensch aussieht, was sie charakterisiert und welche Bestandteile zu ihnen gehören. Davon haben wir schon bei den Vierjährigen und deren kognitiver Entwicklung gehört (s. S. 186).

Gleichzeitig geschieht damit aber auch eine Vorbereitung für das Lernen, zu schreiben und zu lesen. Ich habe allerdings auch Kinder (Jungen vor allem) kennen gelernt, die bis kurz vor Schulbeginn ganz wenige und kaum erkennbare (fast schon Mitleid erregende) Bilder gemalt hatten und dann plötzlich und ganz unerwartet nicht mehr genug bekamen, Burgbelagerungen mit Kanonen und Feuerbränden zu malen, Piratenschiffe oder schwer bewaffnete Flugzeuge, Unterseeboote und Schlachtschiffe.

Basteln und Bauen

Sehr unterschiedlich sind auch die Begabungen von Fünfjährigen, basteln zu wollen oder zu können und mit Klebeband und Schere umzugehen. Auch hier spielt eine Rolle, ob die anvisierte Bastelei bereits eine *Repräsentation* im Gehirn besitzt, also weitgehend korrekt vorstellbar ist, und vor allem, ob der Weg und die Abfolge des Entstehungsprozesses gekannt werden, an dem ein Kind sich bastelnd entlangarbeiten muss.

Das Gelingen im Malen und Basteln hängt daher selten nur von der Fingergeschicklichkeit ab, sondern sehr viel mehr von den vorhandenen, nur teilweise vorhandenen oder nicht vorhandenen *Repräsentationen* im Gehirn über die Inhalte eines Bildes oder über die Beschaffenheit und die Gestalt dessen, was mit Basteln »hergestellt« werden soll.

Und schließlich: Besonders Jungen, aber nicht nur sie, beginnen in diesem Alter, nach Bauplänen und Vorgaben konstruktiv mit Bauteilen, wie Lego, Playmobil u. Ä., zu spielen.

Die Sprach- und Sprechentwicklung

Alle gröberen Aussprache- und Sprechfehler im fünften Lebensjahr benötigen eine sprachtherapeutische Beurteilung! Im fünften Lebensjahr sollte ein Kind über alles reden können, was seine direkten Lebensnotwendigkeiten, Interessen und Emotionen unmittelbar betrifft. Erlebnisse werden in korrekter, zeitlicher und logischer Reihenfolge berichtet. Manchmal müssen Sie aber doch noch nachfragen, wie die Sache nun wirklich verlaufen ist, besonders dann, wenn größere Emotionen mit dem Bericht verbunden sind.

Gelegentlich werden Sie auch noch die eine oder andere Unsicherheit bei der Anwendung eines *der*, *die*, *das*, also eines Artikels, oder in der Beugung der Verben hören, oder eine noch nicht stimmige Silbenangleichung, wie »Pitte« und »Tanke«, wie sie für die Drei- und Vierjährigen auf S. 148 und S. 183 als typisch beschrieben worden sind. Solche kleinen Auffälligkeiten korrigieren Kinder im Laufe der Zeit jedoch effektiv und selbst.

Die individuellen sprachlichen Fähigkeiten zu Schulbeginn sind sehr unterschiedlich. Die meisten Kinder sind jedoch fähig, alles zu sagen und zu berichten, was ihnen am Herzen liegt und im Kopf steckt, wenn auch oft noch wenig differenziert in der grammatikalischen Gestaltung und noch reduziert in der Sprechgeschwindigkeit.

Ein voll automatisiertes, mit hoher Geschwindigkeit ablaufendes Sprechen und Sprachverstehen wird erst im Alter von etwa zehn Jahren möglich sein.

Die kognitive Entwicklung

Nicht von heute auf morgen, aber doch langsam und stetig ändert sich die Fähigkeit, kognitive Vorstellungen und Argumentationen von den Vorgaben der magischen Phase zu lösen. Die weiterhin sehr aktive Neugier nach Wissen und der Drang, Ursachen und Wirkungen auf die Schliche zu kommen, bleiben lebendig in den nicht nachlassenden W-Fragen (s. S. 170).

Nebeneinander: Magie und Logik

Kinder experimentieren geradezu damit, was die »wirkliche Wahrheit« ist, ob es den Nikolaus, den Osterhasen gibt oder nicht. Die Grenzen ihrer eigenen magischen Kräfte und die ihrer Eltern werden immer wieder hinterfragt.

Manchmal führen solche Unternehmungen zu einem merkwürdigen und schwierig auszuhaltenden Schwebezustand zwischen dem magischen und realistischen Denken.

Elias, ein Fünfjähriger, der wusste, dass er bald ein weiteres Geschwisterkind bekommen wird, argumentierte mit seiner Mutter: »Wir bekommen ja das neue Baby zu Weihnachten und sonst nichts, habt ihr gesagt, aber das gilt nur für euch!«

Und eine weitere Überlegung stammt ebenfalls von ihm: »Das Baby kann ja nur ein Bub oder ein Mädchen sein. Höchstens noch ein Hund oder Katze oder ein Gockel – aber das gibt es ja nicht.«

Kommt der Nikolaus und legt etwas über Nacht in die Schuhe? Ida, von ihrem älteren Bruder »aufgeklärt«: »Den Nikolaus gibt es ja gar nicht. Aber meine Schuhe stelle ich doch mal vor die Tür.«

Diese Aussprüche zeigen geradezu exemplarisch die fluktuierende Art und Weise der kognitiven Argumentation. Auch im Abschied vom Denken der magischen Phase klingt eine Ambivalenz an, wie wir sie für die Trennungsängste kennen gelernt haben. Dort ging es um die Sicherheit des Gebundenseins gegen die persönlichen Freiheiten des eigenen Lebens. Hier gab es bisher in der magischen Phase das Eingebettetsein in eine magische, manchmal gefahrvolle, meist aber in sich stimmige Welt – und nun die Ahnung, dass eine realistische, kognitiv erfassbare Welt existiert, die in vielen Bereichen logisch erfassbar und zu verstehen ist.

Nach Piaget (s. S. 59) soll die Fähigkeit zu logischen Operationen erst im Alter von etwa acht Jahren vorhanden sein. Sie können jedoch getrost davon ausgehen, dass auch schon Fünfjährige in Grenzen zu logischen, gedanklich schlussfolgernden Operationen fähig sind.

Die Gedächtnisspeicher füllen sich

Das gelernte Wissen nimmt weiterhin dramatisch zu.

Neu erworbenes Wissen wird in das *Gedächtnis für Fakten, Ordnungen und Regeln* (s. S. 54f.) übernommen.

Das *Lebensgedächtnis* (s. S. 55ff.) speichert emotional positive oder negative, für die eigene Persönlichkeit bedeutungsvolle Erfahrungen und Erlebnisse: Der eigene Geburtstag wurde vergessen oder entsprach nicht den Erwartungen, eine hässliche, von physischer Gewalt bestimmte Auseinandersetzung mit einem Kind im Kindergarten, die unerwartet sich aus eher lächerlichem Anlass entlud, ein erlebnisreicher Urlaub mit den Eltern auf einem Bauernhof, das zum Geburtstag geschenkte und gewünschte Fahrrad.

Das *Gedächtnis für Handlungsabläufe* (s. S. 49ff.) speichert zunehmend kompliziertere soziale Abläufe, »Als-ob-Spiele«, die Abläufe von Spielen mit ihren Regeln und schließlich die wichtiger werdenden sozialen Regeln für bekannte und fremde Personen, die in *Schemata* und *Skripts* im Gedächtnis für Handlungsabläufe festgehalten werden.

Kognitive Herausforderungen: Geld und Zeit

Geld, Zahlen, Preise beginnen auch Fünfjährige zu interessieren. Neben dem Erkennen und Begreifen des Wertes einzelner Münzen sind nun kognitive Kalkulationsprozesse, zunächst nur in ganz kleinen Schritten, zu lernen: Denn viele kleine Münzen bedeuten noch lange nicht viel Geld – eine Unterscheidung, die ihre Zeit benötigt, bis sie wirklich begriffen worden ist.

Auch die Zeit gerät in diesem Alter langsam, aber unaufhaltsam, zu einer messbaren Größe. Das Leben im Hier und Jetzt geht seinem Ende entgegen.

Ziffernblatt und Zeiger sind schwerer zu verstehen, als Erwachsene meinen.

Uhren wollen gelesen werden

Die Zeit messen Uhren, das wissen Fünf-jährige schon. Aber wie?

Bis sie die Zeit zu messen gelernt haben, vergeht vergleichsweise eine lange Zeit, weil dazu viel an Abstraktionen und Symbolik gelernt werden muss:

- Zweimal ist es sieben oder acht Uhr, morgens und abends.
- Die Zeit kann über einen ganzen Tag gemessen werden, dann lässt sie sich in 24 Stunden einteilen.
- Oder der Tag wird zweimal gemessen. Die eine Hälfte beginnt mitten in der Nacht, die andere mitten am Tag. Wer mag das schon begreifen!
- Der kleine Zeiger gibt die Stunde an, der große die sechzig Minuten, die eine Stunde dauert. In dieser Zeit ist der kleine Zeiger eine Zahl weitergewan-dert.
- Schlägt die Uhr auch noch jede Stunde, dann kann in der Uhr nur ein Männchen sitzen, das weiß, wie oft an die Glocke geschlagen werden muss, damit die Uhr die richtige Zeit ange-ben kann. Kinder machen sich, wie wir inzwischen wissen, so ihre eigenen Theorien.

Viele Kinder werden erst im Verlauf ihres sechsten Lebensjahres so weit kom-men, dass sie sicher eine Uhr ablesen können.

Ist, mit welchen Hilfen auch immer, gelernt worden, die richtige Zeit sicher anzugeben, wäre es an der Zeit, den Lernerfolg mit einer eigenen und ersten Armbanduhr zu belohnen, die Ihr Kind sich auch selbst aussuchen darf. Vielleicht gab es aber auch Großeltern, Paten oder Geschwister, die an dem Lernerfolg beteiligt waren.

Die erste Uhr, ob von Eltern, Großeltern oder Paten, wird für lange, wenn nicht für immer im Gedächtnis bleiben. In welchem? Gehen Sie auf S. 55!

Die soziale Entwicklung

Die Entwicklung einer sozialen Kompetenz, also die Fähigkeit, sich *angemessen* in sozial unterschiedlichen Gruppierung zu verhalten, geht zunächst langsam, aber dann zunehmend von der Familie auf Kindergarten und Schule über.

Die Loslösung von der Familie wird in der Pubertät ihren Höhepunkt erreichen und in den direkten Jahren nach der Pubertät. Wenn Sie nicht gerade alles in der Erziehung falsch gemacht haben, werden Kinder dann aber wieder den Weg zu ihrer Familie finden, nun aber in einem eher partnerschaftlichen Verhältnis, um einen Begriff der Bindungstheorie zu übernehmen (s. S. 100).

Für sich und in der Gruppe

Ihr Kind hat sich im Kindergarten inzwischen gut eingelebt. Es hat Freunde und Freundinnen gewonnen, wird eingeladen und lädt auch selbst ein, meist zu Geburtstagen. Ihr Kind ist fähig, mit anderen Kindern Spielsachen oder Süßigkeiten zu teilen, meist auch ziemlich gerecht. Jüngeren Kindern oder Geschwistern wird fürsorglich begegnet und, wenn nötig, geholfen. Bei intensiven und komplizierteren gemeinsamen Spielen werden Rollen übernommen und ihre *Skripts* durchgehalten: Jedes Kind hält sich

daran. Spielverderber werden benannt, aber auch die, die immer das Sagen haben wollen. Aus Protest gegen solche Mitspielerinnen und Mitspieler wird auch einmal ein Spiel abgebrochen.

Hüpfspiele sind besonders bei Mädchen beliebt, die Regeln werden dabei streng beachtet und kontrolliert. Hüpfspiele können ausgesprochen hohe motorische und kognitive Anforderungen an die Hüpferinnen und Hüpfer stellen.

Trau, schau, wem?

Fünfjährige erkennen nun auch, dass andere Kinder – aber auch Erwachsene – ihnen etwas Falsches gezielt erzählen oder etwas Richtiges ihnen vorenthalten, um sich einen Vorteil vor ihnen zu schaffen. Sie wissen inzwischen aber auch, dass sie selbst sich um eines Vorteils willen ebenso verhalten.

Dazu gehört auch die Erkenntnis, nicht alles zu sagen, was gerne gesagt würde, und zu unterstellen, dass andere Kinder das auch tun. Dieses Verhalten haben wir bereits als »Alltagspsychologie« kennen gelernt.

Angewendet wird ein solches Verhalten und nützlich wird es sein bei Gruppenbildungen mit Ausschluss Einzelner: Wer gehört dazu, bei Geheimnissen und »Bandenbildungen« auch harmloser Art, bei Mitleid und bei Verstecken von Mitleid, bei Antipathien und Verstecken von Antipathien, bei Wahrung des Verhältnisses oder beim Bruch mit der »besten Freundin«, dem »besten Freund«?

Ein Feiertag für Sie kann es aber sein, wenn Sie zum ersten Mal von Ihrem Kind ernsthaft gefragt werden: »Wie geht es dir?«

Unverblümtes Mogeln

Ein harter Prüfstein für Fünf- und auch noch Sechsjährige sind Würfelspiele. Um zu gewinnen, werden die Würfelzahlen möglichst unauffällig oder auch ohne eine Spur von Gewissen manipuliert. Weisen Sie Ihr Kind auf diese Unmöglichkeiten hin und beharren Sie auf den Regeln, wird Ihr Kind bald die Lust am Spiel verlieren, die Stimmung wird kippen und für eine Weile angeschlagen sein. Denn wer lässt sich schon gerne sagen, er bzw. sie beschummele bei jeder sich bietenden Gelegenheit gnadenlos und unverblümt?

Manche Kinder scheinen dabei nicht die geringste Spur von schlechtem Gewissen zu haben. Das haben sie auch wirklich – noch – nicht. Gewinnen ist alles in diesem Alter, für Mädchen wie für Jungen. Nehmen Sie es gelassen und lassen Sie sich beschummeln. Der Tag wird kommen, an dem Ihre Tochter, Ihr Sohn plötzlich erstaunt fragen wird: »Warum gewinne (fast) immer ich? Und du nie?« Dann ist die Zeit reif geworden, über bestimmte Regeln zu sprechen, an die auch Kinder sich zu halten hätten, auch beim Würfelspielen. Ihr Kind hat mit dieser Frage und mit der Frage nach Ihrem Ergehen einen wirklich ganz entscheidenden Schritt in seiner sozialen und emotionalen Entwicklung geleistet, der gar nicht genug gewürdigt werden kann.

Zusammenspiel ist wichtig. Aber jeder möchte gewinnen, das schafft Probleme.

Ein neues Bindungsverhalten

An diesem Punkt, mit diesen Fragen beginnt ein anderes Bindungsverhalten zwischen Ihnen und Ihrem Kind, das *partnerschaftlich* genannt worden ist (s. S. 100), daher ist ein Feiertag mit Ihrem Kind gerechtfertigt.

Sie brauchen jedoch über die Gründe Ihr Kind nicht unbedingt zu informieren, da es sich kaum seines Entwicklungsschrittes bewusst sein wird.

Der Zeitpunkt der Umstrukturierung von dem bisherigen zu einem partnerschaftlichen, einem auch füreinander verantwortlichen Bindungsverhalten ist nicht zufällig. Als kritische Instanz der moralischen Bewertung unseres Verhal-

Jüngere Kinder werden meist freundlich und fürsorglich behandelt.

tens hat das Stirnhirn seine Aufgabe als Zensor übernommen (s. S. 44).

Von jetzt ab sind Kinder wirklich fähig und in der Lage, ihr eigenes Tun auch kritisch zu sehen und zu reflektieren: Die einen früher, die anderen später, je nach ihrer eigenen, individuellen, zeitlichen Variabilität. Jetzt verstehen sie auch, dass Höflichkeit, Rücksichtnahme und gute Manieren Werte für sich selbst und für andere sind, dass sie das soziale Miteinander erheblich erleichtern und das eigene Leben auch.

Die emotionale Entwicklung

Im Abschnitt über die kognitive Entwicklung wurde auf das Abklingen der magischen Phase bei Fünfjährigen bereits eingegangen (s. S. 199f.). Rationale Überlegungen und rationale Deutungen der Emotionen beginnen, sich – wenn auch zögerlich – durchzusetzen, mit immer wieder unerwarteten Rückfällen. Ein Beispiel dafür wurde bereits bei der kognitiven Entwicklung genannt.

Ein weiteres Beispiel hier: Der sechsjährige (!) Jens fragte seine Mutter besorgt, bevor er in die Schule aufbrach und seine rote Mütze aufsetzte, denn es war über Nacht sehr kalt geworden: »Mama, jetzt sehe ich doch aus wie das Rotkäppchen – kommt da nicht der Wolf und frisst mich auf?«

Magisches Denken begleitet uns weiterhin

Die magische Phase wird jedoch nie ganz aus unserem Leben und aus unserem Gehirn verschwinden, nur nennen wir sie nicht mehr so. Unangenehme oder folgenschwere Ereignisse oder Vorstellungen verdrängen wir rasch, versuchen nicht mehr daran zu denken: Denn, magisch gedacht: Was nicht gedacht, nicht existiert.

Während eines Vortrages, einer Vorlesung, beim Hören von Musik, beim Geschirrspülen und bei vielen anderen Gelegenheiten, bei denen wir nicht direkt gefordert sind, driften Gedanken gerne in Tagträume hinüber, zu einem Urlaub vielleicht, auf einer einsamen Insel, aber ein schönes Hotel mit Strand sollte es dort schon geben, zu einer Reise in ferne Länder, oder wie das Leben doch auch ganz anders sein könnte. Die Lebensrealitäten zählen dabei nicht mehr, alles ist möglich.

Im Gegensatz zu Kindern in der magischen Phase können wir uns jedoch jederzeit und sofort wieder in die Wirklichkeit zurückrufen, wenn sie uns fordert. Kinder können das nicht, denn sie *leben* tatsächlich in einer magischen Welt.

Wer aufmerksam geworden ist, wird schnell genug Beispiele finden, wie auch in unserer aufgeklärten westlichen Welt magische Vorstellungen und Handlungen weiterhin ihre versteckten Wirkungen in unserem Leben geltend machen, z. B. mit der Empfehlung, wer auf Reisen gehe, tue gut daran, sein Haus, seine Wohnung rückwärts zu verlassen, dann sei die unbeschadete Rückkehr garantiert. Aber da gibt es noch ganz andere Dimensionen magischer Einflussnahmen zu entdecken.

Stirnhirn und Emotionen

Im fünften Lebensjahr und auch noch im sechsten hat die emotionale Entwicklung ein Plateau erreicht: Kinder sind sich ihrer eigenen Emotionen bewusst, sie können über sie auch reden, meist sogar unter Beachtung der emotionalen gesellschaftlichen Regeln und Tabus (kein totales Ausflippen, keine Aggressionen, keine aus dem Trotzverhalten Zwei- und Dreijähriger übernommenen Trotzreaktionen).

Mütter und Väter haben als heiratsfähige Kandidatinnen und Kandidaten ausgedient, dazu werden nun eher Freundinnen oder Freunde aus dem Kindergarten ausersehen.

Kinder haben inzwischen auch gelernt, nicht sprachliche, emotionale Äußerungen aus der Gestik, Mimik, Gebärden, Körpersprache wahrzunehmen und deuten zu können.

Sie selbst sind aber auch fähig, auf die gleiche Weise nicht sprachliche, emotionale Botschaften mit ihrer Körpersprache auszudrücken. Starke negative und positive Emotionen und deren Stressfolgen werden, wenn sie nicht überwältigend sind, altersgemäß bewältigt.

Die nun wirksam gewordene Aktivität des Stirnhirns als moralischer Zensor löst, für Sie gelegentlich überraschend, aus, dass Ihr Kind sich für etwas schämt, wozu es Ihrer Meinung nach auch einen Grund hat, und dass es bedenklicher wird in manchen Unternehmungen und gelegentlich auch etwas bereut, was bisher nie vorgekommen war.

Dass Ihr Kind ein schlechtes Gewissen haben wird, wenn dazu ein Grund gegeben ist, das dürfen Sie von nun ab unterstellen und können davon ausgehen.

Altersgebundene Besonderheiten

In diesem Abschnitt werden zunächst die Bedingungen zusammengefasst, die ein Kind mitbringen muss, um der Schulpflicht zu genügen. Die allermeisten Kinder erfüllen sie. Einige Kinder zeigen gewisse Entwicklungsdefizite. Die verbleibende Zeit bis zur Einschulung kann dann für eine Entwicklungsförderung genutzt werden. Eine kinderärztliche Beurteilung ist zuvor jedoch immer notwendig.

Schulreife: emotionale Kompetenz

Trennungsängste sollte Ihr Kind jetzt weitgehend selbst regulieren können. Auch die vielfältigen Bedrohungen und Ängste der *magischen Phase* (s. S. 173–179) sind weitgehend überwunden oder werden von Ihrem Kind selbst gebannt. *Transitorische Gegenstände* (Plüschtiere, Schmusetücher) werden nicht mehr als Ersatz für die Mutter, für eine Bindungsperson gebraucht. Körperkontakte zur emotionalen Stabilisierung sind nur noch bei Ihnen und anderen engsten Bindungspersonen notwendig, und nur bei Kummer, Erschöpfung, Krankheit, Müdigkeit. Fremde Personen (z. B. Erzieherinnen) werden dazu nicht mehr benötigt.

Die magische Phase ist weitgehend überwunden, spielt jedenfalls im täglichen Leben Ihres Kindes keine wesentliche Rolle mehr. Ihr Kind hat keine Probleme, sich von Ihnen über mehrere Stunden zu trennen. Es übernachtet sogar auch gelegentlich bei gut bekannten Bindungspersonen oder in der Familie von gut bekannten Freunden oder bei der Familie eines Freundes, einer Freundin.

Das Bindungsverhalten zwischen Ihnen und Ihrem Kind ist nicht mehr nur durch die beidseitige Nähe charakterisiert, sondern wandelt sich zu einer *partnerschaftlichen Bindung* (s. S. 100).

Ich-Stärke, Selbstwertbewusstheit

Ihr Kind verfügt bereits über eine ganz passable und relativ stabile »Ich-Struktur« oder ist spürbar dabei, eine solche aufzubauen, bei bereits bestehender oder sich entwickelnder partnerschaftlicher Bindungsfähigkeit. Sein Selbstwertgefühl ist gestärkt worden durch positive soziale Erfahrungen im Kindergarten und durch positive, motivierende, vorschulische Lernerfahrungen.

Die Lust zu lernen, sich Vergleichen auszusetzen, sich anstrengen zu müssen, die Bereitschaft, Hausaufgaben zu erledigen, ist bei vielen Kindern während ihres letzten Jahres im Kindergarten gewachsen. Viele Kinder schauen der neuen Zukunft jedoch auch mit Skepsis und Zweifeln entgegen. Sie fuhlen mit Recht, dass ihre Freiheit nicht mehr die alte sein wird.

Obwohl Ihr Kind gerne zu einer Gruppe von Freundinnen und Freunden gehört, legt es doch Wert darauf, nicht völlig von ihnen vereinnahmt zu werden. Es besteht auf seinen eigenen, ihm wichtigen Aktivitäten und weiß seine Familie und sein Zuhause zu schätzen, nicht zuletzt, weil es schon im Kindergarten verschiedene Familien etwas genauer kennen gelernt hat.

Ihr Kind gibt bei Schwierigkeiten, die bei Ihren oder seinen Aktivitäten und Beziehungen entstehen, nicht gleich auf. Es versucht, zu einer angestrebten Lösung zu kommen, kann also gelegentliche Frustrationen ganz gut aushalten, Frustrationstoleranz gehört dazu.

Ihr Kind weiß nun mit Bestimmtheit, dass es ein Mädchen, ein Junge ist, und übernimmt seine Rolle, auch imitierend, aktiv in Kleidung und Verhalten.
Der Schuleintritt fordert von Ihrem Kind die Akzeptanz, dass das Leben nun von Erwachsenen, von der Uhr, von den Notwendigkeiten und Realitäten des Alltags bestimmt wird.

Schulische Anforderungen

Dass die körperlichen und gesundheitlichen Voraussetzungen gegeben sind, davon gehe ich hier aus. Sie ist Sache der kinderärztlichen Beratung, der Vorsorgeuntersuchung und einer eventuellen, in den Bundesländern unterschiedlich gehandhabten Schuleingangsuntersuchung.
Der Schuleintritt eines Kindes erzwingt nicht nur vom Kind eine komplette Veränderung seines Tagesablaufes. Die ganze Familie ist davon betroffen. Ihr Kind muss morgens für die Schule mit oder ohne Ihre Hilfe gerichtet sein, sollte mit etwas Ruhe gefrühstückt haben (was, wie ich weiß, bei erschreckend vielen Kindern nicht geschieht). Der Schulweg wurde bereits erkundet, auf die Gefahren aufmerksam gemacht, vielleicht sogar die notwendigen Überquerungen geübt. Auf dem WC muss sich Ihr Kind selbst zu helfen wissen.

Der erste Schultag: Hoffentlich bleibt er Ihrem Kind in guter Erinnerung!

Die Uhrzeit spielt plötzlich eine das Leben bestimmende Rolle. Sie ist von einer Uhr abzulesen, was vorschulische, gezielte Lernaktivitäten voraussetzt.
Ihr Kind muss eine bestimmte Zeit auf einem Stuhl sitzen bleiben. Es kann sich nicht mehr nach Belieben bewegen, wenn ihm danach zumute wäre. Zu einem Klassenverbund gehören auch immer Störfaktoren, die ein Kind zwingen, auch unter Störungen bei einer Sache zu bleiben, seine Konzentrationsfähigkeit aufrechterhalten zu können.

Noch nicht schulfähig?

Auffälligkeiten, die die Schulfähigkeit bedrohen, sollen hier nur aufgezählt werden. Eine kinderärztliche Beratung ist notwendig bei:

- Hinweisen auf *frühe Lernstörungen*, Konzentrationsschwäche (s. S. 189),
- geringen positiven oder negativen, vorschulischen Lernerfahrungen, ohne bzw. mit Kindergarten,
- geringen, positiven oder negativen, vorschulischen sozialen Erfahrungen, ohne bzw. mit Kindergarten,
- auffälliger Angstsymptomatik vor Menschen, Tieren, Situationen,
- noch enger, auch körperlicher Bindung an Bindungspersonen,
- wenn *transitorische Gegenstände* noch von erheblicher Bedeutung sind,
- bei fast ausschließlichem Rückzug in eigene Spielwelten,
- bei geringer Selbstwertbewusstheit bzw. geringem Selbstbewusstsein.

Schlafen und Schlafzeiten

Ab dem fünften Lebensjahr sollten Schlafstörungen selten sein. Die tagsüber geleisteten Aktivitäten sorgen meist für einen guten, manchmal auch sehr tiefen Schlaf. Ob Rituale noch notwendig sind und welche, entscheiden Kinder in diesem Alter oft selbst.

Bei immer wiederkehrenden Schlafstörungen, wie Angstträumen, Schlafwandeln, Einnässen, ist kinderärztliche Hilfe notwendig. Auch schwierige Familienkonstellationen vermögen den Schlaf eines Kindes in diesem Alter zu beeinträchtigen.

Auf ausreichenden Schlaf ist zu achten, wobei ich nicht umhinkann zu wiederholen, dass die Schlafdauer, die Kinder benötigen, individuell sehr unterschiedlich ist.

Ruhezeiten ohne Schlaf

Tagsüber werden die wenigsten Kinder bereit sein, sich eine Ruhepause zu gönnen. Wenn jedoch die Mutter, der Vater eine Pause benötigt und ihr Kind um eine stille Zeit in seinem Zimmer oder beim eigenen Spiel gebeten wird, sollte es im Zusammenhang mit der Teilhabe nicht so schwierig sein, mit dem Kind eine Übereinkunft zu finden, die allen Beteiligten das ihrige ermöglicht.

Auf einen Blick:

Gefährdungen durch Unfälle

Kinder werden zunehmend selbstständiger, auch in ihren Unternehmungen. Vormittags sind sie hoffentlich gut und anregend im Kindergarten aufgehoben. Darüber sind Eltern nicht unglücklich. Sie finden wieder etwas zu sich. Mütter werden sich auch die Rückkehr in ihren Beruf überlegen.

Spielen im Freien

Die Unternehmungen nachmittags hängen stark von der häuslichen Umwelt ab.

Ist ein Garten zum Spielen geeignet? Ist ein Kinderspielplatz, ein Park in der Nähe? Sind die Spielmöglichkeiten sehr eingeschränkt? Sind sie mit Gefahren verbunden?

◆ Lesen Sie noch einmal, was auf S. 194 zu diesen Gefahren steht.

◆ Die Ertrinkungsgefahr ist immer noch groß, allerdings nicht mehr in Behältern, Wannen und Gewässern mit niedrigem Wasserstand. Ihrem Kind Schwimmen beizubringen ist jedoch die andere, weit bessere Alternative.

Gefahren zu Hause

Die Unfallgefahr wird groß sein, wenn Kinder ihre »Teilhabe« ausprobieren wollen: Gefahren durch elektrischen Strom, durch Verletzungen durch laufende Geräte, schwere Verletzungen durch ungeübte Handhabung.

◆ Besteht die Gefahr, dass Kinder an die Werkzeuge ihres handwerklich geschickten Vaters geraten, und kommen sie auf die Idee, seine Werkzeuge nachahmend und teilhabend auszuprobieren?

◆ Solche Gefahrenpotenziale gehören unter sicheren Verschluss.

◆ Vergiftungsmöglichkeiten mit Lösungs- und Reinigungsmitteln, mit Säuren, mit Essigkonzentrat, mit Medikamenten ausschließen. Keine dieser Chemikalien in Flaschen aufbewahren, in denen auch Getränke bevorratet werden.

Gefahrenherd Straßenverkehr

Im Straßenverkehr reagieren Fünf- und Sechsjährige immer noch spontan und leicht ablenkbar durch eine Menge für sie interessanter Eindrücke: eine Katze, die sie versuchen zu streicheln, ein Hund, den sie fürchten und dem sie aus dem Weg zu gehen versuchen. Üben Sie mit und erklären Sie ganz direkt Ihrem Kind, wie es sich im Straßenverkehr zu verhalten hat:

◆ Fußgängerüberwege, Zebrastreifen benutzen. Vor Betreten des Überwegs: Stopp! Genau schauen! Gehen! Dabei den Verkehr nicht aus den Augen lassen, Handzeichen geben.

◆ Nicht den kürzesten Weg zum Kindergarten, sondern den sichersten.

◆ Nicht zwischen parkenden Autos plötzlich versuchen, die Straße zu überqueren.

◆ Anderen Verkehrsteilnehmern mit der Hand Zeichen geben.

◆ Die wichtigsten Verkehrszeichen Ihrem Kind verständlich machen.

◆ Ampelzeichen verstehen und beachten.

◆ Nie und nimmer spielen auf der Straße, auf verkehrsgefährdeten Plätzen.

◆ Im Herbst und Winter farblich auffällige, Licht reflektierende Kleidung.

◆ Kein Radfahren ohne Helm!

Grenzsteine der Entwicklung

Grenzsteine geben Hinweise für Entwicklungspfade und bezeichnen, ab welchem Alter definierte Entwicklungsschritte abgeschlossen sein sollten. Sie sind so etwas wie Warnlichter, die auf eine mögliche Entwicklungsverzögerung aufmerksam machen sollen. Mit Grenzsteinen kann keine Entwicklungsdiagnostik durchgeführt werden. Sie sind auch nicht als Entwicklungstest geeignet.

Sorgen über die Entwicklung

Sie möchten gerne wissen, ob sich Ihr Kind in allen Entwicklungspfaden unauffällig entwickelt oder ob es vielleicht in einzelnen Bereichen in seiner Entwicklung verzögert ist. Die so genannten *Grenzsteine der Entwicklung* sind dazu besonders gut geeignet. Sie lassen offen, mit welchen vorausgegangenen Schritten ein bestimmtes Entwicklungsziel erreicht worden ist. Eine »Schritt für Schritt«-Entwicklung wird nicht vorausgesetzt.

Grenzsteine legen nur fest, bis zu welchem Alter ein bestimmtes Entwicklungsziel auch von langsam, aber ansonsten unauffällig sich entwickelnden Kindern erreicht sein sollte. Dazu sind jedoch noch einige Informationen zum Gebrauch der Tabellen der Grenzsteine notwendig.

In dem Abschnitt über die Besonderheiten der frühen kindlichen Entwicklung haben wir auf S. 23–29 gelernt, dass die einzelnen Entwicklungspfade individuell, sehr variabel und sich anpassend (adaptiv) verlaufen und nicht, wie in den meisten Tabellen immer noch angegeben, in voraussagbaren, zeitlich festgelegten Schritten. Wenn dem so ist, können auch keine für jedes Kind gültigen Zeitangaben zum Ablauf der einzelnen Entwicklungsschritte angegeben werden. Wir wissen aber auch, dass die Entwicklung von Kindern kulturabhängig verläuft, da ein Kind sich an die Lebensbedingungen, in die es hineingeboren wurde, anpassen muss. Wir können daher nur sagen, dass Kin-

der, die in Deutschland aufwachsen und die sich ganz unauffällig entwickeln, dies für jeden einzelnen Entwicklungsschritt in einem ziemlich breiten Zeitrahmen tun.

Der Wert der Statistik

Ein solcher Zeitrahmen wird mit so genannten *Perzentilenwerten* angegeben. Sie sagen z. B. für das Erlernen des freien Sitzens in einer Population sich unauffällig entwickelnder Kinder aus: Die ersten Kinder saßen mit fünf Monaten bereits frei, 10 Prozent der Kinder hatten freies Sitzen bis zum Ende des sechsten Monats gelernt, 25 Prozent bis zum 6,5. Monat. 50 Prozent der Kinder konnten bis zum Ende des siebenten Monats frei sitzen. 90 Prozent der Kinder saßen mit neun Monaten frei, 97 Prozent mit zehn Monaten, und das letzte Kind (100 Prozent) schließlich mit 11,5 Monaten. Der Zeitrahmen, in dem die Kinder frei zu sitzen gelernt hatten, spannte sich also vom Ende des fünften bis zum 11,5. Lebensmonat.

Oder, ein zweites Beispiel: Das freie Gehen wurde in einem Zeitrahmen vom 10. bis zum 20. Lebensmonat erlernt: 10 Prozent der Kinder bis zum 10,5. Monat, 50 Prozent der Kinder bis zum 12,5. und 90 Prozent bis zum 18. Monat. Die restlichen 10 Prozent lernten das freie Gehen dann noch zwischen dem 18. und 20. Lebensmonat, ohne damit schon auffällige Spätentwickler zu sein.

Haben 50 Prozent aller Kinder ein bestimmtes Entwicklungsziel erreicht, so wird dieser Zeitpunkt in der englischsprachigen, aber gelegentlich auch in der deutschen Fachliteratur als ein *Meilen-*

stein der Entwicklung bezeichnet. Für das freie Sitzen wäre der *Meilenstein* also ein Alter von sieben Monaten, für das freie Gehen der 12,5. Monat.

Nun interessieren sich Kinderärztinnen und Kinderärzte weniger für Kinder, die sich früh unauffällig entwickeln. Sie wollen vielmehr vermeiden, bei einem Kind eine verzögerte Entwicklung zu übersehen. Das wollen Eltern aber auch.

Als hilfreich und nützlich hat sich dazu erwiesen, als Grenze, ab der Kinder besonders sorgfältig in ihrer Entwicklung überwacht werden sollten, die 90. oder 95. Perzentile eines Entwicklungszieles zu definieren und diese Grenze, in Anlehnung an die *Meilensteine*, als *Grenzstein* zu bezeichnen. Für das freie Sitzen wäre der *Grenzstein* der neunte Lebensmonat, für das freie Gehen der 18. Monat.

In der Auflistung der Grenzsteine der Entwicklung sind also diejenigen Entwicklungsziele aufgeführt, die zu einem bestimmten Alter von 90 bis 95 Prozent unauffällig sich entwickelnder Kinder erreicht worden sind.

Was ist zu tun?

Hat Ihr Kind eines oder mehrere der Entwicklungsziele bis zu diesem Zeitpunkt noch nicht erreicht, heißt das aber nun noch nicht, dass Ihr Kind schon eine Entwicklungsverzögerung haben muss. Ein nicht erreichtes Entwicklungsziel alleine bedeutet noch nicht viel, schauen Sie nach einigen Wochen noch einmal nach. Die Überschreitung eines oder mehrerer Grenzsteinalter bedeutet zunächst nur, dass Sie, wenn die Entwicklung nicht bald aufgeholt wird, sich

weiteren Rat bei Ihrer Kinderärztin, bei Ihrem Kinderarzt holen sollten.

Die Grenzsteine wurden zum größten Teil in ihrer zeitlichen Richtigkeit mit einem psychologischen Entwicklungstest überprüft, mit dem *Entwicklungstest ET 6–6* von Petermann und Stein (2000). Es ist der neueste Entwicklungstest, der überdies auf der Vorstellung aufbaut – wie die Grenzsteine auch –, dass Entwicklung nicht schrittweise und streng organisiert verläuft.

Die Bedeutung der Grenzsteine

Die *Grenzsteine der Entwicklung* sind keine beliebige Zusammenstellung von Entwicklungsstadien, die auch leicht durch andere ersetzt werden könnten. Grenzsteine beschreiben ganz besonders wichtige und für die weitere Entwicklung bedeutsame Durchgangsstadien der Entwicklung hin zu einem Entwicklungsziel, z. B. in der Entwicklung der Körperbeweglichkeit, in der Sprach- und Sprechentwicklung oder in der sozialen Entwicklung.

Grenzsteine sind nicht geeignet für eine Entwicklungsdiagnostik, sie sind auch kein Entwicklungstest. Sie sind so etwas wie ein Warnlicht, das auf eine Entwicklungsverzögerung aufmerksam machen soll, um eine solche nicht zu übersehen. Sie sollen auch verhindern helfen, dass Ihr Kind bei den »Spätentwicklern« eingeordnet wird, die es nun auch einmal gebe. Aber wo liegt die Grenze, ab der ein langsam sich entwickelndes Kind eben kein »Spätentwickler« mehr ist und daher eine kompetente Entwicklungsbeurteilung notwendig wird?

Die Altersstufen

Möchten Sie wissen, ob Ihr Kind in allen oder in bestimmten Entwicklungspfaden im Bereich der normalen Entwicklung liegt oder ob Hinweise auf eine verzögerte Entwicklung existieren, dann gehen Sie wie folgt vor:

In den ersten beiden Lebensjahren prüfen Sie am Ende des dritten, des sechsten, des neunten, des zwölften, des 15. und des 18. Lebensmonats, ob Ihr Kind die Normen der jeweiligen Grenzsteine erfüllt oder nicht. In diesem Alter geht die Entwicklung so schnell vonstatten, dass häufiges Nachfragen sinnvoll ist.

Danach vergleichen Sie, nun erst wieder nach sechs Monaten, die Entwicklung Ihres Kindes mit den Grenzsteinen, also am Ende des 24. Monats. Die Entwicklung verlangsamt sich etwas, die Variabilität der Entwicklung des individuellen Kindes wird dagegen auffälliger und zeitlich gespreizter.

Ab dem 24. Monat, also ab dem vollendeten zweiten Lebensjahr, und in den nachfolgenden Jahren können Sie die Entwicklungsfortschritte mithilfe der Grenzsteine einmal jährlich in dem Zeitraum von zwei Monaten vor dem Geburtstag bis zwei Monate nach dem Geburtstag dokumentieren.

Wenn Sie einen Rückstand auf einem der Entwicklungpfade feststellen, Ihr Kind aber sonst gesund und unauffällig ist, brauchen Sie nichts zu unternehmen. Behalten Sie jedoch diesen Grenzstein im Auge. Sollte er nicht nach spätestens acht Wochen erreicht worden sein, stellen Sie Ihr Kind bei Ihrer Kinderärztin, bei Ihrem Kinderarzt vor.

Rückstände in mehreren Entwicklungspfaden sollten ohne Zögern Anlass sein, Ihr Kind kinderärztlich untersuchen zu lassen.

INFORMATION

→ **Entwicklungstests**

Manchmal wird es nötig sein, die Entwicklung Ihres Kindes genauer zu überprüfen. Dazu stehen einige Entwicklungstests zur Verfügung.

Entwicklungstests mit Kleinkindern zu machen ist nicht leicht. Keineswegs sind sie immer bereit, sich einer Testsituation zu stellen. Nicht so selten verweigern sie plötzlich die Zusammenarbeit, wenn ihnen die Situation, der Raum, die Aufgaben, die sie lösen sollen, oder die Person, die sie testet, missfallen. Sie sind dann auch kaum mehr zu bewegen, sich an dem Test noch einmal zu beteiligen.

Kinder in diesem Alter haben ein feines Gefühl dafür, dass mit einem Test ihre Schwächen geprüft werden sollen, die sie entweder schon selbst unbewusst kennen und verstecken oder von denen die Eltern immer reden.

Versichern Sie sich daher, dass Ihr Kind nur von Personen getestet wird, die gerne mit Kindern dieser Altersgruppe arbeiten und über große Erfahrungen mit Entwicklungstests und ihrer Auswertung verfügen.

Die Entwicklung im Überblick

Der 3. Monat

Die ersten drei Monate Ihres Kindes: Sie haben einander kennen gelernt, und Sie glauben vielleicht schon, etwas über das Temperament Ihres Kindes zu wissen.

Bewegungsentwicklung

- Kopfheben in Bauchlage, dabei etwas Abstützen auf die ganzen Unterarme.
- Insgesamt in Ruhe und Bewegung gleichseitige (symmetrische), wechselnde Körperhaltung und Bewegungen der Arme und Beine.

Bewegungsentwicklung der Hände und Finger

- Hände und Finger können spontan über der Brustmitte zusammengebracht werden.

Sprach- und Sprechentwicklung

- Differenziertes Schreien, das unterschiedliche Bedürfnisse deutlich ausdrückt (Hunger, Unbehagen, Schmerz).
- Lautieren ohne wesentliche Lippenbewegungen.

Kognitive Entwicklung

- Aufmerksamkeit!
- Langsam vor den Augen bewegte, farbige kleine Gegenstände, Spielzeug werden mit den Augen verfolgt, wenn auch nur kurzfristig und nur über eine kurze Strecke.

Soziale Entwicklung

- Lächeln auf bekannte und unbekannte Gesichter.

Emotionale Entwicklung

- Emotional gefärbtes Schreien (Unbehagen, Enttäuschung, Erwartungen).
- Freut sich über Zuwendung, antwortet »dialogisch« emotional.
- Lässt sich in täglichen Stresssituationen innerhalb von etwa zehn Minuten beruhigen.

Ich-Entwicklung

- Fühlt sich wohl, wenn es getragen oder gewiegt wird, Zuwendung erfährt.

Selbstständigkeitsentwicklung

- Keine Probleme mit der Nahrungsaufnahme. Saugt kräftig und trinkt selbstständig und zügig.

Der 6. Monat

In Ihr Kind ist Bewegung gekommen. Sie sind gut aufeinander eingespielt, und Ihr Kind zeigt darüber seine Freude. Sie haben einen guten Blickkontakt mit ihm.

Bewegungsentwicklung

- Symmetrische Rückenlage ohne konstante Asymmetrien in Haltung und Bewegung des Rumpfes, der Extremitäten.
- Heben des Kopfes in Bauchlage.
- Nachschauen, wenn ein Gegenstand vor dem Gesichtsfeld bewegt wird.
- Abstützen auf Unterarme.

Bewegungsentwicklung der Hände und Finger

- Nimmt kleine Gegenstände, Spielzeug vor seinen Augen von einer Hand in die andere.
- Faustgriff.

Sprach- und Sprechentwicklung

- Spontanes, variationsreiches »Schwätzeln«, noch ohne deutliche und gezielte Lippenschlusslaute, wie ba-ba, ma-ma und ähnliche kurze Silben.
- »Sprechen«, Vokalisieren, für sich alleine oder beim Ansprechen durch Bindungspersonen.
- »Babydialoge«: Kind antwortet mit Lachen, Mimik, freudigen Arm-Bein-Bewegungen.

Kognitive Entwicklung

- Gegenstände, Spielzeug werden in den Mund gesteckt, mit beiden Händen ergriffen, benagt, jedoch noch wenig genau und gezielt betrachtet.

Soziale Entwicklung

- Kind hält Blickkontakt.
- Lächelt auf vertraute und fremde Personen, die sich ihm nähern, es ansprechen.
- Kind versucht, von sich aus Kontakt mit Bindungspersonen aufzunehmen.

Emotionale Entwicklung

- Lachen, Lautieren, Blickkontakt, freudige Arm-Bein-Gesichts-Bewegungen bei Ansprechen durch bekannte Personen.
- Keine häufigen und anhaltenden Schreiattacken, bei denen sich Kind nicht oder nur schwer beruhigen lässt.

Ich-Entwicklung

- Freut sich sichtlich über Zuwendung, lacht und zeigt das auch durch kräftiges Bewegen von Armen und Beinen.

Selbstständigkeitsentwicklung

- Kennt Vorbereitungen zur Nahrungsaufnahme. Deutliche Erwartungshaltung und vorbereitende Mundbewegungen.

Der 9. Monat

Sprachähnliche Äußerungen, Gesten und Schmusen gestalten zunehmend die »Dialoge« zwischen Kind und Bindungspersonen.

Bewegungsentwicklung

- Kann frei und mit sicherem Gleichgewicht sitzen.
- Selbstständiges, schnelles Drehen von Rückenlage zu Bauchlage und umgekehrt.

Bewegungsentwicklung der Hände und Finger

- Kleine Gegenstände, Spielzeug werden intensiv angeschaut und mit beiden Händen gehalten, mit einem oder mehreren Fingern betastet und genauer geprüft, oft auch in den Mund gesteckt.
- Greifen mit den ersten drei Fingern.

Sprach- und Sprechentwicklung

- Deutliches Sprechen von Silbenketten mit a-ähnlichen Lauten wie: da-da-da, ba-ba-ba.
- Spontanes, jetzt schon sprachähnliches und ausdrucksvolles, jedoch unverständliches »Reden«, besonders im »Zwiegespräch« mit Bindungspersonen.

Kognitive Entwicklung

- Kennt tägliche Vorgänge (Schemata für Essen, Baden, Wickeln, Ausgehen, kleine Spielchen) gut und weiß deren Abläufe, richtet sich danach.
- Bevorzugt bestimmtes Spielzeug, greift danach.
- Ahmt kleinere Gesten und Mimik nach (winke-winke; backe-backe-Kuchen).

Soziale Entwicklung

- Unterscheidet sicher zwischen bekannten und unbekannten Personen, oft auch ohne eine »Fremdelreaktion«.
- Freut sich über andere Kinder.

Emotionale Entwicklung

- Emotional meist ausgeglichenes Kind.
- Reagiert bei bekannten täglichen Abläufen (s. kognitive Entwicklung) emotional mit Freude oder mit Unwillen.

Ich-Entwicklung

- Besteht bei täglichen Verrichtungen, bei der einen oder anderen, auf einem ganz bestimmten Ablauf.
- Beginnt von sich aus eine Kontaktaufnahme, Blickkontakt, einen Dialog, ein Spielchen meist mit bekannten, aber auch unbekannten Personen.

Selbstständigkeitsentwicklung

- Hält mit beiden Händen die Flasche selbst beim Trinken. Versucht, durch Drehen der Flasche optimalen Milchfluss zu erreichen.

Der 12. Monat

Ihr Kind ist dabei, sich aufzurichten, was ihm seine Teilhabe an Ihrem Leben um einiges näher bringt. Ihr Zeigefinger und der Ihres Kindes werden tatsächlich zu »Zeige«-Fingern.

Bewegungsentwicklung

◆ Hochziehen zum Stehen.
◆ Stehen mit Festhalten.

Bewegungsentwicklung der Hände und Finger

◆ Halten von kleinen Gegenständen zwischen Daumen und gestrecktem Zeigefinger: Scherengriff.
◆ Präzises Greifen mit Spitze von Daumen und Zeigefinger: Pinzettengriff.

Sprach- und Sprechentwicklung

◆ Spontanes Vokalisieren mit längeren Silbenketten, vorwiegend mit A-/E-Vokalen und mit Lippen-Verschlusslauten (ba-ba-ba-ba oder da-da-da-da u. ä. Reihungen).

Kognitive Entwicklung

◆ Spielzeug, kleine Gegenstände, vor den Augen des Kindes mit Papierblatt oder Tuch bedeckt, werden vom Kind durch Wegnehmen des Blatts, des Tuchs wieder sichtbar gemacht.
◆ Folgt dem Finger der Mutter, die ihm etwas zeigen, erklären will. Aber zeigt auch selbst auf Spielzeug, Gegenstände, Personen, die von Bindungsperson wahrgenommen werden sollen: gemeinsame, von Bindungsperson und Kind auf ein Ziel hin gerichtete Aufmerksamkeit.

◆ Gemeinsames Lernen (Kinderverse, gewünschtes Verhalten: »So nicht!« oder »So ist es recht!«, Fertigkeiten der Hand-Finger-Motorik).

Soziale Entwicklung

◆ Kann von sich aus selbst einen sozialen Kontakt beginnen, fortführen, variieren oder beenden.

Emotionale Entwicklung

◆ Viele Rückversicherungsbestätigungen: Blickkontakt, Berühren, Streicheln, Anlehnen, Gesten, Küsschen. Emotional getönte verbale und nonverbale Dialoge zwischen Kind und Bindungspersonen.

Ich-Entwicklung

◆ Unentwegtes und motiviertes Ausprobieren und Training neuer motorischer Fähigkeiten.

Selbstständigkeitsentwicklung

◆ Nimmt Brot- oder Gebäckstückchen selbstständig in den Mund, kaut sie und isst sie teilweise.
◆ Versucht beim An- und Ausziehen durch Kopf-, Arm- und Beinbewegungen mitzuhelfen.

Der 15. Monat

Mit den Spitzen des Daumens und des Zeigefingers beider Hände lassen sich auch Winzigkeiten greifen. Das Mundwerk ist in Gang gekommen.

Bewegungsentwicklung

- Gehen mit Festhalten.
- Kommt aus Rücken- oder Bauchlage selbst zum Sitzen.

Bewegungsentwicklung der Hände und Finger

- Kann kleine Gegenstände, Fusseln, Fäden, Körner mit den Spitzen des Daumens und des Zeigefingers greifen.
- Kann zwei Klötzchen (Kantenlänge etwa 2 bis 3 cm) nach Aufforderung (und Zeigen) aufeinandersetzen.

Sprach- und Sprechentwicklung

- Ausgeprägte Silbenverdoppelungen (da-da, ga-ga, ba-ba), kaum noch Silbenketten.
- Lebhaftes, spontanes und dialogisches »Reden« mit einer anderen Person.

Kognitive Entwicklung

- Testet Gegenstände, Spielzeug auf seine einfachste Verwendbarkeit: gegeneinanderschlagen, schütteln, reihen, koppeln.
- Weiß, dass Menschen, Tiere, Pflanzen Lebewesen sind, die sich anders verhalten als Gegenstände.

Soziale Entwicklung

- Spielt begeistert und ausdauernd kurze Kinderreime, Fingerspiele, Nachahmspiele (wie guck-guck – da-da) im Austausch mit Bindungspersonen.
- Setzt positives oder negatives Verhalten gezielt und bewusst ein, um nach Möglichkeit das Verhalten einer Bindungsperson zu beeinflussen oder zu verändern.

Emotionale Entwicklung

- Realisiert Trennung von Bindungsperson, reagiert darauf enttäuscht, jedoch nicht immer mit Schreien oder Protest.

Ich-Entwicklung

- Setzt bewusst seinen Charme ein, um auf sich aufmerksam zu machen oder um etwas zu erreichen.

Selbstständigkeitsentwicklung

- Will selbst versuchen, sich an- und auszuziehen.

Der 18. Monat

Heute schon einige Schrittchen gegangen? Oder ist das flotte Gehen bereits eine Alltagsfähigkeit geworden? Was ahmt Ihr Kind schon nach?

Bewegungsentwicklung

◆ Geht frei, zeitlich unbegrenzt, noch etwas breitbeinig. Nicht ganz aufrecht ist noch erlaubt.

Bewegungsentwicklung der Hände und Finger

◆ Benutzt bewusst und genau seine Zeigefinger, bei Zeigen, vorsichtigem Berühren.
◆ Legt Gegenstände, die es in der Hand hält, auf Aufforderung in die offene Hand einer Bindungsperson.

Sprach- und Sprechentwicklung

◆ Lebhafte Lautbildung, »Baby-Sprache«.
◆ Einwortsprache: Einige richtige Worte, einige unvollständige Aktionsworte (z. B. -nug = genug).

Kognitive Entwicklung

◆ Rollenspiele mit sich selbst: Nachahmen täglicher Gewohnheiten wie Trinken aus einer Spielzeugtasse, versucht sich zu kämmen, Telefonhörer an ein Ohr zu halten.
◆ Kann sich für zehn bis 20 Minuten selbst beschäftigen: reintun, rausholen, untersuchen, genau betrachten.

Soziale Entwicklung

◆ Winkt mit der Hand bei Begrüßung, Abschied.
◆ Versteht »Nein« und befolgt es meist.

Emotionale Entwicklung

◆ Bindungsperson kann sich für ein bis zwei Stunden vom Kind trennen, wenn Betreuung durch gut bekannte Person erfolgt (z. B. Babysittter, Großeltern).

Ich-Entwicklung

◆ Versucht beim Spielen, im Zusammenleben seine eigenen Vorstellungen und Absichten durchzusetzen, ohne dass es deswegen immer zu heftigen Trotzreaktionen kommen muss.

Selbstständigkeits-entwicklung

◆ Trinkt selbst aus Becher.
◆ Socken, Kopfbedeckung werden gezielt abgezogen, Reißverschlüsse aufgezogen.

Der 24. Monat

Die ersten richtigen, verständlichen Worte. Konzentriertes Beschäftigen mit selbst gewählten Tätigkeiten. Wie werden Treppen angegangen? Und wie geht es Ihnen?

Bewegungsentwicklung

◆ Geht frei und sicher (noch etwas ungelenk erlaubt: breitbeinig, Arme etwas angehoben).
◆ Hebt Dinge vom Boden ohne Verlust des Gleichgewichtes.
◆ Bewältigt Treppen (Nachstellschritt) mit Festhalten am Geländer an der Hand Erwachsener.

Bewegungsentwicklung der Hände und Finger

◆ Sicherer Pinzettengriff.
◆ Hält Malstift mit Faustgriff oder im »Pinselgriff« mit drei Fingern, Stift liegt dabei oft noch in der Handinnenfläche.

Sprach- und Sprechentwicklung

◆ Einwortsprache (mindestens zehn richtige Wörter in weitgehend korrekter Aussprache, außer Papa und Mama).

Kognitive Entwicklung

◆ Stapelt Bauklötzchen o. Ä. (mindestens drei).
◆ Konzentriertes Betrachten, Betasten, Einräumen, Ausräumen von Spielzeug/Gegenständen in und aus Behältern, Schubladen über etwa 15 Minuten.
◆ Kleine Rollenspiele mit Puppen, Spieltieren, Autos.

Soziale Entwicklung

◆ »Nebeneinanderspielen« mit Gleichaltrigen (noch kein Zusammenspielen).
◆ Freut sich über Kontakt mit anderen Kindern.

Emotionale Entwicklung

◆ Lässt sich bei täglichen Ärgernissen meist innerhalb von drei Minuten beruhigen.
◆ Kann sich für etwa 15 bis 30 Minuten alleine beschäftigen, wissend, dass Mutter in räumlicher Nähe (anderem Zimmer, Küche), jedoch nicht sichtbar ist.

Ich-Entwicklung

◆ Schaut gerne in einen Spiegel, ohne sich schon selbst zu erkennen.

Selbstständigkeitsentwicklung

◆ Versucht selbstständig zu essen, einen Löffel zu benutzen, wenn auch noch mit Schwierigkeiten und viel Kleckerei.
◆ Tagsüber meist trocken.
◆ Kann sich selbst mit Waschlappen Gesicht waschen, wenn auch noch wenig effektiv.

Der 36. Monat

Ungehinderte freie Beweglichkeit. Wie nennt sich Ihr Kind selbst?
Spielsituationen mit anderen Kindern. Und wie geht es Ihnen?

Bewegungsentwicklung

◆ Hüpft beidbeinig von einer untersten Treppenstufe hinunter, mit sicherer Gleichgewichtskontrolle.
◆ Rennt mit deutlichem Armschwung und kann sowohl Hindernisse umsteuern als auch plötzlich, prompt anhalten.

Bewegungsentwicklung der Hände und Finger

◆ Blättert Buch- oder Heftseiten einzeln korrekt um.
◆ Benutzt einen präzisen Dreifinger-Spitzgriff (Daumen, Zeige- und Mittelfinger) zur Manipulation kleiner Gegenstände.

Sprach- und Sprechentwicklung

◆ Drei- bis Fünf-Wort-Sätze.
◆ Verwendet den eigenen Vor- oder Rufnamen.
◆ Keine auffälligen Aussprachefehler.

Kognitive Entwicklung

◆ Malen und Kritzeln. Wenn auch oft noch wenig gestaltend gemalt wird, kommentiert Kind doch, wen und/oder was es gemalt hat.
◆ Konzentrierte, intensive »Als-ob-Spiele«, Spiele mit Puppen, Autos, Bausteinen, Lego, Playmobil u. Ä.
◆ Verzögertes und spontanes Imitieren.

Soziale Entwicklung

◆ Gemeinsames Spielen mit anderen Kindern über mindestens fünf bis zehn Minuten, mit Sprechen, Austausch von Gegenständen.
◆ Möchte gerne, soweit möglich, bei häuslichen Tätigkeiten mithelfen.
◆ Ahmt Tätigkeiten Erwachsener im Rollenspiel nach.

Emotionale Entwicklung

◆ Kann für einige Stunden bei ihm bekannten Personen, auch außerhalb seines Zuhauses, ohne seine Bezugspersonen bleiben.

Ich-Entwicklung

◆ Erkennt sich selbst in einem Spiegel.
◆ Nennt sich selbst mit Vor- bzw. seinem Kurznamen.

Selbstständigkeitsentwicklung

◆ Sichere Stuhlgangkontrolle Tag und Nacht möglich.
◆ Zuknöpfen gelingt mit größeren Knöpfen.

Der 48. Monat

Bilder malen mit korrektem Drei-Finger-Griff. Mit welcher Hand wird gemalt? Ich und Du werden nicht mehr verwechselt. Erlebte Ereignisse werden berichtet. Und wie geht es Ihnen?

Bewegungsentwicklung

- Dreirad o. ä. Fahrzeuge werden zielgerichtet und sicher bewegt, Kind tritt und lenkt gleichzeitig, umfährt gewandt Hindernisse.
- Hüpft aus dem Stand mit beiden Beinen gleichzeitig um 30 bis 50 cm nach vorne, mit stabiler Gleichgewichtskontrolle.

Bewegungsentwicklung der Hände und Finger

- Hält Mal-/Zeichenstift korrekt mit den Spitzen der ersten drei Finger.
- Malt gerne bunte »Bilder«.

Sprach- und Sprechentwicklung

- Gibt Ereignisse/Geschichten etwa in zeitlicher und logischer Reihenfolge wieder, meist noch mit »... und dann ... und dann«-Verknüpfungen.
- Keine auffälligen Aussprachefehler.

Kognitive Entwicklung

- W-Fragen (warum, wieso, wo, wann, woher?)
- Kann gleiche Gegenstände verschiedener Größe oder Farben unterscheiden und benennen (z. B. große und kleine Äpfel, Bauklötzchen, Farbstifte).
- Kann Haus, Baum, Kopffüßler in noch einfacher Weise malen und kommentieren.

Soziale Entwicklung

- Beginnt und beteiligt sich an Regelspielen (Brett-, Karten-, Kreis- und Bewegungsspiele).
- Bereit zu teilen.
- Hat gelernt, nicht alles zu sagen, was es denkt. Weiß, dass auch andere Kinder ihre Absichten haben, die sie verschweigen, oder dass andere, genau wie es selbst, auch täuschen können.

Emotionale Entwicklung

- Kann seine Emotionen bei alltäglichen Ereignissen meist selbst regulieren. Gewisse Toleranz gegen Kummer, Enttäuschung, Freude, Vorfreude, Ängste, Stress.

Ich-Entwicklung

- Bezeichnet sich selbst mit »Ich«.
- Weiß, dass es Mädchen oder Junge ist, jedoch oft noch wenig geschlechtsspezifisches Rollenverhalten.

Selbstständigkeitsentwicklung

- Sichere Blasenkontrolle Tag und Nacht.
- Auf Toilette weitgehend selbstständig; Hilfen gelegentlich bei Säubern und Richten der Kleidung noch notwendig.

Der 60. Monat

Inzwischen ist viel erreicht. Keine auffälligen Sprechfehler. Gerne im Kindergarten? Wie geht's mit anderen Kindern? Und wie geht es Ihnen?

Bewegungsentwicklung

◆ Kann Treppen beim Auf- und Absteigen, mit Beinwechsel, sicher und freihändig begehen.
◆ Fängt größere Bälle (Durchmesser etwa 20 cm) mit Händen, Armen, Körper auf, wenn sie aus 2 m Entfernung zugeworfen werden.

Bewegungsentwicklung der Hände und Finger

◆ Kann mit Kinderschere an einer geraden Linie gut entlangschneiden.
◆ Schreibt einzelne Buchstaben, Zahlen, den eigenen Namen mit großen Buchstaben (auch noch seitenverkehrt).

Sprach- und Sprechentwicklung

◆ Gibt Ereignisse/Geschichten in richtiger zeitlicher und logischer Reihenfolge wieder, mit korrektem, jedoch noch einfach strukturiertem Satzbau.
◆ Keine auffälligen Aussprachefehler.

Kognitive Entwicklung

◆ Erkennt und benennt Grundfarben (Blau, Grün, Rot, Gelb, Schwarz, Weiß).
◆ Intensive Rollenspiele, Verkleidungen, Verwandlungen in Tiere, »Helden«, Vorbilder, auch mit anderen Kindern (Skripts).
◆ Dreidimensionales Bauen ohne und mit Vorlagen gelingt.
◆ Malt und gestaltet gut erkennbare Bilder und Szenen.

Soziale Entwicklung

◆ Kann Spielzeug, Süßigkeiten u. Ä. zwischen sich und anderen gerecht aufteilen.
◆ Lädt andere Kinder zu sich ein, wird selbst eingeladen.

Emotionale Entwicklung

◆ Sucht gelegentlich noch engen Körperkontakt: bei Kummer, Müdigkeit, Erschöpfung, Krankheit u. ä. Ereignissen.
◆ Kann auch über beschämende, frustrierende, unerfreuliche Ereignisse berichten.

Ich-Entwicklung

◆ Weiß, dass es Mädchen oder Junge ist, und verhält sich auch danach.
◆ Schämt sich, wenn es zu Recht getadelt wurde.
◆ Kann sagen, wie es sich gerade fühlt.
◆ Emotionale Zustände werden bei sich selbst und bei anderen wahrgenommen und angesprochen.

Selbstständigkeitsentwicklung

◆ Kennt die Bedeutung der Farben Rot und Grün bei Ampeln im Straßenverkehr und beachtet sie in der Regel auch.
◆ Selbstständiges Waschen, Zähneputzen.
◆ Zieht sich weitgehend selbst an.
◆ Vorder- bzw. Rückseite der Kleidung wird erkannt und beim Anziehen beachtet.

Zu guter Letzt

Im Einleitungskapitel habe ich geschrieben, dass ein Verständnis der Abläufe und der treibenden Kräfte der Entwicklung die Erziehungsaufgaben von Eltern erleichtern würde. Ob das gelungen ist, müssen Sie selbst beurteilen.

Wie Sie die Frage auch beantworten, Sie sehen sich vor allem vor der Aufgabe, täglich, nächtlich, stündlich – und unentrinnbar – den Forderungen und Bedürfnissen Ihres Kindes gerecht werden zu müssen. Und das wollen Sie auch möglichst gut, um nicht zu sagen möglichst perfekt. Warum?

Hinter dieser Frage steht das seit jeher legitime Anliegen, ja die Sorge aller Eltern, nichts zu versäumen und keine Anstrengung zu scheuen, ihren Kindern die nötigen Grundlagen zum Gelingen eines eigenen Lebens mit auf den Weg zu geben. Dafür tun Eltern wirklich alles. Und wo bleiben Sie selbst und Ihre berechtigten und ebenso legitimen Ansprüche an sich selbst? Auf der Strecke? Dazu ein Beispiel.

Eine Mutter mit einem dreijährigen Sohn saß mir einmal gegenüber, weil sie nicht mehr mit den Aufsässigkeiten und Querschüssen ihres Sohnes, nennen wir ihn Max, zurechtkam:

»Ich bin eine erfolgreiche Geschäftsfrau gewesen, habe hart gearbeitet, gut verdient, und trotzdem hatte ich abends noch die Zeit und Kraft auszugehen, in ein Konzert, in ein Theater oder mit Freunden zum Essen. Das ist alles vorbei, seitdem ich meinen Sohn habe. Aber Kinder wollte ich unbedingt, auch jetzt noch. Abends falle ich nur noch ins Bett und bin zu nichts mehr fähig. Ich hätte nicht gedacht, dass ein Kind mich so schaffen, so durcheinanderbringen könnte. Ich bin sonst eine gut organisierte Frau. Aber die Probleme fangen bereits morgens an. Mein Herr Sohn will schon gar nicht aufstehen, ich bekomme ihn nicht aus dem Bett und muss ihm auch noch alles anziehen.«

Aus diesem knappen Bericht lässt sich viel lernen und eine Menge dazu sagen.

Die heutige Kleinfamilie

Zum einen: In unserer derzeitigen Kultur wird erwartet, aber auch der Anspruch an sich selbst gestellt, 24 Stunden lang eine gute Mutter, ein guter Vater zu sein, und das Kind soll es möglichst auch sein.

In der Menschheitsgeschichte ist bisher nie eine solche Forderung gestellt worden. Sie ist in der Evolution auch gar nicht vorgesehen. Menschen sind soziale Wesen, die immer in Clans, in größeren oder kleineren Familiengruppen zusammengelebt haben und das auch an vielen Orten der Welt heute noch tun.

Kindern standen und stehen dann jederzeit genügend viele und die gerade nötigen Bindungs- und Bezugspersonen zur Verfügung: gleich- oder fast gleichaltrige Neffen und Nichten, junge Tanten und Onkel, wenn Spielen und Aktivitäten gefragt waren und sind. Ältere Tanten und Onkel, ältere Geschwister, wenn etwas fürs Leben zu lernen war. Großmütter, Großväter, wenn Kinder Trost, Ruhe, Geschichten oder Pflege bei Krankheiten benötigten.

Die Mutter blieb oder bleibt Mutter, jedoch ist sie nicht ihrem Kind in der gleichen Weise ausgeliefert, wie es heutigen Eltern in unserer Kultur geschieht.

Der Preis für solche familiär organisierten Absicherungen der emotionalen und sozialen Entwicklung war und ist für unser Verständnis allerdings sehr hoch: Ein individuelles Leben ist unter diesen Voraussetzungen kaum zu führen. Ein Anspruch auf Individualität existiert nicht.

Schließt das eine das andere aus? Vielleicht ist eine andere Art von Großfamilie im Entstehen:

Die Großeltern in Kleinfamilien ländlich strukturierter Gegenden, wie z. B. auf der Schwäbischen Alb, wo Mutter und Vater beide oft berufstätig sind, hatten schon immer eine entscheidende, familienstützende Funktion. Da nahe beieinander gewohnt wird, werden die Kinder bei den Großeltern schon morgens, auf dem Weg zur Arbeit, abgegeben, gehen von dort in den Kindergarten oder zur Schule. Danach wartet ein Mittagessen auf sie.

Viele heute noch in fortgeschrittenem Alter belastungsfähige Großeltern sehen die Familienzwänge ihrer Kinder und helfen, so weit und so gut sie können. Sie werden belohnt mit der Zuneigung und mit einem besonders innigen Bindungsverhalten durch ihre Enkel.

Altersbezogene Hilfen können Kindergruppen, Elterngruppen, Freundeskreise mit etwa gleichaltrigen Kindern sein. Immerhin, und das ist nicht wenig, bieten sie Möglichkeiten und Chancen, Kinder- und Familienprobleme zu erörtern und die unterschiedlichen Entwicklungen anderer Kinder gründlich zu beobachten und ausführlich in größerer Runde zu diskutieren.

Eltern tun alles. Tun sie zu viel?

Zum anderen: Der an sich legitime Anspruch, die Meinung, alles müsse getan werden, um dem eigenen Kind von Anfang an alle Wege ins Leben zu ebnen, ist enorm. Er lastet schwer auf Eltern, denn sie übernehmen damit auch die Verantwortung für das Gelingen. Sie geraten rasch in Panik, wenn ihr Kind sich nicht so entwickelt, wie sie es in ihrer Planung vorgesehen haben. Kinder haben ein sehr feines Gespür für Stimmigkeiten: Soll es sich nach seinen individuellen Anlagen und Fähigkeiten entwickeln, oder soll es zum Produkt der Wünsche seiner Eltern heranwachsen?

Gehen wir zu dem Beispiel von S. 224 zurück: Max hat die sonst so begehrte und betriebene Kooperation, die Teilnahme am Leben seiner Mutter, an seiner Familie aufgekündigt. Er fühlt sich manipuliert. Warum das? Ich fragte damals die Mutter, was sie wohl tun würde, wenn sie alleine, auch finanziell, für ihren Sohn verantwortlich wäre und morgens zu einer bestimmten Zeit die Wohnung verlassen müsste, um zur Arbeit zu gehen.

Die Antwort kam prompt: »Dem würde ich aber Beine machen.«

»Aha«, brauchte ich nur zu antworten. Die Mutter lachte und begriff mit ihrer Antwort selber, wo das Problem lag. Würde sie ihrem Sohn ihre persönliche, direkte, lebensnotwendige Botschaft vermitteln, er würde nicht zögern zu kooperieren. Die Mutter erzählte nun, sie überlege sich sehr, wieder in ihren Beruf zurückzukehren, wolle das aber ihrem Sohn nicht antun.

Die mütterliche Ambivalenz zwischen ihrer Berufswelt und ihrer Familie schaffte ihr Schuldgefühle dem Sohn gegenüber, die sie mit einer vermehrten, jedoch ambivalenten Zuwendung zu ihrem Sohn zu kompensieren versuchte. Nun war nichts mehr stimmig im Verhältnis der beiden, denn Max erspürte die Ambivalenz.

Das war aber noch nicht die ganze Wahrheit. Was Max zusätzlich entwickelte, waren Trennungsängste. Denn auch das erspürte er: Die Mutter war mit ihren Gedanken und Gefühlen woanders. Wo, das konnte er nicht wissen, darüber war noch nicht einmal seine Mutter mit sich im Reinen.

Max veränderte sein an sich sicheres zu einem unsicher-ambivalenten Bindungsverhalten (s. S. 97), das ihn zwar in die Opposition zu seiner Mutter brachte, mit dem er andererseits aber auch die Zuwendung seiner Mutter, die er zu verlieren fürchtete, erpressen konnte. Und das tat er auch.

Solche für alle Beteiligten verqueren Situationen lassen sich in mannigfacher Weise neu ordnen oder neu gestalten. Sie können:

- alles so belassen, wie es ist, aber die Situation zur persönlich gewollten Entscheidung werden lassen,
- eine möglichst optimale Fremdbetreuung finden,
- eine Berufsmöglichkeit suchen, die einen akzeptablen Kompromiss zulässt,
- eine Entscheidung ganz für den Beruf fällen, unter Berücksichtigung der Bedürfnisse des Kindes, oder
- der Vater übernimmt einen Teil der Betreuung.

Max wird bei allem sich beteiligen und kooperieren, wenn für ihn die persönliche Botschaft der Mutter, des Vaters klar ist und wenn er sich auf deren stimmige Zuwendung, Akzeptanz und Geborgenheit verlassen kann.

Kinder halten viel aus

Und schließlich: Kinder halten sehr viel aus, ertragen viel und verstehen intuitiv vieles. Die Natur hat sie mit einer hohen Fehlerresistenz ausgestattet sowie mit einer immensen Fähigkeit, sich an die meisten Zwänge anzupassen, die das Leben, auch in unserer westlichen Welt, mit sich bringt. Selbst für eine Änderung ihrer gewohnten Familienstruktur bringen sie Verständnis auf, wenn sie in einer Weise erfolgt, die ihre Kooperationsbereitschaft und ihre persönliche Integrität nicht prinzipiell infrage stellt.

Patchworkfamilien sind keine Erfindung einer morbiden Gesellschaft. Sie sind Antworten auf gesellschaftliche Veränderungen und Zwänge. Im Mittelalter, bis in die Neuzeit hinein sind Patchworkfamilien häufig gewesen. Die geburtsbedingte Sterblichkeit der Mütter und die junger Väter an Infektionen war hoch. Kein Wunder, dass in den Märchen so viele Stiefmütter und -väter, Stiefschwestern und -brüder vorkommen. In Wirklichkeit waren sie sicher oft nicht so grausam wie in der Märchenwelt. Witwen- und Witwerheiraten, vor allem aus wirtschaftlichen Gründen, boten sich an, beide Teile brachten oft Kinder mit in die neue Ehe. Die Kinder hatten damit zu leben, waren aber auch in einer neuen Familie integriert und gesichert – wenn die Konstellationen stimmten.

Was muss ich für mein Kind tun?

Vielleicht beschäftigt Sie aber viel mehr die Frage: Was muss ich leisten, um eine gute Mutter, ein guter Vater zu werden und zu sein? Tue ich auch alles, nehme ich alle Chancen wahr, die meinem Kind eine gute Entwicklung garantieren? Muss ich ihm dazu vermehrte Anregungen bieten? Was empfehlen die modernen Neurowissenschaften, damit sein Gehirn sich optimal entwickeln kann? Heute kann davon ausgegangen werden, dass gesunde Kinder überall in der Welt, wo auch Menschen leben, die notwendigen Anregungen für ihre Gehirne vorfinden, damit sie in ihrer Lebenswelt zu bestehen vermögen. Dafür hat seit Millionen von Jahren die Evolution gesorgt. Ob in den Slums einer Großstadt oder in den engen und hohen Altstadtvierteln von Neapel, Palermo oder Kairo, ob in den Wüsten- und Steppengegenden der Nomaden, in der Kalahari bei den Buschleuten der !Kung oder bei den Lappen oder Inuit: Deren Umweltbedingungen sind meist sehr viel schwieriger als die in unserer Welt, aber Kinder wachsen dort auch auf und führen das Leben ihrer Eltern weiter oder *adaptieren* sich an neue Lebensformen und Lebensgestaltungen, weil es notwendig ist oder weil die bisherigen nicht mehr gelebt werden können.

Daraus können Sie getrost den Schluss ziehen, dass Ihr Kind in unserer Region der Welt sich das Notwendige für seine individuelle Entwicklung holen wird, wenn Sie es nicht gerade »in einen Schrank sperren«, wie einmal auf einer Konferenz gesagt wurde (Bruer).

Expertenwissen zur Erziehung?

Zwar gibt es, nach Bruer, dem ich hier folge, genug Entwicklungsexperten und Entwicklungstherapeuten, die der Meinung sind, Sie als Eltern benötigten unbedingt Expertenwissen, um Ihr Kind *heute* richtig erziehen zu können.

Deren Botschaften hören sich jedoch eher wie Ideologien an, sie werden mit wissenschaftlich aufpolierten Deutungen gestützt, die jedoch einer genaueren Überprüfung nicht standhalten: Krabbeln muss sein, nur Krabbeln fördert die Zusammenarbeit der beiden Hirnhälften. Für die Sprachentwicklung ist die Krabbelphase unentbehrlich, Krabbeln verhindert auch spätere Lese-Rechtschreib- und Rechenstörungen. Oder: Nur mit dem Unterbau einer ungestörten Körper-, Finger- und Handmotorik wird Ihr Kind gut artikuliert und grammatikalisch sprechen können. Oder: Sie müssen Ihrem Kind unbedingt eine anregende Umwelt für seine Gehirnentwicklung bieten (was immer eine »anregende Umwelt« auch sein mag). Anweisungen dieser Art sind in vielen Elternbüchern zu finden.

Was aber, wenn Kinder nicht krabbeln und sich doch ganz unauffällig weiterentwickeln, wenn erheblich bewegungsbehinderte Kinder doch eine unauffällige Sprachentwicklung zeigen, also das Bewegen, die Motorik, ihre Sprachentwicklung nicht »gefördert« haben kann? Expertinnen und Experten, und von denen vor allem diejenigen, die ein Reifekonzept ihren Entwicklungsbeurteilungen zugrunde legen, sind häufig geneigt, individuelle Varianten in der Entwicklung eines Kindes schon als auffällig, schon als behandlungsbedürftig zu bewerten und zu frühen Therapien und Interventionen zu raten. Das ist auch, wenn ich von der Reifetheorie ausgehe, gerechtfertigt, denn wenn die Entwicklung streng in ihrem Ablauf festgelegt ist, kann eine frühe Störung in einem Entwicklungspfad nur unvollkommen weiterlaufen und muss zu späteren Störungen führen.

Ein Konzept der Entwicklung dagegen, das auf der Anpassungsfähigkeit und der individuellen Variabilität von Entwicklungsprozessen basiert, neigt weniger zu dem Fehler, jede Variabilität in der Entwicklung gleich als auffällig und damit als behandlungsnotwendig anzusehen.

Ihre Kinderärztin, Ihr Kinderarzt wird Ihnen dabei helfen, wenn Zweifel aufkommen, ob eine Auffälligkeit Ihres Kindes eine individuelle Normvariante ist oder eine wirkliche Auffälligkeit, die einer genaueren Untersuchung bedarf. Wenn Sie sich vor Augen halten, wie groß tatsächlich die individuellen Varianten der Entwicklung sind (s. S. 25–34), werden Sie nicht dauernd die Entwicklung Ihres Kindes mit der anderer Kinder vergleichen müssen, werden Sie etwas mehr Gelassenheit gewinnen, Ihrem Kind gegenüber und seinen individuellen Besonderheiten. Ihr Vertrauen in die Entwicklung Ihres Kindes strahlt auf das Kind zurück und schenkt ihm das Gefühl, emotional akzeptiert, unterstützt und als Person geachtet zu sein. Das wäre eine gute Basis für ein stabiles Selbstwertbewusstsein, die Ihrem Kind für sein weiteres Leben sehr zugute kommen wird.

In der Einleitung habe ich einige simple Empfehlungen für die Entwicklungsbegleitung von Kindern genannt, denen ich etwas hinzufügen möchte: Achten und würdigen Sie die individuelle Persönlichkeit Ihres Kindes und die ihm angeborene Bereitschaft zur Teilhabe und zur Imitation. Versuchen Sie Ihr Kind so zu behandeln, wie Sie selbst behandelt werden möchten: Verletzen Sie nicht dauerhaft seine Integrität, denn erst dann beginnen die wirklichen Probleme.

Ich habe versucht, Ihnen zu erklären, warum gerade die Integrität Ihres Kindes schutzbedürftig ist. Dazu erinnere ich an die Funktion des limbischen Systems und an die Gedächtnisse, und in diesem Zusammenhang an die Funktion des Lebensgedächtnisses. Ich erinnere aber auch daran, dass die kritischen Kontrollsysteme des Stirnhirns erst gegen Ende des dritten Lebensjahres zu arbeiten beginnen und erst dann das emotionale und aktive Verhalten Ihres Kindes sich zu stabilisieren beginnt.

Das heißt nun aber nicht, dass Sie Ihrem Kind Ihre Gefühle verbergen sollten. Ich zitiere noch einmal Jesper Juul: »Gegen Trauer, Zorn, Wut, Humor oder Irritation ist nichts zu sagen. Es macht nichts, wenn Kinder sich (auch mal) abgewiesen fühlen, wenn es denn so ist«, wenn Sie gerade glauben, sich mit authentischem Ton ausdrücken zu müssen.

Kinder lernen dabei, dass es Grenzen gibt, dass Menschen individuelle Personen, gleichzeitig aber auch Gemeinschaftswesen sind und dass sie mit solchen Differenzierungen zu leben haben. Sie lernen aber auch, dass Mutter und Vater ihre eigene, berechenbare oder unberechenbare Persönlichkeit besitzen.

Sie müssen nicht perfekt sein. Nur authentisch

Das alles wissen Sie bereits und tun es sowieso schon. Das Ziel, eine perfekte Mutter, ein perfekter Vater zu sein, werden Sie jedoch nicht erreichen können, da Menschen immer Fehler machen. Wir haben aber gelernt, dass Kinder hoch fehlerresistent sind und überdies auch noch extrem adaptiv: ein guter Schutz gegen die nicht immer vorhandene elterliche Kompetenz und gegen die nicht immer gelingende elterliche Sensibilität.

Donald Winnicott, dem wir auf S. 130 schon einmal bei den *transitorischen Gegenständen* begegnet sind, kannte das Problem der perfekten Mütter. Er argumentierte, dass sie eher eine Gefahr für ein Kind bilden würden. Für eine normale Erziehung reiche durchaus eine »good enough mother«, eine, wie im deutschen Text übersetzt wurde, »hinreichend fürsorgliche Mutter«, und ich ergänze: ein hinreichend fürsorglicher Vater. Die sind Sie jedoch allemal, wenn Sie schon dieses Buch lesen.

Neurobiologie und Entwicklung

Zuletzt noch einen Kommentar zu den Ergebnissen der modernen Neurobiologie. Von ihr wurde in den letzten 20 Jahren ein enormes neues Wissen über die Entwicklung des menschlichen Gehirns erarbeitet, was das Verstehen der kindlichen Entwicklung entscheidend verändert hat. Allerdings lässt sich nur wenig von diesem Wissen in direkte Erziehungsempfehlungen umsetzen, obwohl das immer wieder und auch mit großem publizistischen Druck versucht wird. Hierbei werden jedoch oft schlicht die Begriffe »Erklärung« und »Erziehung« verwechselt.

In dieses Buch sind viele Ergebnisse der neurobiologischen Forschung eingearbeitet worden, nicht um daraus Konsequenzen für die Erziehung abzuleiten, sondern um zu erklären und zu verstehen, warum z. B. das *limbische System* so entscheidend das Lernen von Kindern (und Erwachsenen) beeinflusst, eine neurobiologische Tatsache, die bis heute in ihren Konsequenzen nicht wirklich ernst genommen wird.

Ähnliches gilt für die *Spiegelneurone*, die bereits ein Neugeborenes zur Nachahmung befähigen. Oder als letztes Beispiel: Die neuronalen Netzwerke eines Kindes knüpfen und erweitern sich nur durch individuelles und intensives Aktivieren und Benutzen, mithilfe der dazugehörigen Sinnesorgane.

Dieser Mechanismus ist ein Angelpunkt im Verständnis des Lernens und der durch Lernen erworbenen Erfahrungen und, nebenbei, eine Warnung vor bequemem Lernen in virtuellen Welten, also in den Welten des Fernsehens und der Computerspiele. Lernen im Vorschulalter geschieht »mit allen Sinnen«, sehr aktiv, nicht nur aufnehmend passiv. Was sich daraus für erzieherische Konsequenzen ergeben, ist Sache der Erziehung, der Pädagogik, nicht der Neurowissenschaftler.

Glauben Neurowissenschaftler, erzieherische Empfehlungen aus ihren Ergebnissen selbst ableiten zu müssen, sind dann solche Aussagen zu finden wie:

- Was Hänschen nicht lernt, lernt Hans nimmermehr: Also frühes Lernen ist angesagt, weil da noch viele Verbindungen zwischen den Nervenzellen geknüpft werden können. Denn nach dem zehnten Lebensjahr tut sich in diesem Bereich nicht mehr viel.
- Ein Häkchen krümmt sich beizeiten, später nicht mehr.
- Es gibt so genannte sensible, kritische Phasen in der Gehirnentwicklung, in denen das Gehirn bestimmte Strukturen, neuronale Netzwerke, aufbaut, nach der kritischen Phase ist die Chance dazu mehr oder weniger endgültig vertan.
- Das Gehirn arbeitet, ähnlich wie bei den sensiblen Phasen, mit zeitlich limitierten »Fenstern«, die zu bestimmten Zeiten der Gehirnentwicklung geöffnet sind, um Entwicklungsprozesse zu induzieren. Wenn die »Fenster« sich wieder schließen, ist die Entwicklungschance mehr oder weniger für immer verloren.
- Das erste Lebensjahr entscheidet daher auch über die weitere Entwicklung und das weitere Leben, und bis zum dritten Lebensjahr sind die wirklich wichtigen Entwicklungsweichen des Gehirns bereits gestellt worden.
- Pädagogen sollten daher zur Kenntnis nehmen, dass Kinder bei Schuleintritt die wichtigsten Teile des Lernens bereits hinter sich hätten.
- Eine in den USA bekannte und viel zitierte Entwicklungsmaxime lautet daher auch nicht von ungefähr: »Die ersten Jahre dauern ein Leben lang.«

Wer diese Aussagen der Neurowissenschaften beim Wort nimmt, ersetzt den strengen, genetischen *Reifungsdeterminismus* durch einen ebenso unsinnigen »neurobiologischen Determinismus« (Bruer). Von den Neurowissenschaften sind für Sie wichtige Informationen für die Förderung Ihres Kindes kaum zu erwarten, obwohl sie glänzende, das Gehirn, seine Arbeitsweise und seine Funktionen erklärende Ergebnisse zu präsentieren haben.

Menschen sind ihr ganzes Leben lang lernfähig

In diesem Buch habe ich versucht zu zeigen und zu belegen, dass Menschen bis in das hohe Alter hinein lernfähig sind, und zwar für alle Fähigkeiten, die ihr Interesse wecken und wach halten. Kaum ein Lernfeld muss davon ausgenommen werden. Nach dem 20. Lebensjahr lernt es sich nicht mehr so schnell und leicht wie in früheren Jahren. Jedoch, die Qualität ist meist eine andere: deutlich effektiver, weil eine bestimmte, zielgerichtete, gewollte Motivation die Lernbemühungen antreibt und das limbische Belohnungssystem aktiviert. Das menschliche Gehirn zeichnet sich von Geburt an (und schon davor) durch die Fähigkeit aus, adaptiv zu lernen und das Verhalten seiner Besitzerin, seines Besitzers zu deren, dessen Vorteil zu verändern, anzupassen und für neue Erfahrungen offenzuhalten. Das gilt für Kinder und Erwachsene gleichermaßen. Kinder, mit ihrem Drang nach Teilnahme, nach Kooperation und Imitation, sind Erwachsenen jedoch überlegen, weil sie zusätzlich über eine hohe Resistenz und Widerstandsfähigkeit gegen die Fehler verfügen, gegen die auch die besten Eltern nicht gefeit sind.

Glossar

Als-ob-Spiele

Kinder haben die angeborene Tendenz, alleine oder mit anderen Kindern Erfahrungen, die sie gemacht, die sie emotional beeindruckt haben und die sie für ihr weiteres Leben für wichtig ansehen, nachzuspielen. Dazu bedienen sie sich auch fiktiver Mittel. Ein Stück Holz dient als mobiles Telefon, ein flacher Stein als Teller, Blätter, kleine Ästchen als Spaghetti und Salat, aus einem leeren kleinen Plastikgefäß wird mit einem imaginären Löffel Suppe gegessen oder einer Puppe, einem Plüschtier gefüttert. Die Liste ließe sich beliebig fortsetzen. Wenn mehrere Kinder ein Als-ob-Spiel beginnen, müssen zuerst die Rollen verteilt werden. Übernimmt ein Kind eine bestimmte Rolle, z.B. als Krankenschwester, Kellnerin, Pirat, Mutter, Vater oder Kind, wird von den Mitspielerinnen und Mitspielern erwartet, dass sie ihr Drehbuch (Skript s.u.) kennen, beherrschen und übernehmen können. Spielt ein Kind alleine, z.B. als Mutter einer Puppenfamilie, wird es im Verlauf des Spiels verschiedene Personen und deren Skripts abwechselnd spielen müssen und das auch tun.

Dopamin und dopaminerge Wirkungen

Dopamin, ein eher einfach gebautes Molekül, ist einer der chemischen Botenstoffe des Gehirns, der Neurotransmitter (s.u.). Dopamin ist u.a. der Botenstoff zum Aufbau von Belohnungsgefühlen des limbischen Systems (s.u.).

Endorphine

Endorphine werden im Gehirn gebildet, sie sind daher körpereigene Botenstoffe. Chemisch sind sie schon wie kleine Eiweißmoleküle gebaut. Sie haben ähnliche, schmerzreduzierende Wirkungen wie Opium. Bei schwerer körperlicher Anstrengung, bei Dauerstress und bei hohen sportlichen Belastungen kommt es zur Ausschüttung von körpereigenen Endorphinen. Außer der Schmerzreduzierung haben Endorphine aber auch eine Wirkung wie das Dopamin auf das Belohnungssystem und auf das Stirnhirn (s.o. und u.).

Evolutionstheorie

Die Evolutionstheorie von Charles Darwin (1809–1882) geht davon aus, dass die Entstehung des Lebens auf der Erde, also der Pflanzen, Tiere und Menschen, bis heute über einen sehr langen Zeitraum und über einen Prozess der natürlichen Selektion erfolgte. Die Selektion bevorzuge Lebewesen, die eine optimalere Anpassung an vorgegebene Lebensbedingungen in ihrer genetischen Ausstattung besitzen. Ein menschenaffenähnliches Lebewesen ist vor etwa sechs Millionen Jahren in Afrika »auf die Beine« gekommen. Es konnte bereits aufrecht gehen, auf Füßen, die den heutigen Füßen bereits sehr ähnlich waren.

Genpool

Die Gesamtheit aller in den Genen eines Individuums vorhandenen und potenziell vererbbaren Eigenschaften, die ein Individuum von seinen eigenen Vorfahren geerbt hat.

Handlungsschemata

Schon von Anfang an bilden Kinder in ihrem Gedächtnis für Wiedererkennung und für Handlungsabläufe (s. S. 46 und 49) spezifische Erinnerungskomplexe (Repräsentationen s. u.) für bestimmte Kategorien (z. B. Frauen, Männer, Flasche, Brust), die sie erleben und die sie wiedererkennen. Das gilt auch für bestimmte, typische Ereignisse und Handlungsabläufe, wie Nahrungsaufnahme, Gewickeltwerden, Art der gemeinsamen Spielchen und Körperkontakte oder für Vorstellungen in der kinderärztlichen Praxis bei den Vorsorgeuntersuchungen. Die Handlungsschemata werden mit zunehmendem Alter komplexer, besonders bei den Regeln der sozialen Kompetenz und des sozialen Verhaltens.

Hippocampus

Der Hippocampus ist Teil des limbischen Systems (s. u.).

Hirnhälften

Gemeint sind hier vor allem die rechte und linke Hirnrinde. Vorwiegend in der rechten Hirnhälfte werden gespeichert: Emotionen und emotional festgelegte Situationen und Personen, das Lebensgedächtnis, das Wiedererkennungsgedächtnis, das Gedächtnis für Handlungsabläufe, dazu Musik, kreatives und emotionales Denken, Sprachmelodie, automatisierte, gelernte Motorik. Vorwiegend in der linken Hirnhälfte: Sprache, Wort- und Grammatikgedächtnis, Lesen, Rechnen, Schreiben, rationales Denken und Argumentieren, kontrolliertes Bewegungslernen.

Hypothesen- und Theoriebildungen

Schon von Anfang an bilden Kinder mithilfe ihres Wiedererkennungsgedächtnisses eine gezielte Erwartung aus, wenn sich Erfahrungen wiederholen, die sie schon einmal so oder ähnlich gemacht haben. Sie versuchen, die neue Erfahrung an eine bereits gespeicherte Erfahrung anzukoppeln. Gelingt dies nicht, müssen sie für die neue Erfahrung eine neue Repräsentation (s. u.) in dem dafür zuständigen Gedächtnis einrichten.

Imitation

Spontanes oder verzögertes Nachahmen von Gesten, Mimik, Sätzen, Dialekt, bestimmten Verhaltensmustern wie Trotz oder soziale Anpassung, Körperhaltungen, typischen Bewegungen, die Kindern imponieren und die sie von ihren Bindungspersonen oder von anderen Kindern übernehmen. Direkte Nachahmung ist vom ersten Lebenstag an möglich. Die dazu notwendigen neuronalen Netzwerke (s. u.) sind dazu bereits gereift und arbeitsfähig. Imitation ist wahrscheinlich der stärkste angeborene Lernmotor überhaupt, vor allem in Gesellschaften, in denen die Kinderwelt nicht von der Erwachsenenwelt getrennt ist.

Inkonsistenzen

Das Überspringen, das Nichtabsolvieren oder ein vorübergehendes Zurückfallen von Entwicklungsstufen in einem bestimmten Entwicklungspfad (z. B. schon stehen mit Festhalten, ohne schon frei sitzen oder krabbeln zu können, oder schon die ersten Schritte gegangen und dann doch wieder vorübergehend nur krabbeln, oder gehen mit Festhalten). Normaler Anteil eines adaptiv verstandenen Entwicklungsverlaufes.

Intelligenz, multiple

Die Intelligenz wird in unserer Kultur mit einem Intelligenztest gemessen und mit einem Intelligenzquotienten angegeben. Dieser sagt jedoch nur etwas über bestimmte Anteile der vorhandenen Intelligenz aus: die Intelligenz, die für die Schulleistungen zuständig ist. Nach Gardner existieren jedoch noch andere Intelligenzen, die in der Schule jedoch weniger gefragt sind: soziale, emotionale Begabungen, eine sprachliche Intelligenz der Schriftsteller, der Poeten, eine musikalische Intelligenz, eine Intelligenz für räumliche Erfassungen, wie sie Seefahrern, Nomaden, Architekten, Bildhauern eigen ist, eine Intelligenz für visuelle Eindrücke und Farben, wie sie Malerinnen und Maler, Innenarchitektinnen und Innenarchitekten besitzen, naturalistische Intelligenzen der Biologen und Naturforscher oder die körperlich-kinästhetische Intelligenz von Tänzerinnen und Tänzern, Schauspielerinnen und Schauspielern, Sportlerinnen und Sportlern oder von Artisten.

Limbisches System

Ein in der Tiefe des Gehirns etablierter, uralter Hirnanteil, der jede in das Gehirn einlaufende Wahrnehmung auf ihre Nützlichkeit oder Schädlichkeit überprüft. Beim Menschen legt das System außerdem die emotionale Bewertung fest. Das limbische System besteht aus drei Anteilen: den beiden Mandelkernen (weil sie wie Mandeln aussehen), einem dopaminergen neuronalen Netzwerk und dem Hippocampus. Die beiden Mandelkerne versuchen, negativen Erfahrungen durch ein Vermeidungsverhalten gegenzusteuern. Sie bilden damit ein Vermeidungssystem. Gute, nützliche, erfreuliche Erfahrungen möchte der Organismus gerne wieder und öfter erleben. Das dopaminerge neuronale Netzwerk sorgt dafür, dass positive Erfahrungen immer wieder erlebt werden, es steuert daher ein Belohnungs- und Motivationssystem. Der Hippocampus überträgt die emotional positiv oder negativ eingefärbten Erfahrungen, wenn sie für das Leben des individuellen Menschen wichtig sind, in das Langzeitgedächtnis. Die Übertragung in das Langzeitgedächtnis erfolgt während des Schlafes, vor allem in dessen REM-Phasen.

Mandelkerne

Anteile des limbischen Systems, s. o.

Neuronale Netzwerke

Neuronale Netzwerke werden von kleineren oder größeren Gruppen von Nervenzellen (Neuronen) gebildet, die, zusammengeschlossen, eine bestimmte Funktion steuern können. Sie sind lebenslang lern- und funktionsfähig und damit dynamisch veränderbar. In neuronalen Netzwerken werden neue oder veränderte Gefühle, Gedanken, Wahrnehmungen und neue motorische Fertigkeiten gespeichert. Ausgereifte motorische neuronale Netzwerke stehen schon einem neugeborenen Kind zur Imitation (s. o.) zur Verfügung.

Neurotransmitter

Sie übertragen mit chemischen Reaktionen Informationen von einer Nervenzelle auf eine andere. Die Orte, an denen Nervenzellen Kontakt miteinander aufnehmen, heißen Synapsen. In den ersten Lebensjahren »vernetzen« sich die Nervenzellen (Neurone) massiv (synaptische Verknüpfung), danach werden die Vernetzungen zu etwa 50 Prozent wieder zurückgenommen, wenn sie keine ausreichenden Kontakte gefunden haben.

Die Vernetzung entspricht in etwa den Erfahrungen, dem Lernen eines Kindes, eines Erwachsenen, denn auch die Vernetzung bleibt lebenslang dynamisch und anpassungsfähig.

Objektpermanenz

Etwa um den neunten Lebensmonat hat ein Kind gelernt, dass Spielzeug, Gegenstände, die mit einem Tuch vor seinen Augen verdeckt wurden, trotzdem nicht verschwunden sind. Es wird das Tuch wegziehen, um die verschwundenen Objekte »zur Erscheinung zu bringen«. Vor dem Eintreten der Objektpermanenz existiert ein Gegenstand für ein Kind nicht mehr, sobald er nicht zu sehen ist: Aus den Augen, aus dem Sinn. Die heutigen Kenntnisse über die kognitiven Fähigkeiten von Babys lassen jedoch Zweifel an der Allgemeingültigkeit der Objektpermanenz entstehen, s. S. 109f.

Repräsentationen

Erfahrungen über und mit Objekten, Tieren, Pflanzen, Ereignissen, Geräuschen, aber auch Wörter, Sätze, Kategorien und Abläufe wie Schemata oder Skripts (s. u) werden in den entsprechenden Gedächtnissen gespeichert. Die neurobiologische Fixierung in einem Gedächtnis steht somit stellvertretend, repräsentierend, symbolisch für das Wahrgenommene, Erlebte, Gelernte. Repräsentationen ermöglichen dem Gehirn bewusstes oder unbewusstes Erinnern und Vergleichen. Neue Erfahrungen, neu gelernte Fakten werden möglichst mit bereits vorhandenen Repräsentationen verknüpft. Ist dies nicht möglich, muss eine neue Kategorie, ein »neuer Ordner« geschaffen werden. Repräsentationen sind die Voraussetzung für das Lernen von neuen Fakten, neuen Handlungsstrategien und für kognitive und motorische Leistungen und Operationen.

Skripts

Skripts (Drehbücher; eine Vokabel der Filmindustrie) sind Zusammenfassungen von Repräsentationen, die einen bestimmten und sehr typischen Handlungsablauf charakterisieren. Im Gegensatz zu einem Handlungsschema spielt bei Skripts die soziale Kompetenz eine große Rolle: Wie agiere ich mit anderen und in welchen zeitlichen Zusammenhängen?

Ein Beispiel wäre das persönliche Skript eines Vierjährigen, einer Fünfjährigen bei einer Vorsorgeuntersuchung, bei der sich Arzthelferin und Kinderärztin und Kinderarzt mit dem Kind unterhalten: Das Kind weiß, dass die Begegnung einen gewissen ritualisierten Ablauf nehmen wird. Paradebeispiele sind die schon etwas komplizierteren Als-ob-

Spiele, bei denen jedes mitspielende Kind seine Rolle zu übernehmen hat, die es sprechend und spielend genau in das Spiel der anderen Kinder einpassen muss.

Spiegelneurone

Spiegelneurone sind neuronale Netzwerke, die die Fähigkeit besitzen, beobachtetes Verhalten zu »spiegeln«, damit es spontan oder verzögert genau imitiert werden kann. Die Spiegelneurone lösen also bei einem Kind, das zu imitieren beabsichtigt, »gespiegelte« Bewegungsimpulse aus. Das Netzwerk der Spiegelneurone ist ab dem ersten Lebenstag funktionsfähig. Die neuronalen Netze der Spiegelneurone befinden sich im so genannten Broca-Zentrum, in dem die Sprach- und Mundbewegungen und die Sprachinhalte zusammengestellt und auf den Weg zu Stimme, Zunge und Mund geschickt werden.

Stirnhirn

Das Stirnhirn ist der jüngste und ein großer Anteil des menschlichen Gehirns. Seine Funktionen steuern daher auch typisch menschliches Verhalten, wie Selbstkritik, emotionale und soziale Kontrolle, ethisches und moralisches Verhalten, Abwägen von Risiken und vorausschauendes Planen und Handeln, unter Beachtung der sich daraus ergebenden Risiken und Vorteile. Das Stirnhirn wird erst ab dem dritten Lebensjahr aktiv. Der untere, hintere Pol des Stirnhirns, der über den Augen liegt, ist direkt mit dem limbischen System verbunden. Sein Name ist von der Lage abgeleitet: Orbitales (der Augenhöhle nahes) Stirnhirn.

Synapsen

Das sind die Orte, an denen Nervenzellen Kontakt miteinander aufnehmen, s.o., Neurotransmitter.

Literatur

* **Bücher für Eltern ohne
spezielle Vorkenntnisse**

L. Acredolo/S. Goodwyn:
Baby-Sprache
Rowohlt, Hamburg 1999 *

M. S. Ainsworth u.a.:
*Patterns of attachment.
The strange situation*
Erlbaum, Hilsdale-New
York 1978

M. S. Ainsworth u.a., zit.
nach Grossmann u.a. 2003,
s.d.

J. A. Astington:
*Wie Kinder das Denken
entdecken*
Reinhardt, München 2000

H. I. Bachmann:
Malen und Ich-Entwicklung
In: B. Zollinger (Hrsg.):
Kinder im Vorschulalter.
S. 139–181.
Haupt, Stuttgart, Wien 1998

J. Bauer:
*Warum ich fühle, was du
fühlst* (Spiegelneurone)
Hoffmann und Campe,
Hamburg 2005 *

D. Bischof-Köhler:
*Zusammenhänge zwischen ko-
gnitiver und emotionaler Entwicklung in der frühen Kindheit und im Vorschulalter*
In: H. Keller, (Hrsg.): Lehrbuch der Entwicklungspsy-
chologie, S. 319–376.
Huber, Bern, Göttingen 1998

J. A. Bowlby: zit. nach
Grossmann u.a. 2003, s.d.

J. A. Bowlby:
A secure base
Routledge, London 1988

J. T. Bruer:
*Der Mythos der ersten
drei Jahre*
Beltz, Weinheim 2003 *

W. Butzkamm/
J. Butzkamm:
Wie Kinder sprechen lernen
Franke, Tübingen 1999

M. Dornes:
*Die emotionale Welt des
Kindes*
Fischer Taschenbuch,
Frankfurt/Main 2001

S. Fraiberg:
Die magischen Jahre
Hoffmann & Campe,
Hamburg 1996

H. Gardner:
Vielerlei Intelligenzen
Spektrum der Wissenschaft,
S. 18–23.
Spezial: Intelligenz,
Nachdruck 1/2000

U. Goswami:
So denken Kinder
Huber, Bern, Göttingen 2001

H. Grimm:
*Störungen der Sprach-
entwicklung*
Hogrefe, Göttingen 1999

K. E. Grossmann u.a.:
Die Bindungstheorie
In: H. Keller (Hrsg.):
Handbuch der Kleinkind-
erforschung, 3. Aufl.
Huber, Bern, Göttingen 2003

S. B. Hrdy:
Mutter Natur
Berliner Taschenbuch
Verlag, Berlin 2002 *

J. Juul:
Das kompetente Kind
4. Aufl. Rowohlt,
Hamburg 2005 *

R. H. Largo:
Babyjahre
Aktualisierte Neuausgabe
Piper, München, 2006 *

R. H. Largo/C. Benz:
Spielend lernen
S. 56–75 In: M. Papousek,
A. v. Gontard (Hrsg.): Spiel
und Kreativität in der
frühen Kindheit. Leben
lernen, S. 159.
Pfeiffer bei Klett-Cotta,
Stuttgart 2003

H. J. Markowitsch/
H. Welzer:
*Das autobiographische
Gedächtnis*
Klett-Cotta, Stuttgart 2005 *

A. Meltzoff/P. Kuhl:
Forschergeist in Windeln
Piper, München 2003 *

R. Michaelis:
Motorische Entwicklung (als
Paradigma der kindlichen
Entwicklung)
In: H. Keller (Hrsg.):
Handbuch der Kleinkind-
erforschung, 3. Aufl.
Huber, Bern, Göttingen 2003

R. Michaelis:
*Entwicklung der emotionalen
Kompetenz*
In: H. G. Schlack (Hrsg.):
Entwicklungspädiatrie.
Marseille, München 2004

R. Michaelis:
*Entwicklung der Sprache und
des Sprechens*
In: H. G. Schlack (Hrsg.):
Entwicklungspädiatrie.
Marseille, München 2004

R. Michaelis:
Das Grenzsteinprinzip
In: H. G. Schlack (Hrsg.):
Entwicklungspädiatrie.
Marseille, München 2004

R. Michaelis:
Frühe Lernstörungen
In: H. G. Schlack (Hrsg.):
Entwicklungspädiatrie.
Marseille, München 2004

M. Papoucek u. a. (Hrsg.):
*Regulationsstörungen der
frühen Kindheit*
Huber, Bern, Göttingen 2004

S. Pauen:
*Säuglingsforschung aus
kognitiver Sicht*
In: H. Keller (Hrsg.):
Handbuch der Kleinkind-
erforschung, 3. Aufl.
Huber, Bern, Göttingen 2003

S. Pauen:
*Vor dem Sprechen. Gehirn
und Geist*
Spektrum der Wissenschaft
1/2003 *

S. Pauen:
*Causes and effects of change
model*
zit. nach U. Goswami, s. d.

F. Petermann/
S. Wiesebusch:
*Entwicklung emotionaler
Kompetenz in den ersten sechs
Lebensjahren*
Kindheit und Entwicklung
10: S. 189–200, 2001

F. Petermann/I. Stein/
T. Macha:
*Entwicklungstest 6 Monate bis
6 Jahre, (ET 6–6)*
2. Aufl. Harcourt,
Frankfurt 2004

J. Piaget: Zit. nach U. Goswami, s. d.

N. A. Schore:
*Zur Neurobiologie der Bindung
zwischen Mutter und Kind*
In: H. Keller (Hrsg.):
Handbuch der Kleinkind-
erforschung, 3. Aufl.
Huber, Bern, Göttingen 2003

Szagun, G.:
Sprachentwicklung beim Kind
6. Aufl. Beltz, Weinheim
1996

M. Tomasello:
*Die kulturelle Entwicklung
des menschlichen Denkens*
Suhrkamp, Frankfurt/M.
2002 *

M. Tomasello:
*Kulturelle Transmission: Eine
Betrachtung aus dem Blick-
winkel von Schimpansen und
kleinen Kindern*
In: H. Keller (Hrsg.):
Handbuch der Kleinkind-
erforschung, 3. Aufl.
Huber, Bern, Göttingen 2003

D. W. Winnicott:
*Reifungsprozesse und
fördernde Umwelt*
Kindler, München 1974

D. W. Winnicott:
*Von der Kinderheilkunde zur
Psychoanalyse*
Kindler, München 1976

Register